LES VRAIS HÉROS DE L'HIMALAYA

Publié la première fois en anglais sous le titre : *Alpine Rising*, The Mountaineers
—

285, chemin des Chavaux, 74310 Les Houches
ISBN : 9782365451901
Dépôt légal : mars 2025
—
leseditionsdumontblanc.com

BERNADETTE MCDONALD

RÉCIT

LES VRAIS HÉROS DE L'HIMALAYA

Traduit de l'anglais par Mathilde Cheix

ÉDITIONS DU MONT-BLANC
CATHERINE DESTIVELLE

PRÉAMBULE

Je me suis attachée, au cours de l'écriture de ce livre, à rendre un juste hommage aux personnages dont je fais le portrait, à mettre en avant le rôle particulier qui a été le leur sans gommer leurs singularités culturelles. Les régions montagneuses du Pakistan, de l'Inde, du Tibet et du Népal abritent une riche mosaïque de groupes ethniques. Bien que j'utilise souvent les termes « indigène », « local » et « autochtone » pour distinguer les alpinistes habitant les hautes montagnes d'Asie dont ils sont originaires des alpinistes « étrangers », il me semble important de préciser dès le départ qu'ils ne constituent pas un groupe homogène d'individus partageant la même culture.

J'ai bien conscience que les lecteurs de cet ouvrage auront une connaissance plus ou moins étendue de cette partie du monde et de ses habitants. Certains termes courants sont tellement galvaudés que même le plus féru d'histoire de l'alpinisme peut être pris en défaut de les bien comprendre. Le meilleur exemple en est le mot « Sherpa », largement utilisé dans le monde. Si vous faites une recherche Google à partir de ce mot-clé, les cinq premiers résultats obtenus vous dirigeront vers des entreprises ou des services qui n'ont absolument aucun rapport avec ce peuple.

J'espère que ces quelques notes permettront au lecteur de mieux situer les différentes cultures des alpinistes dont cet ouvrage fait le portrait, et de comprendre leurs contributions respectives.

LES APPELLATIONS GÉOGRAPHIQUES

Ladakhi : personne originaire du Ladakh, une région aride et montagneuse située à l'extrême nord de l'Inde, ce qui explique la présence de nombreux Ladakhis dans les expéditions, des premières heures de l'exploration himalayenne jusqu'à nos jours.
Balti : habitant du Baltistan, une région localisée dans la partie orientale de la vaste province de Gilgit-Baltistan du nord du Pakistan. Le Baltistan est le berceau du massif du Karakoram, de l'Hindu Kush, et de l'Hindu Raj, et abrite aussi, au sud du fleuve Indus, l'extrémité occidentale du Grand Himalaya. S'étendant sur 73 000 km^2, le Baltistan compte une population d'environ deux millions d'individus et partage une frontière avec la Chine, l'Afghanistan et l'Inde. De nombreux Baltis se sont illustrés par leurs exploits en montagne.
Hunza : région située dans la partie la plus septentrionale de la province administrative de Gilgit-Baltistan et à l'ouest du Baltistan. Les habitants de cette région de haute montagne sont réputés d'excellents alpinistes et prêtent

main-forte aux expéditions depuis que les premiers étrangers ont mis le pied au Karakoram. Il n'est pas rare que les termes « Hunza » et « Balti » soient utilisés l'un pour l'autre, mais il s'agit de deux parties distinctes de la province de Gilgit-Baltistan.

Astori : la vallée d'Astor est située à proximité du Nanga Parbat, un des géants himalayens. Les alpinistes de cet endroit sont appelés « Astoris ».

Magar : le terme « Magar » désigne le troisième groupe ethnolinguistique dominant au Népal, qui provient de la partie occidentale du pays. Historiquement, c'est de leurs rangs que sont issus la plupart des soldats gurkhas népalais.

Bhotia : les Bhotia sont apparentés au groupe ethnolinguistique des Tibétains qui vivent actuellement dans de nombreuses régions frontalières du Tibet. Les Bhotia installés à Darjeeling furent souvent employés comme porteurs par les premières expéditions venues explorer la région.

Sherpa : un des groupes ethniques ayant quitté le Tibet, majoritairement pour le Népal, après avoir traversé la région du Khumbu. Le terme « Sherpa » signifie « les gens de l'est », en référence à la région du Tibet dont ils sont originaires. Dès 1906, les Sherpas du Khumbu commencèrent à migrer à Darjeeling, lieu de villégiature montagnarde indienne où les expéditions étrangères embauchaient leurs porteurs et leurs *high altitude porters*[1].

1 Dans la mesure où, d'une part, cet ouvrage participe de la redéfinition des catégories et vocables ethnoprofessionnels du monde montagnard himalayen et des hiérarchies qui leur sont associées et où, d'autre part, ces catégories sont désignées sur le terrain par des mots anglais, le choix a été fait de ne pas les traduire. (NDT).

Très vite, leur efficacité en altitude fut remarquée, à tel point que certains pensent que tous ceux qui occupent de tels emplois sont des Sherpas. Cela n'est pourtant pas toujours le cas, même si une grande proportion de Sherpas travaille aujourd'hui encore en montagne. De nos jours en effet, de nombreux travailleurs d'altitude, et en particulier dans la région de l'Everest, appartiennent à d'autres minorités ethniques et migrent de manière saisonnière au Khumbu pour trouver du travail. Comme le remarque justement Shae A. Frydenlund, une universitaire dont les travaux portent sur l'économie du tourisme lié à l'alpinisme dans la région de l'Everest, nombre d'entre eux sont assimilés à des Sherpas au travers une pratique par laquelle ils deviennent, selon elle, des « Sherpas de fait ».
Rai et **Gurung** : s'il est vrai que les Sherpas constituent le sous-groupe le plus connu et le mieux identifiable d'alpinistes népalais travaillant dans les hauts massifs d'Asie, leurs homologues rai et gurung sont de plus en plus nombreux. Les Rai forment un groupe ethnolinguistique à part entière. On les trouve essentiellement dans l'est du Népal ainsi que dans les régions montagneuses de l'Inde et du Bhoutan occidental. Pareillement, les Gurung sont une ethnie spécifique originaire de la région de l'Annapurna au Népal.

Traditionnellement, la désignation d'individus sherpas, gurung et rai est composée d'un prénom et du nom de leur ethnie. Ainsi : Tenji Sherpa, Abiral Rai, Prakash Gurung.

Dans les villages baltis comme Hushe et Sadpara, il est d'usage que le nom d'une personne comporte celui de son village. Ainsi : Sajid Sadpara, Taqi Hushe.

Chez les Sherpas, le prénom indique souvent le jour de la semaine où ils sont nés : Nima correspond à dimanche, Dawa à lundi, Mingma à mardi, Lhakpa à mercredi, Phurba à jeudi, Pasang à vendredi et Pemba à samedi. De cette coutume naissent parfois des ambiguïtés puisqu'au sein d'une expédition peuvent se trouver plusieurs personnes dénommées Nima ou Mingma. C'est pourquoi il arrive qu'on ajoute à leur prénom celui de leur village ou de leur *lodge* ; c'est le cas de Khunde Nima et de Panorama Mingma. Il existe également plusieurs orthographes de bien des noms, selon le système adopté pour les transcrire en anglais. Ainsi de : Tsering, ou Tshering ; Dorj, ou Dorjee.

LES DIFFÉRENTS MÉTIERS

Porteur : ce terme ne désigne pas un groupe ethnique, mais plutôt un type d'emploi. Hier et encore souvent aujourd'hui, la plus grande partie des massifs de l'Himalaya et du Karakoram n'étant pas accessible en véhicule, quasiment tout est transporté à dos de porteurs. Dans ces endroits reculés, c'est sur ces hommes et ces femmes que repose l'existence même de toute expédition. Depuis le temps des premières explorations étrangères, ils transportent des charges énormes sur des chemins de pierres, des glaciers couverts de caillasses, et des itinéraires traversant des cols enneigés. Les porteurs sont issus de plusieurs groupes ethniques présents dans les Himalayas.

À l'aube de l'histoire de l'exploration, le terme « coolie » était souvent utilisé pour parler des porteurs. Cette dénomination qui, pour faire simple, désignait un journalier, est à présent considérée comme méprisante, car elle véhicule l'image d'indigènes mal payés employés communément par les Européens du XVIIe siècle qui parcouraient l'Asie ou s'y étaient établis. Dans le présent ouvrage, elle n'apparaît que dans la citation de sources primaires.

L'évolution de l'himalayisme a vu l'apparition d'une nouvelle catégorie de porteurs, les porteurs d'altitude, désignés parfois par l'acronyme HAP, pour *high altitude porter*. En effet, après avoir acquis une certaine expérience dans la traversée de terrains escarpés, les porteurs travaillèrent à des altitudes de plus en plus élevées pour les étrangers. Au Népal, on les nommait en général *high altitude porters*, mais l'appellation HAP en est venue à désigner spécifiquement les porteurs pakistanais qui travaillent au-dessus de 7 000 mètres. Ces derniers étaient plus qualifiés que les simples porteurs, et en général, ils bénéficiaient de la part de leurs employeurs d'un meilleur équipement et d'un salaire plus élevé. Nombre d'entre eux devinrent d'excellents alpinistes et développèrent une activité professionnelle indépendante ; ils préfèrent à présent être désignés par le terme *climber* plutôt que *porter* ; c'est pourquoi le terme HAP est tombé en désuétude.

Gurkha : recrutés à l'origine parmi les populations du sous-continent indien, les Gurkhas sont des soldats de métier, aujourd'hui exclusivement népalais. Ils se sont illustrés par leur maîtrise des arts guerriers, par leurs capacités de résistance et par leur bravoure pendant la guerre anglo-népalaise de 1814-1816, qui les opposa à la Compagnie britannique des Indes orientales. Les régiments de Gurkhas ont participé aux opérations militaires les plus célèbres, comme celles de Gallipoli et Bagdad, ainsi qu'en Afghanistan. La force et la discipline dont font preuve les Gurkhas leur valurent aussi d'être embauchés par les explorateurs et les himalayistes étrangers partis à l'assaut des grands massifs montagneux asiatiques lorsqu'ils n'étaient pas engagés dans des conflits armés.
Sahib : les explorateurs et les alpinistes étrangers étaient communément appelés « *sahibs* » par leurs compagnons indigènes. Ce terme était utilisé pour marquer le respect envers toute personne d'un statut social ou d'un titre officiel plus élevé que soi. Il n'est employé ici qu'en référence à un contexte historique particulier, car les Sherpas ne l'utilisent plus pour s'adresser aux étrangers, signe d'une volonté d'être considérés d'égal à égal avec leurs homologues étrangers.

INTRODUCTION

Deux siècles — Un sommet

Au camp 3, dix alpinistes népalais s'extirpèrent de leurs tentes. Le K2 posait dans un ciel dégagé scintillant de mille étoiles. Un froid inédit, autour de – 60 °C, les frappa en plein visage. Dans le silence du petit matin, le dos courbé et le corps meurtri par une nuit d'inconfort, des silhouettes humaines indistinctes aux gestes dictés par l'instinct et l'expérience chaussèrent leurs crampons et placèrent leurs sacs sur le dos. Puis on vit s'élever en direction du camp 4, par groupes de deux ou trois, les halos frémissants de leurs lampes frontales.

Si les dix grimpeurs s'étaient retrouvés à faire équipe par un concours de circonstances, la force libérée par leur union était à présent irrépressible.

En ce mois de janvier 2021, quatre expéditions différentes se trouvaient au K2, soit plus de soixante alpinistes venus de dix-neuf pays. Seul un groupe fut assez déterminé pour en tenter la première hivernale, qui rassemblait des individus de trois expéditions en présence. C'était là une bonne illustration de la tendance des Sherpas à grimper en alpinistes indépendants affranchis de la responsabilité d'une clientèle.

Mingma Gyalje Sherpa, connu aussi sous le nom de Mingma G et tenu en haute estime dans le milieu, faisait partie de cette équipe, avec ses acolytes Dawa Tenjin Sherpa et Kilu Pemba Sherpa. Né à Rolwaling, Mingma G avait tant de 8000 à son actif, dont deux ascensions du K2 en été et une tentative en hiver, qu'il serait difficile de les énumérer tous. Sérieux par tempérament, il avait parfois son franc-parler ; ici, ses intentions étaient claires : « Mon rêve, ma véritable mission, c'était de hisser le drapeau népalais au palmarès des premières hivernales sur les 8000[2]. »

Au K2, se trouvait également l'alpiniste népalais Nirmal Purja, surnommé « Nimsdai », ou tout simplement « Nims ». Il décrivit cette ascension sur son blog avec le panache dont il est coutumier, comme « l'un des derniers trophées de l'himalayisme, un exploit relevant de l'impossible ». Le montagnard au visage poupon s'était rendu célèbre en 2019 pour avoir gravi les quatorze 8000 en à peine plus de six mois. S'il avait utilisé de l'oxygène lors de ces ascensions, il avait prévenu que pour la première hivernale du K2, il comptait s'en passer ; et décoller du sommet en parapente. Arrivé au camp de base, il tweeta à l'avenant : « Que la fête commence ! »

2 Mingma Gyalje Sherpa, « When We Unite, Nothing Is Impossible: My Story on K2 », *Outdoorjournal.com*, 18 février 2021.

Nims avait rallié à sa cause cinq spécialistes de la haute altitude : Mingma David Sherpa, Dawa Temba Sherpa, Pem Chhiri Sherpa, Gelje Sherpa et Mingma Tenzi Sherpa.

Le dernier membre du groupe était Sona Sherpa, un alpiniste professionnel qui travaillait pour une entreprise de Katmandou du nom de Seven Summit Treks (SST). SST avait vendu l'ascension hivernale du K2 comme un produit touristique à part entière, et son équipe était de loin la plus nombreuse sur les lieux.

Les alpinistes népalais se reposèrent au camp 4 jusqu'à l'apparition des premiers rayons de soleil, et par la force des choses, le moral remonta avec l'élévation des températures qui s'ensuivit. Mingma Tenzi, en avant-poste, installait les cordes fixes. À 15 heures, ils avaient escaladé le couloir de glace très raide appelé « Bottleneck » et progressaient à pas de fourmi dans la traversée en direction du sommet ; dix mètres en contrebas de leur objectif, ceux qui étaient devant firent une halte pour attendre le reste du groupe, afin que tous foulent ensemble la cime. Cette ascension historique serait une œuvre collective. En posant le pied sur le sommet du K2 à 16 h 43 en ce 16 janvier 2021, ils trouvèrent même l'énergie d'entonner l'hymne national népalais.

La vidéo de leur exploit fit rapidement le tour du monde, et la joie de millions de personnes. Dans le soleil rasant, leurs combinaisons d'altitude baignaient dans une lumière pourpre aux reflets mordorés, tels des flambeaux porteurs d'espoir. Tandis qu'ils faisaient leurs derniers pas la tête haute, les chants et les cris d'allégresse qu'ils poussèrent leur permirent de transcender une fatigue extrême. Ce fut soixante secondes d'euphorie.

Dans les jours et les mois qui suivirent, les photos de l'ascension inondèrent les réseaux sociaux, certains rabat-joie se demandant s'ils avaient utilisé de l'oxygène ; mais des quatre coins du globe furent postés de nombreux messages de félicitation. Dix alpinistes népalais étaient devenus des stars mondiales.

◆

Mais remontons le temps jusqu'à ce mois de juillet 1954 où ne se trouvait au K2 qu'une seule équipe, celle de l'expédition italienne dirigée par Ardito Desio. Malgré plusieurs tentatives, « la montagne sauvage » n'avait encore jamais été gravie. L'expédition de Desio comptait au départ onze alpinistes italiens et treize Hunzas accompagnés d'« un bataillon de porteurs baltis » pour acheminer treize tonnes de matériel au camp de base. À la fin du mois de juillet cependant, seuls quatre alpinistes restaient en lice. Formée par Desio, l'équipe A était constituée d'Achille Compagnoni et de Lino Lacedelli, qui devaient bénéficier du soutien d'un adonis de vingt-quatre ans, benjamin de l'expédition et néanmoins l'équipier le plus fort de tous : Walter Bonatti.

Au camp de base, Desio demanda à Bonatti de coltiner près de quarante kilos de bouteilles d'oxygène à Compagnoni et Lacedelli, qui se trouvaient au camp le plus élevé. Bonatti savait qu'il ne pouvait le faire seul, et que la seule personne capable de l'aider était Amir Mehdi, un travailleur d'altitude menu au regard triste originaire de la vallée de Shimshal au Pakistan. Mehdi accepta, et ils se mirent en route avec l'oxygène destiné aux deux alpinistes de tête ; il avait été convenu que ceux-ci établiraient leur camp à un endroit précis situé à 8 100 mètres.

Mais lorsque Bonatti et Mehdi arrivèrent sur les lieux dans la soirée, ils étaient déserts. Ils passèrent les pentes alentour au peigne fin tout en criant leur désarroi. « Posez l'oxygène et redescendez », finit par leur ordonner une voix en amont.

Mehdi était devenu hystérique et arpentait le terrain comme un possédé, envoyant des coups de pied à tout va et hurlant de douleur. Ses orteils, compressés dans des chaussures de l'armée italienne deux pointures trop petites pour lui, commençaient à geler. Bonatti jugea trop dangereux de descendre de nuit et tassa la neige pour confectionner une plate-forme de bivouac où attendre le lendemain. « Bivouac », un mot dont on dit pour plaisanter dans le milieu montagnard qu'il se traduit en français par « erreur ».

Cette nuit-là, le firmament brilla avec une force telle que l'image des deux hommes se reflétait dans la neige comme dans un miroir. À mesure que le froid les piégeait dans son étau, ils grelottaient, blottis l'un contre l'autre pour conserver ce qui leur restait de chaleur dans ce bivouac improvisé, le plus haut de toute l'histoire de l'alpinisme de l'époque. La lumière des étoiles blêmit à l'arrivée des premières bourrasques d'une tempête de neige. Rapidement, leurs visages et leurs vêtements furent pris dans une gangue de neige qui tombait dru. Cette nuit sans fin était un vrai cauchemar. Parfois, les deux alpinistes ne savaient même plus s'ils étaient morts ou vivants.

Enfin, peu avant l'aube, Mehdi laissa échapper un long cri de douleur et quitta la plate-forme pour rejoindre la tente située plus de trois cent cinquante mètres en aval. Quand Bonatti le vit partir ainsi en titubant dans la pénombre, désorienté, à la merci d'un faux pas, il se dit qu'il ne le reverrait jamais vivant.

Il se trompait. Mehdi, les pieds gelés et insensibles, la démarche convulsive et le visage déformé par la douleur, atteignit le campement où Isakhan, un autre porteur d'altitude hunza s'occupa de lui. Bonatti le retrouva plusieurs heures plus tard.

À 18 heures en ce 31 juillet 1954, Compagnoni et Lacedelli foulaient le sommet, réalisant la première ascension du K2. Mais le prix de leur victoire était terriblement élevé.

Mehdi fut transporté à l'hôpital, d'abord dans la ville de Skardu, puis à Rawalpindi, dans un établissement militaire où il fut amputé de tous ses orteils et d'un tiers de l'un de ses pieds. Huit mois plus tard, il rentrait chez lui à Shimshal. Ne pouvant plus grimper, il lui était impossible de nourrir sa famille. Le gouvernement italien lui décerna une médaille, et des années durant, Compagnoni lui envoya livres et courriers. Mehdi ne prit même pas la peine de les ouvrir. Abattu, assailli de douleurs, il s'éteignit en 1999 dans l'indifférence générale.

◆

Tout oppose ces deux expéditions, considérées du point de vue de ceux qui y ont participé et qui vivent dans l'ombre des hauts sommets himalayens. Les dix alpinistes népalais qui gravirent le K2 en 2021 furent adulés sur les réseaux sociaux, leur renommée grandissant avec les milliers de partages de photos et de vidéos de leur exploit, dont l'extrait théâtral où on les voit entonner l'hymne national. Ils apportaient un vrai rayon de soleil sur un monde englué dans la pandémie.

À peine soixante-dix ans plus tôt, Amir Mehdi avait humblement regagné sa ferme ; traînant la semelle, il avait remisé son piolet dans un coin en annonçant qu'il ne voulait plus jamais en entendre parler. Il passa les quarante-cinq années qu'il lui restait à vivre à souffrir dans l'ombre, à la charge de sa famille.

Quels sont les changements profonds qui eurent lieu entre 1954 et 2021 ? Est-ce le fait que les Népalais *sont allés au sommet*, alors que le rôle de Mehdi s'est limité à *permettre à d'autres* de le faire ? Ou bien que les Népalais n'obéissaient pas à des ordres et prenaient leurs propres décisions, alors que Mehdi se contentait de faire ce qu'on lui demandait ? Ce basculement est-il à mettre sur le compte d'une poussée d'ambition chez des alpinistes autochtones, bien plus qualifiés que par le passé ? Les observateurs étrangers avaient-ils fini par changer de point de vue, à accepter et reconnaître, puis applaudir et récompenser les réalisations d'alpinistes népalais et pakistanais ? Y avait-il eu une prise de conscience de la nécessité de laisser derrière soi une approche de l'alpinisme marquée par le colonialisme, et de favoriser les valeurs d'inclusion, d'équité et de justice ? Quel avait été le rôle des réseaux sociaux dans ces transformations ?

Ce livre parle d'alpinistes dont les noms sont peu connus, des alpinistes venus de villages isolés ; des compagnons de cordée discrets et fiables, dont les attentes ont grandi à mesure qu'ils gagnaient de l'expérience. C'est un livre qui parle de ces alpinistes qui, présentement, réinventent l'himalayisme grâce à leur créativité, à leurs qualités de guides et de chefs d'entreprise, mais aussi parce qu'en accomplissant leurs rêves, ils sont devenus des modèles et des mentors pour autrui.

Pour mieux comprendre ce changement de statut, du soutien invisible des sahibs à ces figures, parfois rompues de fatigue, glorifiées sous le feu des projecteurs, il faut remonter bien plus loin que 1954, à la fin du XIXe siècle, et se remémorer des récits dont la tonalité paraîtra désagréable, voire choquante à certaines oreilles de notre époque.

Le monde actuel, modelé par des dissensions sans précédent, peut parfois manquer d'empathie et d'indulgence envers bien des opinions, des sentiments et des événements historiques. Cheminer vers la vérité est une entreprise difficile et complexe qui est tributaire de la mémoire, dont on sait bien qu'elle est souvent sélective, parfois fragmentaire, mais toujours digne d'être entendue. Sherpas et Hunzas, Astoris, Baltis et Magars : j'ai fait de mon mieux pour tirer les leçons des témoignages qu'ils m'ont livrés. J'ai tantôt épluché les archives et les récits historiques à la recherche de voix tombées dans l'oubli, et tantôt tendu l'oreille aux récits des protagonistes encore en vie ou en activité en haute altitude. Voici leur histoire.

CHAPITRE 1

Dix roupies le doigt

Je n'étais pas aussi rapide qu'un cheval. Je n'avais pas les ailes d'un oiseau. Et quand j'étais malade, ils ne me laissaient pas chevaucher. Pour eux qui se voyaient comme des modèles de propreté, je n'étais qu'un chien.

Ghulam Rassul Galwan, *Servant of Sahibs*

De sa haute stature, Abdul Bhatt tâchait de toiser la colère du groupe de serviteurs, cuisiniers et conducteurs de chevaux dont il avait la responsabilité. Face aux feux du soleil, le chasseur cachemiri au physique racorni plissait les yeux et faisait montre de son autorité pour éviter que la situation ne dégénérât. Ses hommes venaient d'apprendre que désormais, il leur était demandé non seulement de veiller au service, à la cuisine et aux poneys transportant nourriture et matériel au Nanga Parbat, ce à quoi ils s'employaient déjà depuis huit jours, mais aussi d'acheminer ces charges à dos d'homme. En effet, les sentiers étaient à présent trop escarpés et caillouteux pour les chevaux.

Ils étaient hors d'eux, et Bhatt jugeait leur colère légitime. Ces hommes fiers n'étaient pas des porteurs. Ils ne porteraient aucune charge pour les alpinistes étrangers. Après avoir calmé ses hommes, Bhatt tint un long discours plein d'emphase où il s'engageait à soutenir chaque Cachemiri qui refusait de se soumettre à l'autorité de l'homme blanc. Ainsi commença la grève.

Nous étions en 1932, et l'homme blanc en question était Willy Merkl qui, à trente-deux ans, était à la tête de l'expédition allemande au Nanga Parbat. Ce sommet himalayen, dont le nom signifie « la montagne nue », sera rebaptisé, en raison de l'histoire tragique de sa conquête, « la montagne tueuse ».

Après avoir licencié les grévistes, Merkl leur chercha des remplaçants parmi les montagnards des régions qui constitueront plus tard la partie nord-est du Pakistan. Les 120 Astoris, 40 Baltis et 30 Hunzas n'étaient pas très emballés par sa proposition et avaient une peur bleue de mettre un pied sur cette montagne. Les Astoris, originaires de la région du Nanga Parbat, savaient très bien que l'alpiniste britannique Albert Mummery et ses camarades gurkhas Raghubir Thapa et Goman Singh y avaient disparu en 1895.

Le groupe mal assorti atteignit cependant la bien nommée Fairy Meadow, « la prairie aux fées », un endroit bucolique bordé de pins majestueux et parsemé des fleurs bleues de myosotis. Au-dessus trônait la masse énorme de la face nord du Nanga Parbat enchâssée dans les glaces. Le massif s'élève à 8 125 mètres d'altitude ; il constitue l'extrémité occidentale de l'Himalaya, la chaîne montagneuse de deux mille quatre cents kilomètres qui abrite dix des quatorze sommets de plus de 8 000 mètres, ainsi qu'une kyrielle de montagnes culminant entre 6 000 et 7 000 mètres.

Avec sa peau claire et sa barbe, l'alpiniste Willy Merkl, incarnait le canon de la beauté bavaroise. Doté d'une expérience considérable dans les Alpes, il n'en était qu'à sa première expédition himalayenne. Ce qui le tracassait le plus, c'était les finances. Aussi avait-il invité deux Américains fortunés à se joindre au groupe pour remplir les caisses, et n'avait malheureusement pas suivi le conseil de ses homologues britanniques d'embaucher des porteurs bhotia et sherpas à Darjeeling. Il voulait faire des économies.

◆

Les Britanniques sillonnaient l'Himalaya depuis bien des années. Ils concentraient leurs efforts sur l'Everest, mais recrutaient des locaux dans la ville de Darjeeling au Bengale et connaissaient toutes les ficelles du processus. Des Sherpas de la vallée du Khumbu au Népal émigraient à Darjeeling depuis le milieu du XIXe siècle pour échapper à une vie de misère où ils avaient le choix entre mener paître des troupeaux de yacks ou cultiver des céréales adaptées aux rudesses du climat. La plupart des hommes jeunes qui quittaient ainsi le Khumbu étaient de pauvres hères crasseux ; ils n'avaient jamais possédé aucune terre ni aucun yack en propre, et s'étaient embauchés auprès de propriétaires. Couverts de dettes, ils étaient considérés comme des « gens de rien », et leurs patrons comme des « gens importants ». Darjeeling était une station climatique florissante ; les riches familles britanniques et indiennes venaient s'installer sur les flancs de ses collines pendant les mois d'été pour échapper à la touffeur des basses terres. Matchs de polo, goûters, soirées et bals costumés y entretenaient une effervescence permanente. Les aventuriers étrangers en partance pour les montagnes étaient aussi de plus en plus nombreux. À Darjeeling, les Sherpas trouvaient du travail comme conducteurs de pousse-pousse ou porteurs, mieux payé que celui d'ouvrier agricole qu'ils pouvaient avoir au pays. Ces perspectives nourrissaient l'espoir d'échapper à une « petite » vie de misère. C'était la promesse d'une émancipation.

Si Darjeeling était un avant-poste essentiellement britannique, ce furent deux Norvégiens qui, en 1907, attirèrent l'attention des étrangers sur les qualités des grimpeurs locaux. Lorsque Carl Wilhelm Rubenson et Ingvald Monrad-Aas ratèrent de peu l'ascension du Kabru, un sommet périphérique du Kangchenjunga qui culmine à 8 586 mètres, ils étaient accompagnés de Sherpas de Darjeeling. « Pour peu qu'on leur enseigne le maniement du piolet et de la corde, écrivit Rubenson, ils se révéleront, je crois, bien plus indispensables ici que des guides européens, car ils réunissent en un seul homme les qualités de guide et de coolie[3]. »

3 C. W. Rubenson, « Kabru in 1907 », *Alpine Journal*, vol. 24 (février 1908-novembre 1909), pp. 310-321.

Les Norvégiens n'étaient pas les seuls à être impressionnés par les Sherpas de Darjeeling. Ce fut avec l'aide de tels compagnons qu'en 1909, l'Écossais Alexander Mitchell Kellas tenta plusieurs sommets de la région du Kangchenjunga. Lorsqu'il y revint en 1911, Kellas, qui tenait plus du professeur Tournesol que du grimpeur, était engagé dans une course effrénée au cours de laquelle il rafla dix premières, la plupart réalisées avec deux Sherpas dénommés Sona et Tuny[4]. À l'instar des Norvégiens, Kellas fut impressionné par les qualités de ces hommes, qui leur promettaient une belle carrière d'alpinistes.

Dans les années 1930, les Sherpas du bidonville de Toong Soong Busti, jouxtant Darjeeling, avaient compris que porter des charges pour les étrangers était bien plus lucratif que tirer des pousse-pousse. Ils prirent aussi conscience des subtilités hiérarchiques du métier. À celui qui était prêt à aller plus haut, on allouait un moindre poids ; de plus, la notoriété était inversement proportionnelle au chargement. On lui fournissait aussi vêtements et matériel de montagne, ce qui lui conférait un certain prestige. Ce mode de vie était un vrai bol d'air comparé à l'existence cousue de dettes qui les attendait dans la vallée du Khumbu.

◆

Le Nanga Parbat se trouvant à plusieurs journées de train et de marche de Darjeeling, Merkl avait écarté l'idée

4 Au cours de cette expédition eut lieu ce qui peut être considéré comme la première ascension en style alpin d'un 7000, le Pauhunri (7 128 m).

d'embaucher des Sherpas à Darjeeling, préférant une main-d'œuvre locale et moins coûteuse. Depuis le XIXe siècle, les Hunzas prêtaient main-forte aux topographes et explorateurs parcourant le Karakoram et l'Hindu Kush ; ils étaient habitués à progresser en terrain montagneux. À cette époque où la Grande-Bretagne et la Russie s'affrontaient par manœuvres politiques interposées, cherchant les points faibles de ce relief fortifié, les indigènes étaient des pions stratégiques, et pourtant invisibles, de ce qu'on appela ensuite « le Grand Jeu ».

Quasiment dès son lancement, l'expédition de Merkl connut certains déboires. Pour réduire les dépenses, il avait rogné les rations alimentaires : les alpinistes occidentaux avaient droit à 3 000 calories par jour, et les locaux à seulement 1 800. Vu l'effort qui leur était demandé, ce régime, dont étaient exclus la viande, le lait, le fromage, les fruits et le sucre, était tout bonnement un régime de famine. Les Occidentaux s'en sortaient à peine avec leurs 3 000 calories et perdirent entre dix et vingt-cinq kilos pendant l'expédition.

Merkl avait été prévenu par des membres d'autres équipes étrangères que les indigènes étaient taciturnes, revêches et peu fiables. Contrairement aux Sherpas de Darjeeling, lui avait-on dit, ils avaient souvent des attitudes déraisonnables, et se mettaient en grève à la moindre occasion ; c'étaient des voleurs et des râleurs. Leur comportement s'expliquait par leur situation économique, qui était radicalement différente de celle des Sherpas de Darjeeling. Ces derniers touchaient un salaire, certes maigre, mais qu'ils pouvaient dépenser à leur gré et pour nourrir leurs familles ; les porteurs hunzas, en revanche, travaillaient souvent pour s'acquitter des dettes qu'ils avaient contractées auprès du Mir de Hunza, le seigneur local, qui ponctionnait une grande partie de leurs gages. Pire, il leur était interdit de quitter une expédition sans l'accord de son responsable. Nulle surprise, donc, qu'ils parussent taciturnes, revêches et peu fiables à leurs employeurs.

Lorsque les locaux, arrivés à Fairy Meadow, refusèrent de monter plus haut, un Allemand de l'équipe de Merkl, Fritz Wiessner, s'improvisa diplomate. Il leur offrit un peu de sel et de l'huile alimentaire, et leur promit une double ration de farine. Les porteurs se rendirent vite compte qu'il n'y avait pas assez de matériel pour tout le monde. Une fois sur la montagne, il leur faudrait donc se partager l'usage des tentes, des sacs de couchage et des réchauds ; de surcroît, l'expédition terminée, ce maigre butin serait à diviser entre tous. Bien plus que leur salaire dérisoire, ce qu'ils attendaient avant tout, c'était cet équipement. Les pourparlers se poursuivirent jusqu'au moment où Wiessner parvint à convaincre quelques Hunzas de grimper plus haut.

Trois mois et sept camps plus tard, après avoir essuyé des avalanches ravageuses, les violents assauts de plusieurs tempêtes de neige et du mal des montagnes, et fait la trace dans une neige qui leur arrivait à la poitrine, sans oublier quelques chutes à vous paralyser d'effroi, l'équipe atteignit la cote de 7 000 mètres sur l'arête nord-est du Nanga Parbat. La plupart des Hunzas étaient à présent malades, et bien qu'ils eussent trouvé un itinéraire pour accéder au sommet, la saison était trop avancée pour poursuivre l'ascension. Merkl et son équipe admirent que l'expédition était un échec, dont ils attribuèrent catégoriquement l'entière responsabilité aux Hunzas. Elizabeth Knowlton, une Américaine fortunée qui avait été invitée pour consigner le déroulement de l'expédition, et qui avait interdiction de dépasser les 6 100 mètres d'altitude, rapporta que les Hunzas présentaient « un tempérament soupe au lait, qu'ils étaient presque aussi fragiles physiquement que les Européens, que leur capacité à porter des charges ne dépassait pas celle des sahibs, et qu'ils tombaient plus facilement malades. En définitive, ces montagnards étaient de bien piètres porteurs[5] ».

Ces observations paraissent injustes. Les alpinistes étrangers, grands et forts, originaires de pays riches, avaient bénéficié toute leur vie d'un régime abondant riche en protéines. Ils étaient sportifs et bien entraînés, utilisaient du matériel et des vêtements les meilleurs à l'époque. Les porteurs hunzas, de stature plus petite, étaient de pauvres paysans affiliés à une tribu. Bien que très résistants, il n'est pas surprenant qu'avec une ration journalière ne dépassant pas 1 800 calories issues principalement de sucres lents, ils fussent épuisés à en tomber malades. De plus, leur matériel était plus rustique que celui des Occidentaux : ils avaient des couvertures et non des sacs de couchage, leurs chaussures de montagne étaient moins robustes, leurs vêtements plus fins et de moindre qualité. On ne s'étonnera donc pas qu'ils encaissèrent moins bien

5 Elizabeth Knowlton, *The Naked Mountain*.

la rudesse des conditions que les étrangers. En outre, l'obsession des Allemands à gravir cette montagne et l'importance qu'elle avait pour eux dépassaient probablement l'entendement des Hunzas.

Les locaux fournirent néanmoins à Merkel un précieux alibi à « l'échec » de l'expédition. Et il ne ferait pas l'erreur deux fois. Lors de sa prochaine tentative, et pourvu qu'on lui en donnât les moyens, il embaucherait des Sherpas.

◆

En 1933, Adolf Hitler accéda au poste de chancelier allemand et nomma un commissaire aux sports pour encourager son peuple à réaliser des exploits physiques au travers d'activités tel l'alpinisme. L'Himalaya était l'environnement idéal où donner corps à l'obsession nazie du « triomphe de la volonté ». Merkl fut récompensé comme il se devait et reçut une bourse de l'État nazi qui finançait l'intégralité de sa seconde expédition au Nanga Parbat en 1934. Cependant, comme en est averti tout athlète sponsorisé, cette aide financière tablait sur une victoire. Merkl savait ce qu'il avait à faire. En premier lieu, recruter trente-cinq porteurs sherpas et bhotia à Darjeeling, où un conducteur de pousse-pousse gagnait autour de 15 roupies par mois. Comme l'expédition allemande leur offrait plus du double, Merkl eut l'embarras du choix.

Une des recrues s'appelait Ang Tsering. Né à Thame dans la région népalaise du Khumbu en 1904, il avait déjà travaillé en montagne : en 1924 à l'Everest avec les Britanniques, puis en 1929, 1930, et 1931 au Kangchenjunga. Placide, sa manière d'être ne laissait aucunement transparaître les tragédies dont son existence était déjà marquée.

Le responsable des porteurs, ou sirdar, embauché par Merkl était Lewa Sherpa, un alpiniste de Darjeeling qui avait occupé ce même poste au Kangchenjunga en 1930. L'année suivante, il avait enduré de grandes souffrances au Kamet ; on lui avait demandé de descendre seul du camp 5 et il était arrivé au camp de base avec des gelures telles qu'il pouvait à peine marcher. Il avait quitté la montagne à dos de poney en pleurant tant il redoutait d'être amputé des pieds.

Pour l'alpiniste et botaniste anglais Frank Smythe, le chef de cette expédition au Kamet, le départ de Lewa fut une scène pitoyable :

> *Il pleurait à chaudes larmes en sanglotant, non tant, semblait-il, de douleur, mais de la honte de se voir dans cet état et de la peur de l'avenir. Il n'était plus que l'ombre de lui-même et son effondrement psychologique nous mettait sous les yeux la différence entre les Européens et les autochtones. Si l'un d'entre nous avait souffert de gelures aiguës, il aurait tenté d'endurer son malheur avec stoïcisme et force d'âme. Mais un indigène, qui n'est qu'un enfant, est incapable de contrôler ses émotions*[6].

Il est bien possible qu'un grimpeur européen eût essayé de dissimuler ses sentiments. La différence, cependant, est

6 Frank Smythe, *Kamet Conquered*.

que lui aurait *choisi* d'exposer ses pieds aux gelures pour atteindre le sommet. De plus, il aurait eu les moyens de financer sa convalescence et n'aurait pas craint de ne plus pouvoir subvenir aux besoins de sa famille. Finalement, le tribut que paya Lewa au Kamet fut ses orteils. Cela ne l'empêcha pas de retourner en montagne comme sirdar, à assurer la coordination et le commandement d'équipes de porteurs, travail qui lui permettait, la plupart du temps, de rester à une altitude relativement basse.

Les Sherpas et les Bhotia se targuaient d'être opérationnels en haute altitude, mais en 1934, personne ne savait vraiment *pourquoi*. Plus tard, des études médicales révélèrent que cela tenait à une adaptation génétique consécutive à une vie en haute altitude au fil des siècles, dans un milieu pauvre en oxygène. Leurs corps savent extraire puis apporter aux muscles une grande quantité d'oxygène. L'efficacité de leur métabolisme ne s'obtient, chez les peuples vivant à plus basse altitude, qu'au prix d'un conditionnement très long.

Les Sherpas se rendirent à Calcutta (aujourd'hui, Kolkata), puis au Cachemire en train, d'où ils entamèrent la marche d'approche pour le camp de base avec six cents porteurs du cru. La première difficulté fut la traversée du col de Burzil à 4 100 mètres, entre les villes de Srinagar et de Gilgit. Après seize heures à châler dans la neige profonde avec vingt-cinq kilos sur le dos, de nombreux porteurs furent atteints d'ophtalmie, une affection due à la surexposition aux ultraviolets qui cause des douleurs insupportables. Pour aggraver le tout, les étrangers descendirent à toute vitesse à skis de l'autre côté du col tandis que les porteurs, affublés de sandales de chiffons et de paille manquaient de trébucher à chaque pas. Au bout d'environ un mois de voyage, ils arrivèrent au pied de la montagne. La situation ne fit qu'empirer.

Le 7 juin, l'alpiniste allemand Alfred Drexel tomba malade à environ 5 800 mètres et très vite, il se mit à délirer. Aucun de ses compagnons n'avait pris conscience qu'il souffrait de mal aigu des montagnes, et ce défaut de diagnostic les conduisit inexorablement à la tragédie.

Drexel parvint à descendre jusqu'au camp 2, où il attendit l'oxygène que devaient lui monter des Sherpas. Mais personne ne savait où les bouteilles avaient été cachées. Pasang Norbu, surnommé « Pasang Picture » car il était aussi assistant photographe, était l'un des Sherpas de Darjeeling les plus costauds ; il partit à leur recherche, faisant le yo-yo d'un camp à l'autre tandis que l'état de santé de Drexel se détériorait. Une fois l'oxygène localisé au camp de base, il repartit avec les Sherpas Gaylay et Dakshi ; dans la nuit tombée, ils traversèrent la cascade de glace à la lumière d'une lampe à kérosène et atteignirent le camp 1 à 22 h 25. Merkl leur offrit du thé et des cigarettes pour les préparer à ce qui les attendait. Les Sherpas se remirent en route à minuit pour apporter l'oxygène à Drexel. Quand ils arrivèrent au camp 2, il était déjà mort. Ils descendirent son corps au camp de base, où il fut enterré couvert du drapeau nazi par les alpinistes allemands.

Onze jours plus tard, Merkl se lança à l'assaut du sommet, très en retard sur l'organisation prévue. La pression de réussir l'ascension qui pesait sur ses épaules était énorme. Le cheminement qu'il avait choisi comportait une longue traversée et serpentait à des altitudes très élevées : il enjambait l'épaule d'un sommet secondaire pour descendre à une selle puis remonter à 7 185 mètres au camp 7. Trop long, trop haut.

Dix-neuf grimpeurs se trouvaient en altitude, dont les Sherpas Nima Dorje, Ang Tsering, Kitar, Dakshi, Nima Norbu, Da Thundu, Pinzo Norbu, Nima Tashi, Gaylay, Pasang Kikuli, Thundu, et Norbu. Les camps inférieurs auraient pu leur servir de bases arrière, à supposer qu'ils eussent été bien approvisionnés en nourriture, sacs de couchage et grimpeurs de soutien. Mais tel n'était pas le cas. Les camps étaient vides. Hommes et matériel se trouvaient dans les camps d'altitude du Nanga Parbat, prêts à partir pour le sommet.

Le lendemain matin, Thundu et Norbu étaient tellement mal en point qu'ils durent descendre. Mais pour atteindre le camp inférieur, il leur fallait d'abord gravir un sommet secondaire situé cent vingt mètres plus haut, puis traverser un mur de glace très raide. Ils parvinrent à se traîner jusqu'au camp 4 avec l'alpiniste allemand Fritz Bechtold.

Le jour suivant une tempête déposa des paquets de neige sur les flancs de la montagne, isolant les membres de l'expédition qui se trouvaient alors au camp 8. Coincés dans leurs tentes à 7 480 mètres, les hommes s'accrochaient à l'espoir que le blizzard se calme pour repartir en direction du sommet. Pasang Picture tenta de faire fondre de la neige pour préparer une boisson chaude, mais le vent soufflait si fort qu'il avait du mal à maintenir en vie les flammes du réchaud. De temps à autre il sortait de la tente et rampait jusqu'à celle des sahibs pour leur apporter du thé.

La tempête sévit toute la nuit. Au matin, il fallut se rendre à l'évidence : impossible d'atteindre le sommet dans ces conditions. Il n'y avait plus qu'à prendre ses jambes à son cou en espérant rejoindre le camp 4. La montée du camp 4 au camp 8 leur avait pris six jours ; leur objectif était à présent de couvrir cette même distance en un jour. Une fois de plus, ils durent monter jusqu'au sommet secondaire puis en redescendre. C'est probablement ce qui incita Pasang Picture et Pinzo Norbu à laisser leurs sacs de couchage : avec une charge plus légère, ils avanceraient pus vite. Nima Dorje, lui, raisonna semble-t-il différemment, car il emporta le sien et l'attacha fermement sur son sac à dos.

Le vent soufflait si fort qu'à un moment, Nima Dorje fut soulevé et secoué comme un fétu de paille. Heureusement, il était encordé avec cinq autres personnes. Il flottait dans les airs tandis que ces cinq compagnons s'accrochaient au flanc de la montagne. Une bourrasque plus puissante encore le cueillit, et ses compagnons filèrent dans une glissade en direction du bord de la face abyssale du Rupal. Ils se jetèrent sur Nima Dorje, l'attrapèrent par les jambes et le plaquèrent au sol. Ils réussirent à sauver le bonhomme mais pas son sac de couchage, qui fut arraché du sac à dos et plongea au pied de la montagne ; il ne leur restait plus rien pour se protéger du froid.

Une fois en contrebas du passage aérien, Erwin Schneider et Peter Aschenbrenner se décordèrent et détachèrent les skis de leurs sacs. La neige était plus profonde mais le vent moins violent. On imagine aisément leur soulagement, lorsqu'ils chaussèrent leurs skis, à l'idée d'une descente rapide et débonnaire ; c'était l'assurance d'arriver au camp 4. Avant de s'élancer dans la pente, Aschenbrenner indiqua à Pasang Picture que les trois Sherpas devaient suivre leurs traces. Mais comment faire puisqu'ils n'avaient pas de skis ? En fin d'après-midi, Schneider et Aschenbrenner étaient confortablement installés au camp 4 tandis que les Sherpas châlaient dans la neige jusqu'aux genoux[7].

◆

Merkl, qui lui aussi voulait faire demi-tour, se mit en route avec les grimpeurs allemands Uli Wieland et Willo Welzenbach, accompagnés des Sherpas Ang Tsering, Kitar, Dakshi, Gaylay, Da Thundu, Nima Tashi, Pasang Kikuli et Nima Norbu. Entre le camp 8 et le camp 7, ils s'enlisèrent dans la neige et furent contraints de bivouaquer sans tente en se partageant les trois sacs de couchage en leur possession. Cette nuit-là, Nima Norbu périt dans la neige.

Au matin, Merkl et Wieland avaient des gelures aux mains mais, plus inquiétant, Dakshi, Gaylay et Ang Tsering étaient devenus trop faibles pour se mouvoir seuls. Le reste du groupe partit sans eux, dans un sauve-qui-peut.

Kitar, Da Thundu, Nima Tashi et Pasang Kikuli progressaient plus vite que les Allemands. Ils arrivèrent au camp 7 les premiers, mais ce ne fut qu'un piètre soulagement : seule une tente était encore debout et elle était remplie de neige.

7 Ni Peter Aschenbrenner ni Fritz Bechtold ne mentionnent l'incident de la descente à skis dans leur rapport officiel, et il n'y a aucune photo dans le dossier du Club alpin allemand prouvant que des skis auraient été portés lors de l'assaut sommital. L'information a été livrée par Ang Tsering et l'épisode est bien connu des Sherpas de Darjeeling.

Il n'y avait ni nourriture, ni combustible, ni sacs de couchage. Merkl et Welzenbach les rejoignirent environ une heure plus tard et demandèrent aux Sherpas de poursuivre leur route pour laisser la tente aux Allemands. Wieland succomba à trente mètres du camp 7.

Kitar, Da Thundu, Nima Tashi et Pasang Kikuli commencèrent à descendre en direction du camp 6, mais perdirent rapidement leur chemin. Ils furent contraints de bivouaquer dans un trou à neige sur les hauteurs du Nanga Parbat; c'était leur huitième nuit à plus de 6700 mètres et leur quatrième nuit de tempête. Les Sherpas de Darjeeling n'avaient rien mangé depuis trois jours, ni bu depuis quarante-huit heures. Le matin, par miracle, tous étaient encore vivants.

Ils aperçurent quelqu'un se débattre dans la neige juste avant la raide traversée au niveau du sommet secondaire; c'était Pinzo, le frère de Da Thundu. Pasang Picture et Nima Dorje l'accompagnaient. Ils étaient restés à l'arrière quand Schneider et Aschenbrenner étaient partis à skis pour le camp 4. Ils formaient à présent un groupe de sept Sherpas. Après s'être acquittés, telle une file d'insectes prudents, de la traversée délicate, ils rejoignirent les cordes fixes qui les guideraient jusqu'au pied d'une paroi verglacée quasi verticale. Ce qui aurait dû être un moment de joie, celle de se sentir à l'abri du danger, n'en fut pas un, car sans crampons ni descendeurs, il leur serait difficile de négocier les passages en glace, et impossible de s'attacher aux cordes fixes. Ils devaient donc les empoigner et les serrer au mieux de leurs doigts gelés. Nima Dorje, les mains complètement insensibles, enroula son bras autour de la corde. Quand il s'arrêta, Da

Thundu le secoua pour l'obliger à avancer. Aucune réaction. Nima Dorje s'était éteint, bras et corde enlacés. Da Thundu enjamba son corps et tomba sur Nima Tashi, mort lui-aussi. Il poursuivit jusqu'à la tente du camp 5, où il découvrit son frère Pinzo Norbu dans la neige, sans vie.

Le 10 juillet, Da Thundu, Pasang Picture, Pasang Kikuli et Kitar, les quatre Sherpas qui avaient survécu malgré de graves gelures, atteignirent enfin le camp 4.

◆

Bien plus haut, se déroulait une autre tragédie. Ang Tsering, Dakshi, et Gaylay, abandonnés à leur sort, n'avaient pas succombé à leur bivouac dans la neige entre les camps 8 et 7.

« Il faut qu'on quitte cet endroit, déclara Gaylay en se secouant pour se débarrasser de la neige qu'il avait sur le corps.

— Impossible, je n'y vois rien, lui répondit Ang Tsering. J'ai une ophtalmie, il me faut encore un jour pour me remettre. Attendez-moi car je connais le chemin.

— Je ne peux pas bouger, renchérit Dakshi. Je n'ai pas assez de force. J'ai juste besoin d'un jour de repos supplémentaire. »

Gaylay, dont c'était la première expédition himalayenne, ne dit mot. Il resta cependant avec ses compagnons, soit par loyauté, soit parce qu'il avait peur de descendre tout seul ; nul ne le saura jamais. Ils passèrent une deuxième nuit à la belle étoile. Le lendemain matin, Ang Tsering souffrait toujours des yeux et l'état de Dakshi ne s'était pas amélioré. Ils attendirent encore et passèrent une troisième nuit exposés aux éléments. Au matin, comme Dakshi rendait ses derniers soupirs, Gaylay et Ang Tsering entamèrent la descente sans lui.

L'hécatombe ne s'arrêta pas là. Au camp 7, ils trouvèrent Wieland inanimé dans la neige ; Merkl et Welzenbach dans la tente, vivants, mais ce dernier agonisait. Ang Tsering suggéra néanmoins que tout le monde tente de descendre au camp 4. Merkl refusa, arguant de son extrême fatigue ; il était convaincu que des alpinistes du camp 4 ne tarderaient pas arriver pour leur porter secours.

Merkl et Welzenbach passèrent encore une nuit sous la tente au camp 7. Quant à Gaylay et Ang Tsering, ils dormirent dehors, dans la neige ; leur quatrième nuit à la merci des éléments. Au matin, Welzenbach avait trépassé. Ils restèrent un jour de plus au camp 7, à attendre les secours ; Merkl dans la tente avec le corps de son compagnon, Gaylay et Ang Tsering dans la neige.

Le lendemain matin, Merkl, Gaylay et Ang Tsering descendirent jusqu'à l'ensellement, puis remontèrent de son point bas jusqu'au camp 6. Merkl et Ang Tsering avaient les pieds gelés et de grandes difficultés à marcher ; ils se traînaient littéralement, enchaînant les faux pas. Les trois alpinistes arrivèrent à proximité du camp 6 mais n'eurent pas la force de continuer, ce qui leur coûta une nouvelle nuit à la belle étoile, allongés dans la neige, la sixième pour Gaylay et Ang Tsering. La faim, la soif et l'hypoxie les faisaient divaguer. Ils se serraient les uns contre les autres pour se tenir chaud. La nuit durant, la neige les recouvrit, si bien qu'à l'aube, ils n'étaient plus que trois petits monticules dans une grande étendue blanche. Leur dernier repas remontait à sept jours ; leur dernière boisson à six.

Ils quittèrent leur cercueil de neige les jambes lourdes comme du plomb et l'estomac désespérément vide et douloureux.

« Gaylay, descends chercher de l'aide, ordonna Ang Tsering. Descends au camp 4 et envoie des gens nous chercher.

— Non, c'est mieux si c'est toi qui y vas. C'est toi le plus fort. Tu iras plus vite. Moi, je reste avec le sahib. Vas-y, toi. »

Ang Tsering partit seul au camp 4, le port de leur salut.

Dans la descente, il croisa un défilé macabre, un chapelet de cadavres congelés pour l'éternité. Ses pieds gelés le faisaient trébucher sans cesse mais il s'accrochait aux cordes fixes, il dépassa le camp 5 puis plongea dans les ténèbres. À un moment, il perdit son chemin, glissa, dévala la pente et s'arrêta net au bord d'une crevasse. Il appela à l'aide et ses cris parvinrent aux grimpeurs du camp 4, qui partirent le chercher et l'installèrent dans une tente. De ses mains paralysées pas le gel, il cajolait la tasse de thé chaud qu'il buvait à petites gorgées. Merkl et Gaylay étaient encore en vie, leur dit-il ; il fallait leur venir en aide. Au dire de Ang Tsering, un étranger et deux porteurs montèrent alors, sans trop de conviction, une opération de secours pour récupérer Merkl et Gaylay ; en réalité, personne n'avait la force de monter plus haut.

Quatre ans plus tard, Paul Bauer et l'expédition allemande de 1938 trouvèrent le corps de Gaylay, congelé, gisant dans la neige sur les hauteurs du Nanga Parbat. À côté de lui se trouvait celui de Merkl en position assise.

Les alpinistes étrangers furent tentés de voir dans cette triste scène la preuve de la dévotion de Gaylay, qui se serait sacrifié pour rester près de Merkl. La vérité est que nous ne connaissons pas le fin mot de l'histoire, ni la raison pour laquelle Gaylay avait décidé de rester à l'arrière. L'hypothèse de la loyauté n'est pas à exclure, ni celle de la compassion bouddhique. Mais l'explication est peut-être plus banale : tous deux étaient exténués, et il n'y a aucun moyen de savoir si Gaylay avait encore les idées claires. Peut-être était-il tout simplement paralysé par la fatigue. Il se peut aussi que Ang Tsering était effectivement le plus fort des trois, et qu'il avait donc plus de chances d'atteindre le camp 4 où il pourrait mobiliser une équipe de secours. Quelque temps plus tard cependant, il avoua à Tenzing Norgay qu'il était convaincu que Gaylay et lui seraient parvenus à descendre ensemble[8].

◆

S'il est impossible de connaître l'exacte vérité et le détail des événements qui survinrent au Nanga Parbat, toute la violence de la fin tragique de cette expédition saute aux yeux quand on se penche sur les photos. Sur l'une d'elles, on distingue Schneider, Aschenbrenner, Fritz Bechtold et Peter Müllritter à leur retour au camp de base. Assis par terre, ils se soutiennent mutuellement dans une accolade. Où vaguaient leurs pensées ? Schneider et Aschenbrenner pensaient-ils au moment où ils avaient chaussé leurs skis et filé, laissant derrière eux Pinzo Norbu, Pasang Picture et Nima Dorje ? Regrettaient-ils de ne pas avoir pu sauver leurs compagnons de cordée ? Se sentaient-ils coupables ? Ou soulagés d'être encore en vie ?

8 Tenzing Norgay à James Ramsey Ullman, *Man of Everest*.

Sur une autre photo, on voit les quatre Sherpas qui survécurent à l'épouvantable descente le long des cordes fixes : Pasang Kikuli, Kitar, Pasang Picture et Da Thundu. Des bandages protègent leurs mains et leurs pieds gelés. Ils sont assis, en sous-vêtements de laine. Aucun geste d'embrassade. Aucun contact physique. Aucuns regards ne se croisent. Ils sont en état de choc, assommés par la douleur. Da Thundu penche un peu la tête, il a l'air complètement éteint. Les autres ont le regard posé autour d'eux ; ni sur l'appareil photo, ni sur leurs compagnons, mais dans le vide. À quoi pensent-ils ? À la manière dont, privés de leurs extrémités, ils vont pouvoir nourrir leurs familles ? À leurs compagnons congelés sur les cordes fixes ? Au calvaire de ces nuits sans fin passées dans la neige ?

Ils sont peut-être tout simplement trop fatigués pour penser à quoi que ce soit.

◆

Sans surprise, l'expédition fut vivement critiquée en Allemagne pour avoir échoué dans une telle débâcle. Les survivants, ainsi que Merkl, le chef qu'ils avaient perdu, furent accablés de torts. Ironiquement, l'ampleur inouïe de cette tragédie renforça le lien entre le Nanga Parbat et l'Allemagne, ainsi que la volonté du gouvernement d'en ravir la première ascension. Aussi, l'organisation de l'expédition suivante fut-elle lancée sans délai.

À Toong Soong Busti, où résidaient la plupart des Sherpas, les réactions au sacrifice de toutes ces vies étaient mitigées.

Comme le décrivit Tenzing Norgay : « À Toong Soong Busti, de nombreux foyers étaient en deuil, mais on était aussi fiers de ce que les membres de notre peuple avaient enduré et accompli[9]. »

Les survivants parmi les Sherpas durent se réapproprier leurs corps meurtris par les gelures. Ang Tsering fut amputé de tous ses orteils. Lorsqu'il arriva à l'hôpital Victoria de Darjeeling, les infirmières découvrirent des vers nichés dans ses moignons. Après six mois d'hospitalisation, l'attendait une vie de douleur. Dans les années qui suivirent, les Sherpas furent dédommagés de leurs amputations : 10 roupies par doigt et 20 pour l'index, le pouce et le gros orteil. Mais pas en 1934.

Bien qu'amputés, Da Thundu et Pasang Picture retournèrent au Nanga Parbat avec la nouvelle équipe allemande. Le 15 juin 1937, seize hommes se retrouvèrent au camp 4 : neuf Sherpas, dont Pasang Picture, et sept étrangers. À 00 h 10, une avalanche monstrueuse roula bruyamment et ensevelit le camp. Il n'y eut aucun survivant. Par chance, Da Thundu se trouvait dans un camp inférieur.

Des dizaines d'années plus tard, Jonathan Neale, l'auteur de *Tigers of the Snow*, posa à Lhamoo Iti, la veuve de Da Thundu, la question suivante : « À quoi tient la survie d'un alpiniste, à la force, l'intelligence ou la chance ? » « La chance », répondit-elle.

Au Nanga Parbat en 1937, ce fut bien la chance qui sauva la vie de Da Thundu.

---

9 Tenzing Norgay et Ullman.

En 1938, lorsqu'on le sollicita pour y retourner, il refusa.

◆

Ang Tsering épousa Pasang Diki, la veuve de Nima Dorje, et accueillit son fils Dawa Temba dans son foyer et dans son cœur. Au cours des vingt-cinq années qui suivirent, sept enfants virent le jour de cette union. Pasang se débrouillait le plus souvent toute seule pendant que son mari était en montagne. Lorsque l'historienne indienne Nandini Purandare demanda aux Sherpani de Darjeeling de décrire la peur qu'elles éprouvaient lorsque leurs maris partaient en expédition dans les années 1930, elle fut stupéfiée par leur réponse. « Elles ne savaient pas quoi répondre à mes questions. À l'époque, elles étaient trop occupées pour avoir le loisir de se faire du souci. »

En 2001, Tashi Tenzing, le petit-fils de Tenzing Norgay, se promenait le long de la route à Toong Soong Busti. Il remarqua un vieil homme qui sortait d'une maison toute simple en traînant des pieds. Il avait le dos voûté d'avoir porté de lourdes charges, les articulations abîmées et douloureuses d'avoir passé tant de nuits à dormir dans la neige; son visage, garni d'une tignasse argentée, était ridé d'autant de lignes qu'une carte topographique de courbes de niveau. C'était Ang Tsering. Il avait quatre-vingt-treize ans. Ang Tsering, celui-là même qui avait survécu à bien des expéditions au service des Britanniques, des Indiens, des Allemands et des Suisses, que ce soit à l'Everest, au Kangchenjunga, au Kamet ou au Nanga Parbat. Ang Tsering, l'alpiniste qui avait grimpé haut sur les montagnes et porté de lourdes charges, le sirdar qui avait eu la responsabilité de dizaines de porteurs sherpas. Ang Tsering, qui avait perdu tous ses orteils à cause du froid. Un des premiers professionnels sherpas, qui après avoir survécu à bien des épreuves, des dangers et des accidents, vivait paisiblement, respecté par une communauté qui s'occupait de lui comme cela était dû aux anciens. Il mourut l'année suivante, en 2002.

CHAPITRE 2

Un mince portefeuille noir : tragédie au K2

Il faudrait montrer qu'il n'y a pas une histoire,
mais une multitude d'histoires à sortir de l'ombre…
Cela exigerait de changer de point de vue et de considérer
que l'existence n'est pas une, mais plurielle.

Pasang Yangjee Sherpa, *Alpinist 51*

Tout himalayiste vit dans la hantise des gelures. Et à raison. À des températures bien en dessous de zéro, être mal chaussé ou perdre une moufle, c'est menacer son intégrité physique.

À mesure qu'un grimpeur s'élève, sa consommation d'oxygène chute, réduisant la capacité de son organisme à produire de la chaleur. S'ajoutent la déshydratation et le froid, le vent et la fatigue, ce qui explique la diminution du volume de plasma sanguin, l'épaississement du sang et le ralentissement de sa circulation. D'instinct, pour assurer la survie, le corps envoie des signaux aux capillaires sanguins des extrémités pour qu'ils se contractent, réservant ainsi le sang à l'alimentation des organes vitaux. Ce processus d'adaptation peut sauver la vie d'un alpiniste, mais parfois au prix de dommages collatéraux aux parties exposées aux éléments comme les doigts, les orteils, les joues ou le nez.

La suite fait froid dans le dos : des cristaux de glace se forment dans les interstices entre les cellules, qui se déshydratent, accélérant ainsi leur propre destruction. Puis, les vaisseaux sanguins cessent de fonctionner normalement.

La partie gelée devient d'abord blanche, puis surviennent douleurs ou picotements. Ensuite, toute sensation disparaît. En cas de gelure sévère, le bout des doigts devient dur comme du bois.

À l'apparition des premiers signes de gelure, l'idéal est de mettre immédiatement la victime à l'abri dans une tente et de réchauffer la partie atteinte en la plaçant sur l'estomac ou sous les aisselles. Réhydratation et repos permettent de limiter les dégâts. Si cela est impossible, le mieux est alors de bouger pour favoriser la circulation du sang. Le pire serait de rester immobile à la merci des éléments, de passer une nuit à la belle étoile ; le scénario tant redouté des himalayistes.

Au dégel, des cloques se forment sur les parties atteintes et des saignements apparaissent, accompagnés d'atroces douleurs. Si le degré de gelure est avancé, le bout des doigts meurt, noircit et doit être amputé.

Telles sont les épreuves qu'endurèrent les Sherpas comme Pasang Kikuli après avoir survécu à la terrible débâcle de 1934 au Nanga Parbat.

◆

Né en 1911 dans la vallée isolée de Rolwaling, Pasang Kikuli s'installa très jeune à Darjeeling pour devenir porteur. Doté d'une force herculéenne que ne laissait présager sa petite stature, il avait le regard mélancolique, comme s'il venait d'apprendre une mauvaise nouvelle. À dix-huit ans, ses services étaient déjà très recherchés. Il fut de la partie au Kangchenjunga en 1929, 1930 et 1931 ; à l'Everest en 1933 et bien entendu, au Nanga Parbat en 1934.

Bien que handicapé par ses amputations, Pasang Kikuli reprit le travail deux ans après le Nanga Parbat, pour participer à l'expédition codirigée par l'explorateur britannique Bill Tilman et l'alpiniste américain Charlie Houston à la Nanda Devi, une montagne énigmatique encore vierge à l'époque.

Ce fut une ascension en tous points fastidieuse : la marche d'approche ; les sentiers étroits et vertigineux, taillés à flanc de roche, surplombant les profonds ravins et les torrents tumultueux ; et même la nourriture. Plusieurs membres de l'équipe furent atteints de dysenterie. Kitar, malgré sa grande expérience, tomba gravement malade à son arrivée au camp de base et décéda peu de temps après. Tilman écrira plus tard que Kitar « n'était pas un Sherpa bien aimable[10] ». Ce commentaire peut paraître un peu rude, mais il est significatif de la morosité avec laquelle bon nombre d'Occidentaux sous la direction de Tilman devaient composer à l'époque.

10 H. W. Tilman, *The Ascent of Nanda Devi.*

Pasang Phutar, qui faisait également partie de l'équipe, n'appréciait pas le style de l'Anglais, qu'il trouvait sans compassion et qu'il tenait pour responsable de la mort de Kitar. C'était aussi l'avis de Ang Tsering, qui ne pardonna jamais à Tilman ; il adopta par la suite le fils de Kitar, un enfant brillant mais handicapé, l'éleva et lui assura une bonne éducation.

À la Nanda Devi, Pasang Kikuli fut plus chanceux que Kitar. Tilman jugea sa contribution exceptionnelle – « le seul qui méritait sa place dans ce spectacle d'envergure[11] ». L'Américain Art Emmons trouva que Pasang Kikuli était « de loin le meilleur porteur, ainsi qu'un bon serviteur, énergique et travailleur ».

Lorsque Bill Tilman et l'alpiniste géologue britannique Noel Odell atteignirent le sommet de la Nanda Devi à 7 816 mètres le 29 août 1936, ils établirent le record de la plus haute ascension de l'époque. Houston et Tilman quittèrent ensuite le sanctuaire de la Nanda Devi par le col de Longstaff, une passe que personne n'avait jamais empruntée. Pasang Kikuli se joignit à eux. Durant toute l'expédition, il fut le Sherpa attitré de Houston, une pratique courante à l'époque, mais qui indisposait l'Américain. Quoi qu'il en soit, les deux hommes s'entendirent tout de suite et le passage du col, où rien ne leur fut épargné, des murs de roche verglacés en passant par une neige profonde propice aux avalanches, ne fit que renforcer leur relation. Quitter la montagne fut tout aussi éprouvant, à cheminer sur des moraines au fil en lame de rasoir et à traverser des rivières fougueuses.

11 Tilman.

◆

Deux ans plus tard, lorsque l'American Alpine Club demanda à Houston de diriger la première expédition américaine au K2, il proposa à Pasang Kikuli le poste de sirdar.

Le K2 fait partie de l'imposante chaîne montagneuse du Karakoram, qui abrite quatre 8000, plus de trente sommets de 7000 mètres et une ribambelle de 6000. Ce massif est remarquable par sa structure, autant que par son altitude. De hautes aiguilles effilées se dressent dans le fond de quatre gigantesques complexes glaciaires, telles des rapières perçant le ciel bleu acier du Karakoram. Cette région immense et isolée, qui constitue la partie nord du Pakistan actuel, est peu peuplée et, jusqu'à une période récente, tensions politiques constantes et difficultés du terrain maintenaient ses habitants, les Baltis, à l'écart du monde extérieur.

C'était la première tentative sérieuse de gravir la deuxième montagne la plus élevée du monde, même si les explorateurs lui tournaient autour depuis plus de cinquante ans. En 1886, Francis Younghusband traversa la passe de Mustagh située à 5500 mètres d'altitude à l'ouest du K2 et réputée difficile. Sa réussite est à mettre au crédit de Wali, le guide de la ville d'Askole qui l'accompagnait, des porteurs, dont quatre baltis et plusieurs ladakhis, et de treize chevaux. Wali n'en était pas à sa première traversée, et quand ils se trouvèrent dans les passages les plus raides, il sut exactement quoi faire : il noua bout à bout turbans, ceintures et brins de corde qui servaient pour les chevaux, et confectionna une sorte de main courante pour la caravane. Lorsqu'ils rencontrèrent de la glace, il tailla des marches avec sa pioche, ouvrant ainsi le chemin de descente. « J'admets sans ambages que je ne serais jamais descendu tout seul et que, tout Anglais que je suis, j'avais peur de passer le premier, avoua Younghusband. Heureusement, mes guides avaient beaucoup plus de cran que moi[12]. »

L'Italien Roberto Lerco avait exploré le K2 et sa région en 1890, et sir Martin Conway arriva sur les lieux accompagné de quatre Gurkhas en 1892. La première expédition dont l'objectif était clairement l'ascension de la montagne date de 1902. Elle était chapeautée par Oscar Eckenstein, un alpiniste anticonformiste dont le père avait émigré d'Allemagne vers l'Angleterre. Il avait pour compagnon l'alpiniste, magicien et poète Aleister Crowley, qui pratiquait aussi les sciences occultes. L'équipée éclectique fut victime d'accès de paludisme, et de violence physique lorsque Crowley menaça un des membres avec un revolver. On aura deviné qu'ils ne parvinrent jamais au sommet du K2.

Sept ans plus tard arriva une expédition italienne dirigée par le duc des Abruzzes. À ses côtés se trouvait Vittorio Sella, l'un des plus illustres photographes de montagne de tous les temps, dont les clichés d'une beauté subjuguante ont immortalisé la perfection géométrique des montagnes et leur architecture aux indentations anguleuses et irrégulières. L'ascension de ce géant du Karakoram fut néanmoins plus qu'éprouvante. Le scientifique Filippo De Filippi, également membre de l'équipe, déplora la pauvreté des rations des porteurs, qui n'avaient droit qu'à neuf cents grammes d'une pitance grossière

12 Richard Sale, *The Challenge of K2*.

par jour, tout en admirant leur travail. Il avoua dans ses écrits qu'il ne connaissait « aucune race capable de produire un tel effort sous un tel climat, avec une nourriture si pauvre et si chiche[13] ».

Avec l'aide de leurs cinq cents porteurs, dont quatre expérimentés venus des Alpes, les Italiens dépassèrent largement la cote de 6000 mètres sur l'éperon sud-est de la montagne. Mais les chutes de pierres incessantes découragèrent la main-d'œuvre, qui refusa prudemment de convoyer les charges plus haut.

Il y eut d'autres voyages exploratoires dans la région, en 1929 puis en 1937, mais entre 1909 et l'expédition de Houston de 1938, personne ne s'attaqua sérieusement au K2 lui-même. Que faisaient donc les alpinistes ? Les Britanniques étaient focalisés sur l'Everest, tandis que les Allemands convoitaient le Nanga Parbat et le Kangchenjunga.

Les Sherpas de Darjeeling, dont Pasang Kikuli, étaient partout ; ils travaillaient en soutien des alpinistes étrangers quelle que fut la montagne sur laquelle ces derniers avaient jeté leur dévolu. Dans une solitude régalienne, le K2 attendait son tour.

◆

En ces temps, les relations entre les Sherpas et les Occidentaux étaient fondées sur le modèle du maître, pour le sahib, et du serviteur, pour le Sherpa. Robert Bates,

13 Cité par Sale, *The Challenge of K2*.

personnage très instruit de l'équipe américaine de Houston, écrivit : « Bien que graciles, [les Sherpas] sont des êtres forts, déterminés et qui manifestent surtout un grand enthousiasme pour l'alpinisme. Pour eux, s'attaquer à un haut sommet est une forme de pèlerinage, et l'homme blanc s'apparente à un saint[14]. » Aujourd'hui, l'élitisme et la condescendance de ce jugement sont assourdissants, mais ils ne sont que l'écho d'une l'époque.

Dans la ville de Srinagar au Cachemire, l'équipe de Houston fit connaissance avec les six Sherpas de Darjeeling qu'ils avaient embauchés : Pasang Kikuli, Tse Tendrup, Pasang Kitar, Pemba Kitar, Phinsoo et Sonam. Pour Bates, le luxe de la marche d'approche « fut à l'expédition ce que l'avenue Millionaires' Row est à Miami[15] ». Après avoir nivelé le sol, planté les tentes et gonflé les matelas, les Sherpas apprêtaient le sac de couchage de leur sahib, son journal et sa trousse de toilette, puis « chacun retirait les chaussures de marche de son maître s'il y était autorisé. Un tel luxe est inconnu en pays civilisé[16] ».

En tant que sirdar, Pasang Kikuli était le responsable des Sherpas de Darjeeling et des soixante-quinze porteurs locaux embauchés pour acheminer les charges au camp de base. Dès les premiers jours d'une marche laborieuse à remonter le glacier de Baltoro, il s'avéra que les porteurs étaient mal équipés. Chaussés de mocassins de paille et de peau de chèvre, ils peinaient à progresser sur la glace. Ils trimballaient des

---

14 Cité par Ed Viesturs et David Roberts, *K2: Life and Death on the World's Most Dangerous Mountain*.
15 Charles S. Houston et Robert H. Bates, *Five Miles High*.
16 Houston et Bates.

accessoires en bois difficiles à manier que les Américains appelaient « béquilles de coolies » sur lesquels ils s'appuyaient pour soulager leur charge et qui leur servaient à tailler des marches dans la glace. Les Sherpas et les Américains étaient mieux lotis. Ils disposaient de chaussures en cuir cloutées, de chaussettes en laine, de lunettes de neige, et de vêtements spécifiques pour se protéger du froid et du vent. L'amélioration du traitement organisationnel et financier des équipes de Sherpas d'altitude était notable d'une expédition à l'autre, témoignant d'une évolution vers plus d'équité. Pour autant, les besoins des porteurs n'étaient pas véritablement pris en compte bien qu'ils fussent, du fait qu'ils charriaient le matériel au camp de base, la véritable clé de voûte de ces entreprises. Eux souffraient terriblement.

L'équipe de Sherpas fit un travail remarquable sur les pentes vertigineuses du K2, transportant provisions et matériel, et nivelant des emplacements pour les tentes. Pasang Kikuli, Phinsoo et Tse Tendrup étaient de vraies célébrités. Ils arpentèrent l'éperon des Abruzzes sans relâche : le 5 juillet, ils étaient au camp 3 ; le 13, au camp 4. Finalement, il ne resta plus que trois Américains et trois Sherpas dans les camps supérieurs. Lorsque les Américains décidèrent que les Sherpas avaient atteint les limites de leurs capacités alpines et qu'il leur fallait descendre, Pasang Kikuli les supplia de le laisser continuer. Houston se laissa fléchir. Le vent, qui hurlait comme un train de marchandises caracolant en pleine pente, déchirait les tentes, emportait les hommes dans ses assauts impétueux, et érodait tant leur perception que leur détermination. Paradoxalement, ce ne fut pas le vent qui les tint en échec, mais la sous-estimation du nombre d'allumettes dont ils auraient besoin pour faire fonctionner les réchauds dans le camp supérieur. Elles vinrent à manquer.

Même si l'expédition de 1938 n'atteignit pas le sommet du K2, les Américains et leur chef Charlie Houston, alliés aux Sherpas dirigés par Pasang Kikuli, avaient préparé le terrain pour l'arrivée de Fritz Wiessner l'année suivante.

◆

De tous les adjectifs applicables à l'expédition de 1939 au K2, peu sont positifs : désunie, repliée sur elle-même, hétérogène, inexpérimentée et tragique. Fritz Wiessner, né en Allemagne, avait émigré aux États-Unis en 1929. En peu de temps, il devint l'un des meilleurs grimpeurs du pays, notamment en rocher. C'était un meneur d'hommes à la stature imposante et à la volonté de fer. Certains considéraient même qu'il était *trop* fort ; d'autres Américains jugeaient son style « teutonique », une référence abusive à son pays d'origine. Mais la plupart de ceux qui grimpaient avec lui le savaient résolu et autoritaire, en montagne comme dans ses relations avec autrui.

Malheureusement pour lui, il s'était fourvoyé en choisissant ses équipiers : les alpinistes pressentis se désistèrent l'un après l'autre, si bien qu'il se retrouva avec un groupe d'individus particulièrement inexpérimentés. Aussi, au sein de la communauté alpine américaine, beaucoup étaient d'avis de reporter le voyage tant qu'il n'aurait pas réuni une équipe plus forte.

Ce qu'ils ignoraient, et que Wiessner savait très bien, c'était que la clé de la solidité de l'équipe se trouvait à Darjeeling. Il avait recruté neuf Sherpas, dont cinq avaient travaillé pour Houston l'année précédente. Pasang Kikuli, Phinsoo et Tse Tendrup avaient tous escaladé une bonne partie de l'arête des Abruzzes et y avaient porté des charges très haut ; Pemba Kitar et Sonam, le frère de Kikuli, avaient aussi rempilé. Les nouveaux venus étaient Pasang Kitar, Tsering Norbu, Dawa Thondup et, pour finir, Pasang Dawa Lama. Sur une photographie des Sherpas prise à Srinagar, le groupe de *high-altitude climbers* respire la fierté et l'assurance. À l'aune de la qualité de l'équipe de Sherpas de 1939, l'expédition était en effet très affûtée. C'était le signe que la force, puis l'encadrement des expéditions himalayennes reposeraient désormais sur les Sherpas et non sur les alpinistes étrangers.

Comme en 1938, Pasang Kikuli cumulait la fonction de Sherpa du chef de l'expédition et celle de sirdar ; il était responsable des Sherpas qui travailleraient sur l'éperon et des cent vingt-deux porteurs recrutés à Askole pour porter les charges au camp de base.

Ils traversèrent un panorama spectaculaire : les vergers d'abricotiers verdoyants laissaient place à des champs de pavots ; des rivières lactescentes s'échappaient des glaciers ; des blocs de rochers dégringolaient dans des ravins étroits et sinueux. Puis, enfin, le Karakoram dévoila ses tours de roc pointées vers le ciel. Plus ils avançaient, plus les villages étaient pauvres et les conditions de vie rudimentaires. Les porteurs, payés quelques pennies par jour, étaient cette fois encore mal équipés. Certains marchaient pieds nus, d'autres portaient des sandales confectionnées à partir de vieux pneus ou des chaussures en peau de yack. Leurs vêtements étaient rapiécés et noirs de crasse ; la nuit, quand chutait la température, ils s'enveloppaient dans des couvertures en loques.

Comme le budget de Wiessner ne lui avait pas permis d'acheter des lunettes de neige pour tous, les porteurs improvisèrent des lunettes en carton qu'ils entaillèrent pour éviter que les rayons ultraviolets ne leur brûlent les yeux. Ceux qui y voyaient encore servaient de guides à ceux qui souffraient d'ophtalmie.

Après des jours de marche sur la glace et les éboulis glaciaires, à l'approche de la confluence des glaciers de Baltoro, Vigne, Godwin-Austen et Gasherbrum occidental, les porteurs se mirent en grève. De tels mouvements de protestation n'étaient pas inhabituels et servaient souvent de leviers de négociation pour obtenir une augmentation de salaire ou un meilleur équipement, en l'occurrence, ici, des lunettes de neige. C'est pourquoi ils se déclaraient souvent dans les pires endroits qui fussent aux yeux des Occidentaux.

Les membres de l'expédition mirent fin à la grève en promettant des gages plus élevés puis, à la sortie d'un virage, ils aperçurent enfin une majestueuse pyramide de roche et de glace : le K2. Encore un jour de marche et ils arrivèrent au pied de la montagne. Les porteurs touchèrent leur paye et s'en retournèrent sans plus attendre dans leurs villages, probablement soulagés d'avoir survécu au périple. Il ne restait plus alors que les Américains et les Sherpas.

◆

Conscient de la faiblesse de l'équipe américaine, à moins qu'il n'eût simplement été l'esclave de sa détermination, Wiessner dirigea toute l'expédition en ouvrant la marche. C'est lui qui faisait la trace, choisissait l'emplacement des campements, taillait des marches et frayait la voie. Wiessner et un groupe de Sherpas approvisionnèrent plusieurs camps en réchauds, essence, nourriture, sacs de couchage et matelas. Malgré cela, les alpinistes américains étaient à la peine ; ils souffraient du mal des montagnes, de gelures, d'épuisement et d'une baisse de moral. Le seul qui convoitait le sommet aussi intensément que Wiessner était Dudley Wolfe, un homme massif au sang princier. Nombreuses sont les hypothèses qui tentent d'expliquer la présence de Wolfe, mais sa richesse avait certainement pesé en sa faveur. Il n'empêche que Wolfe secondait Wiessner dans sa quête ultime et le suivait toujours plus haut.

À mesure que Wiessner, Wolfe et les Sherpas s'éloignaient de la sécurité du camp de base, et que le reste de l'équipe battait en retraite, deux abîmes se creusaient : l'un physique, l'autre informationnel. Sans radios, il était impossible de savoir ce que faisaient les grimpeurs qui se trouvaient en haute altitude, ni ce qu'on attendait de ceux qui se trouvaient plus bas. Les Sherpas étaient certes chargés de relayer les messages d'un camp à l'autre, mais dans une langue qui n'était pas la leur.

De surcroît, pour leur propre sécurité, ils ne devaient progresser en terrain technique qu'en présence des

Occidentaux. On considérait en effet qu'ils n'étaient pas assez expérimentés pour gravir une montagne aussi raide et difficile que le K2. Mais comme les Américains, excepté Wiessner et Wolfe, n'avaient pas envie de monter très haut, ou qu'ils n'en étaient pas capables, les décisions relatives à l'escalade et à l'itinéraire étaient souvent laissées aux seuls Sherpas. Leur groupe fonctionnait bien, ce qui n'était pas le cas de la chaîne d'approvisionnement et du système de communication.

Le 14 juillet, Wiessner, Wolfe, Tse Tendrup, Pasang Kitar et Pasang Dawa Lama se trouvaient au camp 8, situé à 7700 mètres. Pasang Kikuli, qui ne s'était pas remis de ses gelures, n'était pas avec eux. Wiessner choisit Pasang Dawa Lama et Dudley Wolfe pour établir avec lui un dernier camp tout en haut de l'Épaule – le dernier bout de terrain assez plat pour ce faire –, d'où ils partiraient à l'assaut du sommet. Lorsqu'une crevasse béante leur barra la route, Wiessner et Pasang Dawa Lama négocièrent tant bien que mal le passage, mais Wolfe ne parvint pas à traverser. Il rentra au camp 8. Wiessner et Pasang Dawa Lama continuèrent jusqu'au dernier camp à seulement six cent soixante-dix mètres du sommet. Ils disposaient d'une petite tente, de deux sacs de couchage, deux matelas, un réchaud avec du combustible et six jours de provisions.

Le 19 juillet, Wiessner et Pasang Dawa Lama s'extirpèrent de la tente et commencèrent l'ascension. Comme toujours, Wiessner était en tête. Un coup d'œil à la glace du Bottleneck le convainquit qu'à gauche, les rochers offraient une sortie plus sûre. Mais aussi, et malgré ses remarquables talents de rochassier, plus longue. Chargé de pitons, de mousquetons, de nourriture et de vêtements de rechange, Wiessner força le passage. Pasang Dawa Lama le suivait avec deux paires de crampons et une corde supplémentaire. Ni l'un ni l'autre n'avait de bouteille d'oxygène.

Wiessner fit toutes les longueurs en tête, progressant pas à pas durant neuf heures interminables sur un rocher pris dans la glace ; il pitonnait, s'assurait en clippant la corde en chanvre dans le mousqueton, puis examinait le rocher pour identifier le prochain passage. Pasang Dawa Lama l'assurait sans le quitter des yeux, puis grimpait à son tour. La température, positive, était agréablement élevée et Wiessner enlevait souvent ses moufles lorsqu'il devait exécuter un mouvement un peu délicat[17].

À 18 h 30, ils étaient à 8 383 mètres, deux cent trente mètres seulement sous le sommet. Une courte traversée les mènerait à la pente de neige sommitale, la victoire semblait acquise. Mais tandis que le soleil plongeait dans l'horizon avant de s'y éteindre, la température chuta brusquement. Wiessner essaya de poursuivre, mais la corde se tendit. Pasang Dawa Lama ne suivait pas.

« Non, sahib, dit-il, demain.

— Pourquoi ? cria Wiessner du haut. Pourquoi s'arrêter si proche du but ?

— C'est trop tard, il faut rentrer. »

Pasang Dawa Lama ne démordait pas.

---

17 Ce fut l'ascension himalayenne la plus difficile réalisée avant la Seconde guerre mondiale et elle le restera encore longtemps après ; elle serait cotée 5.7 ou 5.9 d'aujourd'hui.

Wiessner envisagea de se décorder et de continuer seul jusqu'au sommet. Mais que deviendrait Pasang Dawa Lama ? Wiessner jugea le tronçon jusqu'au camp 9 trop technique pour que le Sherpa réussisse à le désescalader seul. Et si Pasang Dawa Lama passait la nuit dehors, avec ses souliers de mauvaise qualité, il perdrait au mieux quelques orteils, au pire la vie. À contrecœur, il accepta donc la décision de Pasang Dawa Lama, puis ils entamèrent la descente. La nourriture ne manquait pas ; ils pourraient rempiler le lendemain.

Wiessner ne reconnut pas tout de suite que la décision qu'avait prise Pasang Dawa Lama pour rester en vie avait très certainement sauvé aussi la sienne. Et l'on pourrait en dire de même de celle de Wiessner, qui décida d'accompagner Pasang Dawa Lama dans la descente plutôt que de l'abandonner.

La descente ne fut qu'une suite sans fin de rappels. À un moment, une corde se prit dans les crampons fixés sur le sac de Pasang Dawa Lama ; en tentant de la décrocher, les deux paires se détachèrent et se volatilisèrent. À 2 h 30, ils se glissèrent enfin dans une tente au camp 9.

Épuisés pas les efforts de la veille, ils dormirent tard le jour suivant ; plus précisément, ils paressèrent toute la journée, profitant de la chaleur des rayons du soleil d'altitude. Le 21 juillet, ils partirent pour une seconde tentative en passant cette fois par le Bottleneck et non par la bande de rochers.

La neige était dure et luisante de glace : parfait pour les crampons. Sauf qu'ils les avaient perdus. Il était temps de passer au plan B. Wiessner décida qu'ils descendraient tous les deux au camp 8 récupérer des crampons, regagneraient le camp supérieur, puis repartiraient pour le sommet le lendemain. La météo était stable, et il ne vit dans cette excursion qu'un léger contretemps.

Pasang Dawa Lama, qui ne souhaitait pas accompagner une nouvelle fois Wiessner au sommet, demanda à être remplacé, requête qui lui fut accordée. Pasang Dawa Lama descendit donc avec son tapis de sol, son sac de couchage et ses vêtements ; Wiessner partit plus léger car il comptait regagner le camp 9 le jour même avec un nouveau compagnon, il ne savait pas exactement qui, monté du camp 8.

Mais au camp 8, Dudley Wolfe était seul, et il n'était certainement pas la bonne personne pour le sommet. Wiessner décida donc de descendre au camp 7 pour récupérer du combustible, de la nourriture et se trouver un compagnon. Les trois alpinistes se mirent en route ; Wiessner, en tête, taillait des marches. Les heures s'écoulèrent, l'air se rafraîchit, et le brouillard se leva ; ils n'y voyaient plus rien.

La cause exacte de l'accident qui suivit n'est pas claire. Soudain, les trois alpinistes dévissèrent. Wiessner parvint à enrayer leur chute, mais Wolfe avait perdu son sac de couchage.

Passablement choqués, ils atteignirent le camp 7 en boitant, bien après la tombée du jour. Une mauvaise surprise les attendait : alpinistes, sacs de couchage, matelas gonflables, crampons, tout avait disparu ! Les tentes, dont les ouvertures bayaient, étaient remplies de neige. Anéantis, ils remirent l'une d'entre elles en état, récupérèrent de la nourriture éparpillée dans les vestiges du camp, se glissèrent dans l'abri puis sous le sac de couchage de Pasang Dawa Lama, où ils grelottèrent néanmoins.

Acculé, Wiessner dut échafauder un plan C. Il descendrait au camp 6 avec Pasang Dawa Lama. Wolfe resterait au camp 7 avec le sac de couchage du Sherpa. Pour quelle raison ? Nul ne le sait vraiment. Wolfe était peut-être épuisé. Peut-être visait-il le sommet après tout. Une autre hypothèse est que Wiessner aurait décidé de descendre au camp 6 avant de remonter immédiatement au dernier camp pour ne pas hypothéquer la réussite de sa prochaine tentative sommitale. Traîner Wolfe avec eux les aurait ralentis.

Le 23 juillet à 11 heures, Wiessner et Pasang Dawa Lama sortirent de la tente et quittèrent le camp 7 pour le camp 6. Ce fut un nouveau choc. Les deux tentes du camp 6 avaient été démontées et il ne restait qu'un peu de nourriture et de combustible. Mais aucun sac de couchage ni matelas gonflable. Le camp 5 ? Idem. Le camp 4 ? Pas de sacs de couchage. Le camp 3 ? Complètement vide. Et au camp 2, les sacs de couchage avaient disparu.

À bout de forces, troublés et démoralisés, ils s'enveloppèrent dans une tente pour se protéger du froid pendant la nuit. Le lendemain, ils se traînèrent jusqu'au camp de base ; Pasang Dawa Lama avait mal aux côtes, qu'il s'était fêlées en dévissant quelques jours plus tôt, et du sang dans les urines à cause de lésions dans les reins.

Wiessner réalisa enfin que son équipe de bras cassés était à présent complètement démantelée. Pendant que Pasang Dawa Lama et lui avançaient pas à pas vers le sommet du

K2, deux Américains avaient ordonné aux Sherpas de vider les camps supérieurs puis s'en étaient allés. Des porteurs étaient arrivés pour préparer le voyage retour à Askole. L'expédition pliait bagage.

Furieux, Wiessner exigea une explication. Il n'y en avait aucune. C'était simplement la débandade : aux problèmes de communication partiellement dus aux barrières linguistiques, s'était ajoutée l'ignorance de ce qui se passait vraiment dans la partie supérieure de la montagne. Certains furent pointés du doigt, d'autres accusés. On présenta ses excuses. Mais la réalité les rattrapait : tout le monde était au camp de base, sauf Dudley Wolfe, et il était absolument incapable de descendre seul.

L'expédition passa en mode sauvetage.

Le 25 juillet, Phinsoo, Dawa Thondup, Pasang Kitar et l'Américain Jack Durrance quittèrent le camp de base. Ils atteignirent le camp 2 dans la journée, puis le camp 4 le jour suivant. Dawa Thondup tomba malade et Durrance souffrait de l'altitude, alors ils décidèrent de redescendre. Avant de quitter le camp 4, Durrance demanda à Phinsoo et à Pasang Kitar de continuer jusqu'au camp 7, mais ce dernier refusa, avançant qu'en cas de besoin, Phinsoo et lui n'étaient pas de taille à porter Wolfe sur l'éperon des Abruzzes. Durrance entendit son argument et partit avec Dawa Thondup au camp de base, pensant demander à Wiessner et à Pasang Kikuli de monter renforcer l'équipe de secours. Là, il fallut se rendre à l'évidence : le séjour prolongé de Wiessner en haute altitude l'avait épuisé. Malgré des gelures aux orteils, Pasang Kikuli accepta de le remplacer avec l'aide de Tsering Norbu.

Le 28 juillet, Pasang Kikuli et Tsering Norbu se mirent en route pour rejoindre Pasang Kitar et Phinsoo. Déployant des efforts herculéens, ils gravirent mille cinq cents mètres en six heures et arrivèrent au camp 4 qui, à leur grand étonnement, était vide. Pasang Kitar et Phinsoo avaient visiblement changé d'avis et continué en direction du prochain camp. Pasang Kikuli et Tsering Norbu firent de même et gravirent les cinq cent quatre-vingts mètres jusqu'au camp 6. Ils étaient passés de 5 030 à 7 100 mètres d'altitude en une seule journée, ce qui est à peine concevable.

Au camp de base, on les suivait aux jumelles. Le 29 juillet, on vit trois personnes gravir le couloir raide entre les camps 6 et 7. Quelque temps après, on en vit trois désescalader le même couloir. Pourquoi ? Était-ce les mêmes ?

L'explication arriva plus tard : Tsering Norbu était resté au camp 6 et préparait du thé pour Wolfe et les autres. Pasang Kikuli, Phinsoo et Pasang Kitar atteignirent le camp 7 à midi et trouvèrent Wolfe allongé dans son sac de couchage, au bord du délire. Il avait passé trente-huit jours au-dessus de 6 700 mètres sans oxygène et n'avait rien mangé ni bu depuis longtemps. La tente était remplie d'excréments. Il les supplia de revenir le lendemain, invoquant qu'il avait besoin d'un jour de repos supplémentaire avant d'être en état de les suivre.

Les trois Sherpas s'en retournèrent au camp 6. Le jour suivant, une tempête les cloua dans la tente. Le 31 juillet, ils repartirent chercher Wolfe, et cette fois-ci encore, Tsering Norbu resta pour préparer du thé. Il observait ses compagnons frapper des pieds pour assurer leurs pas dans le couloir raide surplombant le camp. Puis il s'affairait autour du réchaud, faisait fondre de la neige, chauffer de l'eau, pour que tout soit prêt quand ils arriveraient, fatigués, quelques heures plus tard. Il attendit, fit chauffer de l'eau, jeta un œil à la pente. Personne.

Le 1er août, il attendait encore, et préparait du thé. Il n'y avait toujours personne. Le 2 août, il déguerpit au camp de base.

Une forte tempête s'abattit sur la montagne le 5 août, ensevelissant tout espoir que quelqu'un fût en vie au camp 7. Wolfe était perdu, ainsi que Pasang Kikuli, Phinsoo et Pasang Kitar. Deux jours plus tard, alpinistes et Sherpas survivants emboîtèrent le pas aux porteurs pour rejoindre Askole.

◆

Wiessner reporta son départ pour les États-Unis. Il se trouvait encore à Srinagar lorsque l'Allemagne envahit la Pologne le 1er septembre 1939. Fin octobre, l'American Alpine Club (AAC), sponsor officiel de l'expédition, ouvrit une enquête pour faire la lumière sur cette tragédie. Cette initiative inhabituelle s'explique probablement par le fait que Wiessner était d'origine allemande. Il se défendit en déclarant : « Après tout, dans toute ascension d'un sommet himalayen comme à la guerre, il y a toujours quelques victimes[18] ! »

Charlie Houston ne participa pas à l'enquête, mais il fut très affecté par ce drame. Dans une lettre à son ami alpiniste et photographe Bradford Washburn, il couche ses sentiments sans ambiguïté : « Wiessner est responsable de la

---

18 Lettre du lieutenant. George « Joe » Trench à Clifford Smith, 16 mai 1940.

grande partie, sinon de l'intégralité des malheurs qui se sont abattus sur eux. Je crois que je ne pourrai jamais lui pardonner. Je ne connaissais pas Wolfe, mais j'avais une profonde affection pour Pasang [Kikuli] et P[h]insoo. Et je n'oublierai jamais l'action chevaleresque dans laquelle ils se lancèrent, *seuls.* »

Avant de partir au K2, Wiessner avait confié à Houston : « Si je réussis ce sera l'ascension de ma vie. À mon retour, j'épouserai une femme riche et je prendrai ma retraite. » Les choses ne tournèrent pas comme prévu. Couvert d'opprobres, il fut contraint de quitter l'AAC avant d'être finalement réhabilité. Il pratiqua l'escalade jusque dans ses vieux jours.

Pasang Dawa Lama participa ensuite à de nombreuses expéditions himalayennes et devint l'un des meilleurs alpinistes sherpas de sa génération. En 1954, il réalisa la première du Cho Oyu, qui culmine à 8 188 mètres à cheval entre le Népal et le Tibet. Son compagnon autrichien Herbert Tichy avoua que c'était Pasang Dawa Lama qui avait été l'inspirateur de ce voyage, et non le milieu alpin ; il en avait en effet émis l'idée au cours d'une excursion exploratoire au Népal l'année précédente, un jour qu'ils étaient tous deux assis autour d'un feu de camp.

Tichy décrivit plus tard un incident qui était survenu sous une cascade de glace à 6 900 mètres, au camp 3 du Cho Oyu. Pasang Dawa Lama, Adjiba Sherpa et lui étaient arrivés sur les lieux dans l'après-midi, après une longue journée d'ascension, bien décidés à monter les tentes et y passer la nuit. « Pasang s'y opposait fermement… les yeux rivés sur la cascade de glace comme si elle l'avait offensé[19]. » Quelques jours après, sa motivation intacte, Pasang se rendit à pied au village de Namche Bazaar pour récupérer du ravitaillement. Arrivé à Marlung, à une cinquantaine de kilomètres du Cho Oyu, il apprit que des Suisses étaient sur le départ pour le sommet. Furieux, il repartit pour le camp de base et poussa jusqu'au camp 3, parcourant à nouveau les cinquante kilomètres, plus trois mille mètres de dénivelé, le tout en deux jours. Le lendemain, il mena au sommet les Autrichiens Tichy et Sepp Jöchler, malgré leurs graves engelures.

Pasang Dawa Lama, qui avait convaincu Fritz Wiessner de faire demi-tour au K2 en 1939, eut cette fois l'occasion d'aller au sommet, comme ce sera aussi le cas en 1958 lorsqu'il réalisera la deuxième ascension du Cho Oyu. Dans la hiérarchie du travail en haute altitude, il était passé de *belayer* (assureur) à *climber*, puis enfin à guide, incarnant une nouvelle étape dans l'évolution de la main-d'œuvre non qualifiée et dans son accession à un poste de commandement sur les montagnes les plus élevées de la planète.

◆

En 1993, l'alpiniste britannique Roger Payne découvrit des restes osseux et vestimentaires non loin du camp de base du K2. Deux ans après, le grimpeur américain Scott Johnston marchait le long du glacier dominant ce même

---

19 Herbert Tichy, *Cho Oyu*.

camp lorsque son regard achoppa sur un objet étrange, un mince portefeuille noir posé sur la glace. « Dans la bourse, il y avait de vieilles pièces britanniques, des épingles de sûreté et deux boutons. » À quelques enjambées, Johnston découvrit un torse qui émergeait de la glace, plus exactement une colonne vertébrale avec ses côtes et son cou. « Il y avait aussi les lambeaux d'un pull en laine gris sur une chemise rayée en drap d'Oxford, ainsi que les bretelles d'un sac à dos en cuir, mais pas de sac. » Il pense que ces vestiges appartenaient à Phinsoo ou à Pasang Kikuli, et que les pièces de monnaie britanniques étaient le salaire reçu en échange de leur travail. « Le torse n'était pas bien grand », précisa-t-il.

Pasang Kikuli avait vingt-huit ans lorsqu'il disparut au K2, laissant sa jeune épouse seule avec deux enfants en bas âge.

◆

Les tragédies qui se déroulent en haute altitude sont souvent parées de mystère. Il est difficile de les démêler faute de témoignages objectifs, l'altitude et l'épuisement ne faisant pas bon ménage avec la pensée rationnelle. De plus, la mémoire est sélective. Les torts sont en général partagés et nombreux. En définitive, personne ne fut jugé responsable des quatre premières victimes du K2.

Ces drames des premières heures de l'himalayisme ne racontent pas seulement l'histoire de quelques individus héroïques qui se mesurèrent à l'oxygène rare des hauts sommets d'Asie, comme on peut le lire dans les comptes rendus occidentaux de l'époque. Ce ne sont pas non plus des histoires où loyauté et sacrifices s'expriment de manière unilatérale. Les décisions des grimpeurs étrangers étaient brouillées par des considérations patriotiques et colonialistes, ainsi que par la méconnaissance des effets de la haute altitude. Quant aux travailleurs autochtones, la pauvreté et la rareté des emplois les poussaient à exécuter des ordres qui les mettaient en danger. Trianguler la vérité à partir des différents points de vue et des souvenirs de chacun est une tâche ardue.

C'est pourquoi l'anthropologue Pasang Yangjee Sherpa suggère qu'« il faudrait montrer qu'il n'y a pas une histoire, mais une multitude d'histoires à sortir de l'ombre… Cela exigerait de changer de point de vue et de considérer que l'existence n'est pas une, mais plurielle[20] ». Da Thundu, Ang Tsering, Dudley Wolfe, Fritz Wiessner, Willy Merkl, Peter Aschenbrenner, Lhamoo Iti, Pasang Diki, Pasang Kitar, Phinsoo et Pasang Kikuli, furent tous les acteurs de cette histoire plurielle.

20 Katie Ives, « Between the Lines », *Alpinist*, vol. 51 (automne 2015), p. 12.

CHAPITRE 3

Les Tigres de Darjeeling

Nous avions tout loisir de nous délecter des merveilles et de la majesté de l'univers himalayen.

Ang Tharkay, *Sherpa: The Memoir of Ang Tharkay*

La première fois que Ang Tharkay mit le pied à l'Everest, c'était sur le versant tibétain, avec l'expédition britannique de 1933. Jeune et inexpérimenté, il occupait une position assez basse dans la hiérarchie des porteurs. Il était même le bouc émissaire des vétérans, qui lui reprochaient d'être un gringalet souffreteux et bon à rien.

Affaibli et malade, il l'était bel et bien : il avait une bronchite. Mais il n'était certainement pas bon à rien. Payé 12 annas (environ 3 centimes d'euros) la journée, il faisait la trace dans la neige profonde, taillait des marches dans les passages en glace, évoluait en crampons et le long d'échelles de corde ; des tâches plus complexes et plus physiques les unes que les autres, et dont il s'acquittait pour la première fois. Ang Tharkay montait toujours plus haut : camp 2 à 6 000 mètres, camp 3 à 6 400, camp 5 à 7 830. Lorsqu'il ressentit des signes de gelures, il regagna le camp 4, puis repartit *illico* avec des charges directement au camp 6 situé à 8 350 mètres. Là, on lui confia un colis de provenance inconnue contenant cinquante paquets de cigarettes, douze boîtes d'allumettes et une lettre qui prétendait à tort qu'à Darjeeling, sa femme le trompait.

La première impression que Ang Tharkay se fit de ses employeurs britanniques n'était pas flatteuse. « Pour ceux qui organisaient l'expédition, nous étions à peine humains, confia-t-il. Des latrines avaient été construites, mais elles étaient réservées aux "sahibs"[21]. » Il changea ensuite d'avis lorsqu'il fut atteint de gelures au camp 5 : « Les sahibs étaient très gentils avec nous. Ils nous confectionnaient des bandages et nous donnaient à manger. »

Ang Tharkay n'était pas tout seul lors de son envolée historique vers les hauteurs de l'Everest. Il était accompagné de sept autres Sherpas : Da Tsering, Nima Dorje, Ang Tsering, Kipa Lama, Pasang Kikuli, Tsering Tarke et Rinzing. Lorsque la tempête les cueillit alors qu'ils déchargeaient leurs fardeaux, le grimpeur britannique John Longland les escorta du camp 5 jusqu'à l'arête nord, un itinéraire jamais parcouru à l'époque, puis jusqu'au camp 4, où ils s'écroulèrent de fatigue.

Pour Ang Tharkay, qui appartient à la première génération du groupe d'élite des *climbing Sherpas*, l'expédition de

21 Ang Tharkay, avec Basil P. Norton, *Sherpa: The Memoir of Ang Tharkay*. Toutes les autres citations du présent chapitre attribuées à Ang Tharkay proviennent de cette source.

1933 marqua le début d'une carrière alpine longue et glorieuse. Il deviendra le père des guides sherpas modernes que nous connaissons aujourd'hui.

◆

Les Allemands avaient lancé leur dévolu sur le Nanga Parbat, les Américains sur le K2, et les Britanniques consolidaient la mainmise qu'ils avaient sur l'Everest, une montagne que les Népalais connaissaient sous le nom de Sagarmatha, et les Sherpas sous celui de Chomolungma.

L'intérêt des Britanniques pour l'Everest remontait à la création de l'Alpine Club en 1857, lorsque les alpinistes du pays débattaient de la possibilité de gravir la montagne la plus haute du monde. Une expédition exploratoire dirigée par le capitaine Cecil Rawling l'aperçut en 1904. « Une citadelle de neige s'élevait sur des milliers de mètres, l'Everest, écrivit-il. Il est difficile de se faire une idée de sa hauteur et de sa majesté, de sa blancheur éblouissante et de sa taille imposante, car rien au monde ne lui est semblable[22]. » Malheureusement, une décennie plus tard, l'attention du monde se trouva accaparée par le plus grand chaos qui soit, la guerre.

En 1921, deux ans après le traité de Versailles qui mit officiellement fin à la Première Guerre mondiale, le Comité de l'Everest, une structure copilotée par la Royal Geographical Society et l'Alpine Club, envoya une nouvelle

22 Cecil Godfrey Rawling, *The Great Plateau*.

expédition de reconnaissance à l'Everest. Les moyens tactiques déployés avaient l'empreinte du conflit qui avait gouverné la vie des Européens peu de temps auparavant. S'inspirant de l'art militaire, les Britanniques lancèrent ce qu'il convient d'appeler de véritables « assauts ». Et tandis qu'eux endossaient les rôles de généraux, les Sherpas comme Ang Tharkay étaient dans les tranchées.

Dans l'équipe britannique se trouvait George Herbert Leigh Mallory, un directeur d'école de trente-cinq ans. Grand, mince et délicat, incarnant une beauté sensuelle, il était promis à devenir la plus célèbre des figures associées à l'Everest. Mais revenons à l'an 1921.

Enjambant la frontière entre le Népal et le Tibet, l'Everest est gravi régulièrement de nos jours par les deux versants. En 1921 cependant, le royaume du Népal était interdit, et la seule possibilité d'y accéder était de passer par le Tibet. Les alpinistes britanniques arrivèrent à Calcutta en bateau, d'où ils prirent le train jusqu'à Darjeeling, puis entamèrent une marche d'approche de six semaines dans les forêts tropicales du Sikkim, un État du nord-est de l'Inde, pour déboucher sur le plateau aride du Tibet. Leur objectif: trouver le pied du mont Everest. Ils étaient accompagnés de trente-huit alpinistes sherpas de Darjeeling. Bien que Mallory ait laissé de nombreux écrits sur les incursions de l'équipe pour identifier la base de la montagne, il n'y est que rarement fait allusion aux hommes de Darjeeling avec qui il arpentait la montagne.

L'année suivante, la taille de l'expédition qui partit pour l'Everest reflétait la grandeur de son ambition. Dans l'équipe qui quitta Darjeeling se trouvaient treize Européens, un interprète tibétain, cinq Gurkhas, quarante Sherpas ainsi que des cuisiniers et des centaines de porteurs. Une fois le groupe au pied de la montagne, les chefs s'inspirèrent de la stratégie guerrière, empruntant ses vocables, comme « incursions », « dépôts », « attaques », « gagner » ou « perdre » du terrain, « victoires et défaites ». Au bout du compte, c'est de pertes dont il fut surtout question.

Le 7 juin, Mallory prenait la tête d'un groupe de dix-sept hommes répartis en quatre cordées marchant en direction du col Nord. Les pentes étaient chargées de la neige déposée par une tempête peu de temps auparavant. Arriva ce qui devait arriver. Lhakpa, Temba, Sange, Dorje, Pema, Pasang, et Norbu, sept alpinistes de Darjeeling, périrent, balayés par une avalanche.

Si Mallory partagea en privé, avec sa femme Ruth, les profonds remords qu'il éprouvait, les propos du rapport officiel qu'il rédigea sont assez secs et quelque peu indécents : « Les porteurs avaient pris part à notre entreprise, la mort de ces hommes relève du service volontaire, librement consenti, à la loyale [23]. » Son compagnon T. H. Somervell manifesta plus d'empathie : « Seuls Sherpas et Bhotia furent à déplorer. Pourquoi ? Mais pourquoi aucun d'entre nous n'a-t-il partagé leur sort[24] ? » Quant à sir Francis Younghusband, sa réaction à la tragédie fait froid dans le dos : « Ils avaient si bien travaillé, c'est vraiment malheureux. Mais Dieu merci, aucun Européen n'a perdu la vie[25]. »

---

23 Charles Granville Bruce, *The Assault on Mount Everest*, 1922.
24 T. H. Somervell, *After Everest*.
25 Patrick French, *Younghusband: The Last Great Imperial Adventurer*.

Le Comité de l'Everest alloua 250 roupies à chacune des familles des victimes en compensation de leur perte. C'était la valeur du salaire annuel moyen d'un homme et valait à l'époque 17,50 livres, soit 50 dollars actuels.

Malgré le dénouement tragique de la tentative de 1922, le Comité de l'Everest fut prompt à déposer une demande d'autorisation auprès du gouvernement tibétain pour y retourner en 1923. L'entreprise fut retardée d'un an ; mais Mallory faisait encore partie de l'équipe. En effet, il était à présent inconcevable qu'une expédition britannique se passe de lui, car Mallory était devenu une sorte de héros, une idole qui incarnait le dernier espoir des Britanniques à une époque où leurs rêves d'empire se dissipaient. La place prépondérante qu'il assuma au sein de l'équipe est un signe annonciateur de la forme que prendront les récits d'alpinisme, mettant en avant l'héroïsme d'individualités occidentales et reléguant les alpinistes et porteurs locaux au second plan. Peu de temps avant de quitter l'Angleterre, Mallory déclarait : « Cela ressemble davantage à une guerre qu'à de l'exploration. Je ne m'attends pas à en sortir vivant[26]. »

Une nouvelle fois, les Britanniques eurent recours à une équipe de Sherpas de Darjeeling. Au camp de base, Ondi, un de leurs meilleurs Sherpas, développa une pneumonie. Son état se détériorant, on le descendit à dos d'homme, mais personne ne pensait qu'il survivrait. Quatre semaines plus tard, cependant, à la surprise générale, Ondi réapparut au camp de base avec une lourde charge sur le dos, ravi de

---

26 Maurice Isserman et Stewart Weaver, *Fallen Giants*.

reprendre le travail. Ang Tharkay le décrivit plus tard, non sans une certaine tendresse, comme « un peu voyou sur les bords. Un cauchemar pour les gens qui ne veulent pas d'histoires, mais une véritable locomotive dans les moments difficiles. À tout instant, il peut avoir maille à partir avec la police de Darjeeling… Le jour où il s'est effondré, il venait de faire un portage au camp 1 sans broncher. »

Soutenue par plus de deux cents Sherpas et porteurs, dont trois – Norbu Yeshe, Lhakpa Chedi et Semchumbi – atteignirent le camp 6 à 8 140 mètres, l'équipe était solide, mais n'alla pas au sommet. Si aucun Sherpa ne perdit la vie en 1924, il y eut deux décès à déplorer chez les porteurs en début d'expédition : Shamsher, un Gurkha, et Manbahadur, un cordonnier. Le chapitre le plus connu de cette saga est la disparition de George Mallory et de Sandy Irvine, qui se volatilisèrent dans la brume, réalisant la prophétie terrible de Mallory et entretenant jusqu'à aujourd'hui les conjectures les plus folles dans le milieu montagnard pour expliquer qu'ils auraient, ou pas, atteint le sommet.

Dévasté, le Comité de l'Everest ne capitula pas pour autant et déposa une demande de permis pour 1926. Les autorités tibétaines ne voulurent cependant rien entendre. Certaines scènes peu flatteuses du film du capitaine John Noel sur l'expédition, *The Epic of Everest*, les avaient froissées : les Tibétains y apparaissaient répugnants, mangeant des poux par exemple. Plus choquant encore, Noel rapatria en Angleterre six lamas sacrés népalais et les produisit sur scène sous le nom de « lamas dansant » lors de la première du film à Londres.

Écarté du Tibet et du Népal, le Comité de l'Everest se tourna vers une autre montagne, le Kangchenjunga, à moins de quatre-vingts kilomètres de Darjeeling.

En 1928, en réponse à l'intérêt grandissant pour les hautes montagnes d'Asie, un groupe d'alpinistes créa l'Himalayan Club. Bien que fondé en Inde, ce club ne s'adressait pas aux indigènes. On y entrait par cooptation, et seuls les étrangers étaient invités. Le club portait aide et conseils en matière de logistique expéditionnaire. Il permettait, en particulier, d'institutionnaliser le recrutement des alpinistes et porteurs de Darjeeling, un service qui avait jusque-là fait cruellement défaut.

Au cours des années qui suivirent, l'activité montagnarde se concentra essentiellement sur le Kangchenjunga. Les Allemands en étaient les protagonistes, et les Sherpas de Darjeeling les chevilles ouvrières. Ces derniers, équipés de matériel et de vêtements vétustes, transportaient d'énormes charges, établissaient les camps et ouvraient des itinéraires en haute altitude. Les Sherpas les plus expérimentés étaient surnommés « les Tigres », un titre qui leur garantissait un bonus journalier d'une demi-roupie, mais aucune sécurité. Le 8 mai 1930, Chettan Sherpa, un Tigre ayant déjà participé à deux expéditions himalayennes, périt dans une avalanche au Kangchenjunga.

Suite à l'accident, les Sherpas se mirent en grève et, ayant pris conscience de leur importance, entamèrent un bras de fer. Curieusement, les discussions ne portaient pas sur la prise en compte des risques ; les Sherpas voulaient s'assurer le monopole du travail en haute altitude et en exclure les Bhotia.

En 1931, une équipe allemande en route pour le Kangchenjunga parvint, malheureusement si l'on peut dire, à un accord. En effet, en l'absence d'un tel arrangement, quatre morts auraient pu être évitées. Avant même d'arriver au pied de la montagne, le sirdar Lobsang Sherpa et un porteur nommé Babu Lall furent terrassés par la fièvre tropicale. Plusieurs semaines après, Pasang Sherpa et l'alpiniste allemand Hermann Schaller, qui se trouvaient au camp 8, firent une chute mortelle de cinq cent cinquante mètres qui sonna la fin de l'expédition. Ang Tharkay fut l'un des survivants de cette équipe.

◆

Ang Tharkay naquit en 1907 dans le village népalais de Khunde, situé à environ 3 800 mètres d'altitude dans la région du Khumbu. Aîné de sa fratrie, il partageait une maison rustique en pierre de deux pièces avec ses frères, ses sœurs et ses parents, dont il dresse un portrait candide et lucide dans ses mémoires. Gros fumeur, son père ne touchait pourtant jamais à l'alcool, tandis que sa mère, comme la plupart des Sherpanis du village, aimait bien se saouler de temps en temps. Ils se nourrissaient des pommes de terre, des navets et des carottes qu'ils parvenaient à faire pousser sur le lopin de terre aride qu'ils possédaient.

« J'ai traversé de long en large les hautes montagnes de notre région isolée des Himalayas. Partout, j'ai vu des sommets couverts de neige, déclara Ang Tharkay. De là m'est venu le profond respect que j'ai pour elles, semblable à l'adoration que je nourris pour les dieux qui règnent sur notre petit monde. Il nous était interdit de… visiter leurs sanctuaires. À cette époque, je n'aurais jamais imaginé que mon métier m'amènerait à agir contre les croyances de mon enfance. »

Ang Tharkay gardait les chèvres de la famille, mais il préférait de loin partir avec son père et traverser les hauts cols pour vendre de la laine et du sel. C'était beaucoup plus amusant. Un jour au Nangpa La, un col situé à 5 741 mètres, Ang Tharkay ressentit pour la première fois les effets du mal des montagnes, sans trop comprendre ce qui lui arrivait. Atteint d'un mal de tête carabiné, de vertiges et d'une cécité passagère, il eut un avant-goût de la vie d'himalayiste qui l'attendait, à s'aventurer toujours plus haut au pays de l'oxygène rare.

Un jour, un ami de retour au village après un séjour à Darjeeling, lui raconta des histoires passionnantes de missions pour les expéditions étrangères sur les plus hauts sommets. Ces récits piquèrent sa curiosité. Sur ce, le petit bout d'homme cagneux qu'il était, partit à Darjeeling en quête d'aventure. Il décrocha un emploi de porteur auprès de l'expédition allemande de 1931 au Kangchenjunga puis, deux ans plus tard, atteignit l'altitude de 8 350 mètres à l'Everest. Sur les photos, son sourire radieux ne donne aucun indice des dangers auxquels il s'exposait.

La chance sourit ensuite à Ang Tharkay ; et par deux fois. Il rencontra la jeune Ang Yangjin, qu'il épousa, et fit la connaissance de l'explorateur et alpiniste britannique Eric Shipton. Réputé pour son approche spartiate de l'alpinisme, et pour ses yeux d'un bleu électrique, Shipton cherchait une poignée de porteurs pour le voyage de reconnaissance qu'il projetait d'effectuer en 1934 à la Nanda Devi, le deuxième sommet le plus haut de l'Inde, encore vierge à l'époque. Ang Tharkay fut l'un des heureux élus. Ils voyagèrent avec Bill Tilman pendant six mois, au terme desquels ils découvrirent un passage ténu dans le dédale vertical de l'étroite gorge du torrent Rishi, par lequel ils accédèrent au sanctuaire de la Nanda Devi et à son parterre de fleurs. Au-dessus d'eux se dressait la montagne majestueuse « dont la beauté nous coupa le souffle », se souvint Ang Tharkay.

Il apprit de Shipton tout ce qu'il pouvait : techniques de l'escalade et montage des camps d'altitude, ainsi que les ficelles de l'organisation d'une expédition à la Shipton, c'est-à-dire minimaliste. Il se lia d'amitié avec Shipton et Tilman à la faveur des repas qu'ils partageaient sous une même tente, et de leurs discussions sur la stratégie à adopter.

Le lien qui les unissait est un exemple d'enrichissement mutuel entre les Sherpas et les alpinistes occidentaux. L'anthropologue Sherry Ortner, qui a étudié en détail les archétypes relationnels, explique que : « Chez les Sherpas existait le statut de *zhindak*, c'est-à-dire de patron, de protecteur, qui prend sous son aile une personne de moindre condition. [...] Les *zhindak* ne donnent pas des gages de réussite, de richesse, d'emploi ou autres, mais ils y contribuent. Ils aident le héros à résoudre ses problèmes[27]. » Bien que le pouvoir du *zhindak* ne soit pas comparable à celui du

27 Sherry Ortner, *Life and Death on Mt. Everest*.

Sherpa, on considère qu'il s'agit d'une relation de réciprocité. Si un Sherpa prenait soin d'un sahib, le sahib prendrait soin de lui. Leur relation exigeait respect et dignité de part et d'autre.

Cependant, comme l'écrivit Tashi Sherpa dans la préface de la version anglaise des mémoires de Ang Tharkay : « Il faut lire entre les lignes. L'égalité est toujours présente, mais perdue dans les détails de la narration : les pertes, les gelures, et les moments de gêne qui n'étaient jamais désignés comme tels… mais discrètement relégués en arrière-plan, pour laisser place à un éloge mutuel de la relation entre le Sherpa et le sahib[28]. »

Pour sa part, Shipton était persuadé d'apprécier pleinement la valeur de son compagnon Ang Tharkay : « Il m'a accompagné dans tous les voyages himalayens qui ont suivi, et c'est en grande partie grâce à lui que nous eûmes tant de succès et qu'ils furent si agréables[29]. »

À la fin du séjour à la Nanda Devi, Shipton demanda à Ang Tharkay de se joindre à lui lors d'une prochaine expédition. Sans hésiter, le Sherpa accepta. Shipton était responsable de la mission de reconnaissance à l'Everest de 1935, pendant laquelle Ang Tharkay fit d'abord équipe avec le jeune Tenzing Norgay, qu'il hébergeait, et qui, on le sait, poursuivit ses propres aventures himalayennes. Au cours de l'expédition, ils partagèrent une tente et même, momentanément, un sac de couchage à deux places.

---

28 Katie Ives, « Between the Lines », *Alpinist*, vol. 51 (automne 2015), p. 11.
29 Eric Shipton, *Upon That Mountain*.

Quand Ang Tharkay retourna à Everest l'année suivante, il avait dix porteurs sous sa responsabilité, dont Rinzing Bhotia qui s'illustra en menant un groupe de Britanniques et trois Sherpas au col Nord, à 7 022 mètres. Ce fut probablement la première fois qu'un Sherpa passa en tête sur une montagne aussi haute ; un beau présage.

L'expédition de 1936 ne parvint pas au sommet de l'Everest ; ce fut une déception pour les Britanniques, mais sans conteste une étape importante pour Rinzing Bhotia et Ang Tharkay.

Plus tard la même année, Ang Tharkay travailla encore pour Shipton lors d'un nouveau voyage dans la région de la Nanda Devi. Son jeune ami Sonam Tensing, surnommé « Sen Tensing », était aussi de la partie. Ils n'avaient aucune intention de gravir la montagne, puisque Tilman s'en était chargé, mais d'explorer l'endroit et de faire l'ascension du plus grand nombre possible de pics alentour, dont le Dunagiri, une pyramide magnifique du mur du sanctuaire de la Nanda Devi qui culmine à 7 066 mètres. Ang Tharkay se souvint que « Mr Shipton m'a parié que je n'atteindrais pas le sommet. Et j'ai relevé le défi ». Ils en étaient à leur troisième expédition ensemble, et c'était clairement un pari d'amis.

L'arrivée au sommet lui-même comptait moins que l'état d'esprit de cette aventure. « Cette expédition m'a vraiment comblé, déclara Ang Tharkay. Elle était un peu différente des précédentes. [...] On ne tentait l'ascension que des sommets qui nous plaisaient. [...] Nous avions tout loisir de nous délecter des merveilles et de la majesté de l'univers himalayen. »

Après cette folle course aux sommets, Ang Tharkay et Sen Tensing retrouvèrent Shipton et sa maîtresse, Pamela Freston, à Bombay, l'occasion pour les deux Sherpas de découvrir le train de vie d'apparat que menaient les Occidentaux lorsqu'ils n'étaient pas en montagne. Une découverte, certes, mais de portée limitée, comme l'explique le biographe de Shipton, Peter Steele : « Les Sherpas dormaient sur le seuil de la chambre d'hôtel des sahibs, et passèrent la matinée dans l'ascenseur à monter et descendre[30]. » Shipton et les Sherpas avaient tout partagé pendant l'expédition, mais les sentiments d'égalité et de camaraderie qui y avaient régné ne semblaient plus de mise en ville. L'aventure tourna au vinaigre après que les Sherpas se furent séparés de Shipton. À Calcutta, on leur vola tous leurs émoluments dans le train qui les ramenait à Darjeeling. Ils arrivèrent chez eux aussi pauvres qu'ils en étaient partis.

En 1937, Ang Tharkay et Shipton embarquèrent pour une aventure dans le Karakoram plus gigantesque encore : l'exploration d'une immense région s'étendant de Srinagar à la vallée du Shaksgam. Lorsqu'ils atteignirent le glacier de Baltoro, Ang Tharkay fut saisi d'une profonde émotion : « La vue du glacier et de ces géants, le plus grand étant le K2, était absolument époustouflante, plus belle même que le panorama de l'Everest et que ceux de l'Himalaya oriental. »

L'année suivante, il était à nouveau sur la montagne de son arrière-cour, l'Everest ; sous le commandement de Tilman cette fois. Comme il avait acquis l'expérience

---

30 Peter Steele, *Eric Shipton*.

nécessaire, s'ajoutait à ses attributions ordinaires le choix, en concertation avec les Britanniques, de l'itinéraire le plus adapté jusqu'au dernier camp. Sa carrière prit un nouveau tournant, qu'il n'aurait jamais envisagé la première fois qu'il partit avec son père traverser les cols menant au Tibet, et qu'il fut assailli de migraines liées à l'altitude.

Il en était à sa quatrième expédition à l'Everest et à chacune d'elles, il avait assumé des responsabilités plus grandes ; mais il n'en avait pas fini avec cette montagne. Une série d'événements historiques, cependant, l'empêcheront un temps d'y retourner.

Il y eut d'abord la Seconde Guerre mondiale. Quasiment aucune expédition n'eut lieu dans les hauts massifs entre 1939 et 1945. Ang Tharkay, comme tous les Sherpas de Darjeeling, fut contraint de trouver un autre emploi. Il vivota, s'occupant de location de chevaux, de porteurs et de cuisiniers pour des treks de moindre ampleur autour de Darjeeling.

Le deuxième événement qui contraignit Ang Tharkay à changer de vie affecta aussi l'ensemble des alpinistes d'Asie du Sud : la fin du Raj britannique en 1947, qui fit place à deux États indépendants, l'Inde et le Pakistan. La Partition, terme par lequel on désigne la plus grande migration de toute l'histoire humaine, fut un épisode sanglant. Des millions de gens durent quitter leurs maisons, et des millions périrent. Les affrontements constants entre les deux pays entraînèrent l'interdiction de l'accès à la région du Baltoro aux alpinistes pendant des années, et lorsqu'elle rouvrit enfin, les Sherpas originaires de Darjeeling découvrirent qu'ils n'étaient plus les bienvenus au Karakoram. Les alpinistes pakistanais monopolisaient tous les emplois afférents aux expéditions, depuis les marches d'approche jusqu'au travail en altitude.

Le troisième événement qui eut un impact majeur sur les expéditions himalayennes fut la fermeture du Tibet en 1950, bloquant, de fait, l'accès à l'Everest par le côté nord. Au même moment, on assistait à l'effondrement du régime des Rana au Népal. Bien que le pays fût une royauté, le monarque n'avait qu'un rôle honorifique ; pendant un siècle, le réel pouvoir fut détenu par les familles Rana, qui l'exerçaient en cruels despotes. Une fois qu'elles furent destituées, le Népal entrouvrit ses frontières et l'accès à ses montagnes.

L'une d'entre elles allait changer l'histoire de l'himalayisme et la vie de Ang Tharkay : l'Annapurna.

CHAPITRE 4

Le père fondateur du guide sherpa moderne

La vie de Sherpa, c'est pas du gâteau.

Ang Tharkay, *Sherpa: The Memoir of Ang Tharkay*

Ang Tharkay tomba sous le charme. « J'étais vraiment impressionné, non seulement par leur apparence, mais aussi parce que leur gentillesse était sincère[31] », dit-il des Français qui l'avaient embauché. « Je n'avais jamais rencontré une équipe d'alpinistes si avenants, ni si athlétiques. Ils faisaient bonne impression. J'étais intimidé par leur grâce et par l'élégance de leurs vêtements. Et cela me rendait fou de ne pas comprendre un mot de ce qu'ils disaient. »

La décision du Népal d'octroyer aux Français la première autorisation de gravir un 8000 situé entièrement sur son territoire agaça tous les pays qui envoyaient des

---

31 Ang Tharkay, avec Basil P. Norton, *Sherpa: The Memoir of Ang Tharkay*. Toutes les autres citations du présent chapitre attribuées à Ang Tharkay proviennent de cette même source.

expéditions en Himalaya. Par surcroît, ils obtinrent un double permis, pour deux sommets proches, le Dhaulagiri et l'Annapurna, culminant respectivement à 8 167 et 8 091 mètres de part et d'autre des gorges de la Kali Gandaki. Tous deux étaient vierges, et d'accès inconnu.

L'expédition de 1950 était dirigée par l'ingénieur lyonnais Maurice Herzog, qui était accompagné d'éminents grimpeurs français, dont Louis Lachenal, Lionel Terray et Gaston Rébuffat. Leur sirdar, Ang Tharkay, était payé au tarif de l'époque, soit 7 roupies par jour.

D'entrée de jeu, Herzog exigea de tous les alpinistes une parfaite obéissance, et leur interdit de publier quoi que ce fut sur l'expédition pendant cinq ans ; lui seul écrirait l'histoire de l'Annapurna. Mais il ne lui parut pas nécessaire d'en exiger autant de Ang Tharkay qui, avec l'aide d'un obscur coauteur occidental nommé Basil Norton, livrera plus tard sa propre version des faits.

Si Ang Tharkay fut vraiment conquis par l'équipe dans son ensemble, c'est Herzog qui lui fit la plus forte impression :

> *Nous étions fascinés en particulier par sa couleur de peau, bronzée, qui ressemblait à la nôtre. C'était un homme aux manières raffinées qui respirait l'intelligence. La lumière de ses yeux éclairait un visage gracieux couronné d'une chevelure noire en désordre, son nez était parfaitement sculpté, et sa bouche toujours souriante, si bien que dès la première rencontre, nous fûmes conquis. Aussi primitifs que nous soyons, nous savons reconnaître la vraie beauté et*

la force physique d'un individu, et surtout, la beauté de ses sentiments. Notre chef gagna notre loyauté et notre admiration instantanément.

La description détaillée que fit Ang Tharkay ne concernait pas seulement Herzog. Lionel Terray, à la grande stature intimidante au premier abord, lui rappelait les montagnards pachtouns d'Afghanistan. Louis Lachenal respirait la confiance et l'expérience. Quant à Gaston Rébuffat, il était vraiment très grand, si bien que Ang Tharkay avoua qu'il lui fallait tendre le cou pour le regarder.

L'équipe dirigée par Ang Tharkay était composée de Ang Dawa, Ang Tsering, Dawa Thondup, Sarki, Fou Tharkay, Aila et Adjiba. À eux tous, les Sherpas avaient survécu à trente et une expéditions dans les hauts massifs asiatiques. Dans l'équipe de Herzog en revanche, seul Marcel Ichac, le cinéaste, avait déjà exploré l'Himalaya. Les Français avaient donc judicieusement sélectionné leur équipe de Sherpas.

Pareillement, il semble que côté Sherpas, on eut le sentiment d'avoir bien choisi ses sahibs. Dès le début de la marche d'approche, la cuisine française les régala tous. Voici la description que fit Ang Tharkay de ces festins : « Le soir, les sahibs distribuaient des rations d'une nourriture à laquelle nous n'avions jamais goûté jusqu'alors. [...] La France devait être un pays extraordinaire pour produire des mets au goût si exquis et si raffiné. » Faire bien la cuisine n'était pas le seul atout des Français. Par comparaison avec les nombreuses expéditions dont il avait pu observer le comportement, on pouvait dire qu'ils ne rechignaient pas à la besogne.

Ang Tharkay fut impressionné par la disposition des membres de l'équipe à participer à toutes les tâches, si ingrates fussent-elles.

Les Français manquaient d'expérience en haute altitude, mais Ang Tharkay dut reconnaître que vu leur pratique dans les raides parois des Alpes françaises, ils avaient largement le niveau technique pour l'ascension envisagée. « Je n'avais jamais vu des instruments ni des outils comme ceux qu'ils utilisaient. Nous, Sherpas, étions en constante admiration de l'assurance et de la dextérité dont ils faisaient preuve crampons ou skis aux pieds, et piolet à la main, se souvint-il. De toute ma vie, je n'avais jamais vu de grimpeurs aussi expérimentés. »

Pourtant, ce terrain complexe et vierge leur donna du fil à retordre et leur fit perdre des semaines à explorer des fausses pistes. Ce n'est qu'au mois de mai qu'ils se décidèrent pour l'Annapurna, et tranchèrent en faveur d'un hypothétique itinéraire en face nord.

Le 28 mai, bien que la saison fût marquée par des tempêtes incessantes et un risque d'avalanche élevé, le camp 4 bis était établi à 7 160 mètres. La collaboration entre Français et Sherpas était satisfaisante malgré la barrière de la langue. Comme le reconnut plus tard Ang Tharkay, Herzog « m'apprit le seul mot de français que je connaisse et que j'utilise encore aujourd'hui : "Bonjour". Je crois qu'on l'emploie pour saluer quelqu'un ».

Le 31 mai, Herzog, Lachenal, Ang Tharkay et Sarki partirent pour l'assaut sommital. Après avoir dépassé la cote la plus élevée atteinte la veille, ils cherchèrent un emplacement pour le camp 5. Le 2 juin, sous les bourrasques d'un vent terrible, aveuglés par la neige, ils installèrent les tentes à environ 7 500 mètres. « Il y avait tellement de neige qu'on s'enfonçait jusqu'à mi-corps, rapporta Ang Tharkay. À chaque pas, on se demandait si ce ne serait pas le dernier. Nous craignions d'être enterrés vivants dans la neige ou que le cœur et les poumons ne nous lâchent sous tant d'efforts. »

C'est à ce moment qu'Herzog donna sa chance à Ang Tharkay d'aller au sommet.

« Demain matin, Lachenal Sahib et Bara Sahib partiront pour le sommet de l'Annapurna, annonça Herzog.
— Oui, Monsieur, lui répondit Ang Tharkay.
— En tant que sirdar et Sherpa le plus expérimenté de toute l'équipe, je serais heureux que tu nous accompagnes.
— Merci, Monsieur.
— Nous devons remporter cette victoire ensemble. Accepterais-tu de venir avec nous ? »
Après un moment de réflexion, Ang Tharkay répondit : « Merci. Merci beaucoup, Bara Sahib, mais j'ai les pieds qui sont en train de geler…
— Je vois.
— … et je préférerais redescendre au camp IV.
— Je comprends, Ang-tharkey [sic], fais comme tu veux. Mais dans ce cas, descends tout de suite, car il se fait tard.
— Merci Monsieur[32]*. »*

32 Adapté de Maurice Herzog, *Annapurna*.

Dans son autobiographie, Ang Tharkay s'explique sur cet échange un peu contraint :

> *J'étais à fond avec lui dans cette aventure, et je répugnais à l'abandonner au moment de l'épreuve ultime. Mais je commençais à avoir mal aux pieds, et j'avais une peur bleue des gelures. J'ai regardé droit dans les yeux ce chef que j'admirais tant, son visage était déterminé. Hélas ! Je me soustrayais à mes devoirs parce que je n'étais pas digne de partager cet honneur suprême avec lui. [...] « Pardonnez-moi, Bara Sahib, lui dis-je tout honteux. Mais je ne le mérite pas. Je vous suis profondément reconnaissant de m'avoir proposé d'accomplir cet exploit, et jamais je n'oublierai ce moment. [...] Que Dieu vous protège, ainsi que le vaillant Lachenal Sahib ! »*

Historiens et alpinistes ont épluché les raisons qui auraient poussé Ang Tharkay à descendre avec Sarki plutôt que d'accepter la proposition de Herzog de participer à la première ascension d'un 8000. Ang Tharkay avait-il manqué d'ambition ? N'avait-il pas eu conscience de la valeur de la proposition ? Avait-il craint de déplaire à une déesse légendaire régnant sur ces montagnes ? Ou était-ce une décision pragmatique ? Pour Ang Tharkay, les gelures étaient synonymes d'incapacité de travailler, et donc de nourrir sa famille. À l'époque, le dédommagement pour une amputation ne dépassait pas 10 roupies par doigt ; pour le décès d'un homme marié, il était de 1 000 roupies, et pour un célibataire, 500 ; pour une femme, mariée ou non, le tarif était de 500 roupies.

Autour de lui, de nombreux foyers tentaient de survivre sans soutien de famille. Une liste recensant 175 alpinistes de Darjeeling, publiée en 1951 dans le périodique Himalayan Journal, précisait que « 51 étaient décédés, 24 étaient morts en montagne, et 29, toujours aptes à faire de l'alpinisme, étaient disponibles à Darjeeling[33] ».

La suite des événements nous apprend que dans sa décision, Ang Tharkay fit preuve de sagesse et de discernement. Pendant qu'il descendait au camp 4 avec Sarki, Herzog et Lachenal se préparaient à passer une mauvaise nuit. Le vent ne leur laissa aucun répit, déversant des masses de neige sur leur tente à l'effondrer. Le 3 juin au matin, le vent s'était calmé, mais l'air était glacial. Les alpinistes n'avaient pas dîné la veille, ils n'avaient avalé que quelques gorgées de thé. À présent, même cela, ils n'en avaient plus la force. À 6 heures, ils étaient en route.

Les Français avaient toujours dit qu'ils grimperaient sans oxygène, même si cela augmentait l'exposition aux gelures. Et cela ne manqua pas; Lachenal sentit immédiatement ses pieds se refroidir dans ses chaussures en cuir. Soucieux d'éviter le pire, il s'arrêta plusieurs fois pendant l'ascension pour se déchausser, se frictionner les orteils et retrouver des sensations. Mais ses pieds s'engourdissaient peu à peu, et il demanda à Herzog ce qu'il ferait si lui, Lachenal, faisait demi-tour. Quelque temps après, Herzog se remémora les pensées qui le traversèrent alors: « À présent, nous touchons au but! Dans une heure, deux peut-être… tout sera gagné!

---

33 H. W. Tobin, « Himalayan Porters », *Himalayan Journal*, vol. 16 (1951), p. 121.

Et il faudrait renoncer ? C'est impossible. Mon être tout entier refuse. Je suis décidé, absolument décidé ! Aujourd'hui, nous consacrons un idéal. Rien n'est assez grand. La voix sonne clair : "Je continuerai seul[34] !" » Lachenal répondit simplement : « Alors, je te suis ! »

Lachenal savait qu'il risquait d'y perdre les pieds. Il continua néanmoins, persuadé que si Herzog atteignait seul le sommet, il y resterait. Cette action de Lachenal, en compagnon loyal, est l'incarnation des valeurs véhiculées par l'expression « l'esprit de cordée ».

Le 3 juin 1950 à 14 heures, les deux hommes se dressaient sur l'Annapurna. Le moment était historique.

Après avoir immortalisé l'événement avec l'appareil photographique, ils entamèrent une descente au cours de laquelle rien ne leur fut épargné. Herzog s'arrêta pour prendre quelque chose dans son sac, ôta ses moufles pour le défaire et les posa sur la neige à côté de lui. Une fraction de seconde plus tard, une rafale de vent les subtilisa et les envoya hors de portée. Les conséquences étaient graves. Il n'avait pas de gants de rechange. Il aurait pu se protéger les mains, qui commençaient à geler, avec sa seconde paire de chaussettes, mais cela ne lui vint pas à l'esprit. Il se trouvait en haute altitude depuis longtemps et le manque d'oxygène, de nourriture et de breuvages commençait à altérer son discernement. Herzog poursuivit les mains nues.

Rébuffat et Terray attendaient au camp 5, Ang Tharkay et Sarki au camp 4. Dans la descente, les deux alpinistes

---

34 Herzog.

victorieux se distancèrent. Herzog arriva le premier au camp 5, accueilli par Terray qui pâlit à la vue de ses mains de marbre durcies par le gel. Mais aucun signe de Lachenal. Terray le découvrit cent mètres en aval du camp. Il avait perdu son piolet, un crampon, son bonnet et ses gants.

Lachenal supplia Terray de l'aider à descendre jusqu'au camp 2 où le médecin de l'expédition pourrait s'occuper de ses pieds. Une descente de nuit était malheureusement inenvisageable. Terray parvint à le convaincre de se laisser ramener à la tente du camp 5. Là, il cisailla le cuir gelé qui enserrait les pieds de son compagnon ; ils étaient blancs comme l'albâtre et avaient tellement enflé qu'il était impossible de les renfiler dans les chaussures. Le seul moyen de redescendre Lachenal, pensa Terray, serait de lui céder ses propres chaussures, deux pointures plus grandes ; mais cela voulait dire que lui-même devrait porter celles de Lachenal, beaucoup trop petites et à moitié détruites. Mais il y parvint. Nouveau témoignage de loyauté envers son compagnon, non pas *de la part* de Lachenal, mais *pour* Lachenal.

La tempête rugit le lendemain, et la progression des alpinistes français fut limitée ; ils atteignirent une crevasse où ils s'abritèrent de la neige et du vent. Avec un seul sac de couchage et sans réchaud, ils s'accrochèrent à la vie toute la nuit. Souffrant d'ophtalmie et de gelures, épuisés et déshydratés, ils arrivèrent cahin-caha au camp 4 le 5 juin.

Pendant la descente, les choses allèrent de mal en pis. Les alpinistes français s'agrippaient à leurs compagnons Sherpas, bien plus petits qu'eux, qui les traînaient et les faisaient glisser comme ils le pouvaient. « Il [Terray] s'accrochait à mon cou comme un enfant, bien qu'il fût plus grand et plus costaud que moi », rapporta Ang Tharkay. À leur arrivée au camp de base, ni Herzog ni Lachenal n'étaient en capacité de marcher seuls. Le médecin de l'expédition, Jacques Oudot, leur injecta de la novocaïne dans l'aine, une opération extrêmement douloureuse, dans l'espoir d'endiguer le processus de destruction des tissus. Mais, il dut bien vite s'atteler à une ronde quotidienne d'amputations. « Les hurlements de douleur qu'il [Herzog] poussait nous plongeaient tous, nous Sherpas, dans un état de dévastation. Nous priions pour lui », se souvint Ang Tharkay.

Le mois qui suivit, des groupes de Sherpas et de porteurs se relayèrent pour véhiculer Herzog et Lachenal en civière à travers les jungles et les forêts des basses terres népalaises. Tous les jours, Oudot s'adonnait au rituel de nettoyer, éplucher et panser leurs pieds. En général, le bloc opératoire était une clairière forestière poussiéreuse pleine de sangsues, d'où émanait l'odeur putride d'un mélange de sang et de pus sous l'assaut de mouches omniprésentes. « Je sens les regards des Sherpas et des coolies posés sur moi, écrivit Herzog. Il y a, dans ces yeux, un sentiment nouveau que je n'avais pas remarqué jusqu'à présent. Est-ce de la pitié, de la peine, ou une indifférence bienveillante[35] ? » Dans le train qui les ramena à Delhi, Oudot poursuivit les amputations, un doigt après l'autre. À terme, Lachenal perdit tous ses orteils ; Herzog aussi, et en plus, l'intégralité de ses doigts.

De manière assez incroyable, malgré le calvaire physique et psychique enduré et après avoir tant sacrifié à cette montagne, l'exaltation de Herzog pour cette ascension et

35 Herzog.

tout ce qu'elle représentait était restée intacte car, disait-il, une nouvelle vie merveilleuse commençait[36]. La carrière de Herzog fut en effet fulgurante, d'abord comme capitaine d'industrie, puis comme politicien. Son livre, *Annapurna premier 8000*, traduit dans plus de quarante langues, devint un ouvrage majeur de la littérature de montagne et se vendit à plus de onze millions d'exemplaires. Ses compagnons s'en sortirent moins bien. Sur l'équipe de huit, ils ne furent que deux, Jean Couzy et Lionel Terray, à retourner en Himalaya. Bien que Lachenal récupérât suffisamment de ses amputations pour regrimper dans les Alpes, il décéda en 1955 en passant à travers le pont de neige d'une crevasse alors qu'il skiait dans la vallée Blanche près de Chamonix.

Quant à Ang Tharkay et son équipe de Sherpas, ils regagnèrent Darjeeling et poursuivirent leur travail de porteurs d'altitude, abandonnant leurs familles pendant de longs mois pour gravir les plus hautes montagnes de la Terre.

Trois ans plus tard, Ang Tharkay fut invité à Paris à une projection du film *Victoire sur l'Annapurna*, réalisé par Marcel Ichac. « Aller en Europe en avion, aucun Sherpa n'aurait pu l'imaginer, même en rêve, déclara Ang Tharkay. Vues du ciel, les Alpes ressemblaient à nos géants himalayens. [...] Tandis que nous nous rapprochions de ce pays étrange et merveilleux qui abritait les maîtres du monde, je fus pris d'un sentiment indéfinissable, un sentiment d'exil. Je me sentais minable par rapport aux sahibs blancs

36 David Roberts, *True Summit*.

pour lesquels j'avais travaillé toutes ces années en Himalaya. » Ichac vint à la rencontre de Ang Tharkay à l'aéroport. « Marcel Ichac insista pour porter ma valise et prononça ces mots simples, que je n'oublierai jamais : "Ang Tharkay, en Himalaya, tu étais notre porteur, mais ici, c'est moi qui suis le tien." »

Il peut paraître étrange à un lecteur du XXIe siècle que Ang Tharkay se dévalorisât ainsi et qu'il fût si dévoué à Herzog. « Ce que je peux dire en son honneur, c'est qu'il était digne de l'hommage que nous, humbles indigènes des Himalayas, lui vouions. Il fut un des plus grands alpinistes que nous ayons jamais servis. » Il convient cependant de garder en tête que les propos de Ang Tharkay ont peut-être été filtrés ou corrigés par son coauteur occidental.

Il semble en effet que tous ne partageaient pas l'opinion de Ang Tharkay. En 1988, Fou Tharkay, l'un des Sherpas qui avait survécu à l'expédition, fut invité à Paris. L'accueil que lui fit Herzog lors d'une conférence de presse fut bref, si l'on considère qu'ils se revoyaient pour la première fois depuis quarante-huit ans. Peu de temps après, Bernard George, qui réalisait un documentaire sur l'Annapurna, interviewa Fou Tharkay. Le cinéaste souhaitait recueillir son avis sur l'influence respective de Herzog et sir Edmund Hillary – qui avait lui aussi participé à la première d'un 8000, l'Everest – sur le peuple népalais. Hillary avait plus œuvré dans le pays comme philanthrope que comme alpiniste. Aux côtés des communautés sherpas, il avait en effet contribué à la construction d'écoles et d'hôpitaux. Fou Tharkay répondit sans détour : « Hillary est considéré comme un héros au Népal, mais pas Herzog, du moins, je ne pense pas. Je l'ai porté sur mon dos à en avoir le sang qui me remontait dans la bouche, et aujourd'hui, il n'a que cinq minutes à me consacrer. C'est dommage pour lui[37]. »

L'ascension de l'Annapurna ne permit pas à Ang Tharkay, contrairement à Herzog, de prendre un nouveau départ et d'accéder à une vie merveilleuse. Il devint néanmoins l'un des membres les plus respectés de sa communauté à Darjeeling. Aux yeux du reste du monde, il demeura un parfait inconnu, excepté pour le cercle restreint des himalayistes de l'époque.

Eric Shipton fut de ceux qui le tinrent toujours en estime. Lorsque l'explorateur britannique retourna à Darjeeling en 1951 pour organiser une expédition exploratoire du versant népalais de l'Everest, nouvellement accessible aux étrangers, il se mit en quête de Ang Tharkay. « Je ne l'avais pas vu depuis 1939, quand il n'était que simple porteur, se rappela Shipton, [...] Il avait été admis dans un autre univers et j'appréhendais un peu de découvrir ce qu'il était devenu, car la réussite a tendance à pervertir les petites gens aussi rapidement, sinon plus, que le beau monde. Il avait coupé sa belle queue-de-cheval et avait cédé à une certaine élégance vestimentaire, mais heureusement, il avait gardé la réserve et l'humour serein que je lui avais connus... Curieusement, malgré un contact constant avec les Européens, il ne savait que quelques mots d'anglais[38]. » Shipton aurait pu le saluer en français ; auquel cas Ang Tharkay se serait probablement souvenu du mot que Herzog lui avait appris : « Bonjour ».

37 Roberts, *True Summit.*
38 Eric Shipton, *The Mount Everest Reconnaissance Expedition* 1951.

En 1954, Ang Tharkay devint professeur à l'Himalayan Institute of Mountaineering, l'école d'alpinisme nouvellement fondée à Darjeeling, où il formait et encadrait les nouvelles générations d'alpinistes. Il n'avait pas lâché pour autant son travail auprès des expéditions, et partit au Cho Oyu, au Dhaulagiri, au Nun, au Makalu, au Kamet et à l'Everest. Ainsi, en 1962, il atteignit le col Sud de l'Everest avec l'expédition indienne du capitaine Kohli, devenant à l'âge de cinquante-cinq ans la personne la plus âgée à dépasser 8 000 mètres. Personnage doté de multiples talents, il créa son agence de trekking, se fit entrepreneur et construisit des routes au Sikkim, et publia son autobiographie. À la retraite, il demeura longtemps très actif mais quitta Darjeeling. Après avoir acquis un terrain près de Daman, dans une région vallonnée, luxuriante et boisée au sud de Katmandou, il construisit une maison et se consacra à la culture de fruits et légumes et à l'élevage. À la fin de sa vie, il coula des jours heureux à la campagne, sans oublier pourtant la communauté dont il était issu : il accueillit de nombreuses familles pauvres de Darjeeling et les fit travailler à la ferme.

« Mon père était un homme simple qui travaillait dur. Il souriait tout le temps, rapporta son fils Dawa Sherpa. À la maison, il ne parlait pas beaucoup de montagne, ni des expéditions dont il avait fait partie. [...] C'était un homme paisible. Je ne l'ai jamais entendu insulter ni critiquer quiconque[39]. » Cet homme, fort mentalement, dévoué à sa famille, généreux et humble, avait aussi les pieds sur terre. « Mon père nous

39 Dawa Sherpa, postface de *Sherpa: The Memoir of Ang Tharkay*, par Ang Tharkay, avec Basil P. Norton.

disait souvent : “Il faut que vous alliez à l’école pour avoir une bonne éducation, un bon métier et une vie meilleure. Je vous déconseille de faire votre vie comme Sherpa au service des expéditions en montagne. La vie de Sherpa, c’est pas du gâteau. C’est très dur, et c’est mal payé.” Aujourd’hui, je pense que j’ai eu de la chance d’avoir un tel père[40]. »

Ang Tharkay fut emporté par la maladie en 1981, à l’âge de soixante-quatorze ans. Lui survécurent Ang Yangjin, son épouse, une fille et quatre fils. Il n’avait jamais couru après la célébrité ; mais pendant des années, il avait risqué sa vie pour quelques roupies et l’assurance de rempiler l’année suivante. Son nom restera à jamais associé à ceux de Shipton et Tilman, dont il fut le compagnon lors de nombreuses expéditions exploratoires. Le point culminant de sa carrière se situe à l’Annapurna, lorsqu’il aida l’équipe française à en réaliser la première ascension et que, dans un acte de dévotion majeur, il mit toute son expérience au service de leur descente en lieu sûr. Malgré ses contributions décisives à l’histoire de l’himalayisme, il n’eut pas droit à une nécrologie dans l’*Alpine Journal*, le bulletin de l’Alpine Club, car il n’en était pas membre.

Nonobstant, Ang Tharkay demeura de longues années une source d’inspiration pour ses pairs, et engendra des prodiges qui dépassèrent leur maître ; ainsi, sans tambour ni trompette, il prit sous son aile un jeune espoir qu’il avait un temps hébergé et qui deviendra le premier Sherpa à atteindre le sommet de la célébrité : Tenzing Norgay.

---

40 Dawa Sherpa.

CHAPITRE 5

La première star

J'ai gravi l'Everest pour t'en éviter la peine.

Tenzing Norgay, dans *Touching my Father's Soul*
de Jamling Tenzing Norgay, avec Broughton Coburn

Tenzing Norgay et Raymond Lambert étaient perchés sur une étroite vire à près de 8 400 mètres sur l'arête sud-est de l'Everest. C'était le 27 mai 1952. Ils disposaient d'une bougie, d'une petite gamelle en fer-blanc et d'un peu de nourriture ; mais point de sac de couchage ni de réchaud. Ils avalèrent quelques gorgées de l'eau qu'ils avaient obtenue en faisant fondre de la neige à la chaleur fugace d'une flamme vacillante. Ils se frictionnaient et se donnaient mutuellement des tapes pour se réchauffer : « Mes mains étaient si petites par rapport à sa corpulence, que ça ne servait pas à grand-chose[41] », rapporta plus tard Tenzing à Tshultrim Chophel lors d'un entretien radiophonique.

41 Lhakpa Norbu Sherpa, « Was Tenzing a Tibetan, Nepali or Indian ? It Does Not Matter », Nepalitimes.com, 28 mai 2021. (D'après un entretien radiophonique diffusé sur All India Radio Kurseong et réalisé en 1985, un an avant la mort de Tenzing Norgay.)

Lambert, un guide suisse qui avait perdu ses orteils et les extrémités de quatre de ses doigts au mont Blanc en 1937 à cause de gelures, s'inquiétait de l'état des pieds de Tenzing. « Moi, je m'en fiche, je n'ai plus d'orteils. Mais toi, préserve les tiens[42]. » Légère, la toile de tente claqua toute la nuit. Ils n'avaient d'ailleurs pas l'intention de fermer l'œil, car s'assoupir était bien trop dangereux.

Une aube pâle se leva, dont la grisaille dissipa leurs espoirs ; les sommets avoisinants s'embrumaient. Les deux alpinistes sortirent de leur tente à 6 heures pour faire le point. « D'un signe du pouce accompagné d'un clin d'œil, Lambert désigna l'arête. Je lui répondis par un sourire, se souvint Tenzing. Il était trop tard pour abandonner. Il fallait tenter notre chance. »

Maladroitement, ils chaussèrent leurs crampons et s'équipèrent de bouteilles d'oxygène, avant d'attaquer l'arête. Plusieurs heures s'écoulèrent à mettre un pied devant l'autre. À force de lutter pour manipuler leurs régulateurs défectueux, ils finirent par abandonner les bouteilles. Ils se relayaient pour faire la trace ; quand ils firent face à un ressaut, Lambert tailla des marches avec son piolet. Tenzing était en admiration : « Lambert était prodigieux. Avec ses pieds raccourcis, sans orteils, il pouvait se tenir sur de minuscules prises, comme un cabri. » Plusieurs heures après, à quatre pattes, asphyxiés par la neige soufflée par le vent, ils puisèrent dans le vocabulaire limité qu'ils partageaient les quelques mots suivants : « Ça va bien ? » demanda Lambert. « Ça va bien », répondit Tenzing. Mais tout était loin de bien aller. Ils se trouvaient encore à plusieurs heures de la cime.

42 Tenzing Norgay, s'adressant à James Ramsey Ullman, *Man of Everest*. Toutes les autres citations du présent chapitre attribuées à Tenzing Norgay proviennent de cette même source.

Le sommet sud commençait à apparaître dans leur champ de vision quand ils s'arrêtèrent enfin. « Impossible de continuer, rapporta plus tard Tenzing. Nous aurions peut-être pu arriver au sommet, mais nous n'aurions pas été capables de redescendre. Si nous avions continué, nous aurions péri... Nous avions tout donné, mais ce ne fut pas suffisant. Nous fîmes demi-tour en silence. »

Tenzing demeurait reconnaissant, même si le sommet leur avait échappé : « Nous avions fait du bon travail. Et j'avais gagné en Lambert un très bon ami. »

La vie de l'homme admirable que fut Tenzing porte la marque de cette profonde amitié, ainsi que celle d'autres personnalités. Ang Tharkay l'hébergea alors qu'il n'était qu'un jeune adolescent sans le sou. Eric Shipton fut le premier à lui donner sa chance en montagne, lors de l'expédition de 1935 à l'Everest. Enfin, Ang Lhamu l'épousa en secondes noces, le soutint dans les moments les plus sombres, lorsqu'il tomba dans l'indigence et l'affliction. Fort de ces solides appuis, puis de la grandeur d'âme de Lambert, Tenzing puisa en lui-même l'assurance et la confiance qui lui permirent un jour de se hisser sur la montagne la plus haute du monde.

Après la deuxième, et tout aussi infructueuse tentative des Suisses à l'Everest à l'automne 1952, Lambert voyait s'amenuiser ses chances d'en réussir la première. Seuls les Britanniques disposaient d'une autorisation pour l'année suivante. En partant, Lambert fit cadeau à Tenzing de l'écharpe fétiche rouge dont il ne se séparait jamais, et lui enjoignit d'accepter d'accompagner les Britanniques si l'occasion se présentait. Tenzing protesta au motif qu'il attendrait le retour des Suisses, vu qu'ils avaient un permis pour 1956. Mais Lambert savait combien Tenzing avait à cœur de gravir cette montagne. Après six expéditions à l'Everest, son ami, son égal en montagne, méritait le sommet.

◆

Tenzing Norgay a souvent déclaré qu'il était né à Thame, dans la région du Khumbu au Népal en 1914, mais ce n'était pas exact. En réalité, il naquit dans une tente au bord d'un lac de la vallée sacrée de Kama, située sur le versant est de l'Everest. C'est une vallée verdoyante, isolée, et encerclée de hauts sommets, située à 4500 mètres d'altitude dans les régions frontalières, et qui empiète de quelques kilomètres sur le Tibet.

Des années plus tard, comme leurs ancêtres tibétains l'avaient fait depuis le milieu du XVIe siècle, Dokmo Kinzom et Ghang La Mingma, la mère et le père de Tenzing, avaient rassemblé le jeune garçon et ses treize frères et sœurs, leurs maigres effets et leurs yacks, pour traverser le col de Nangpa et rejoindre la vallée du Khumbu au Népal, le pays des Sherpas. Très pauvres, les nouveaux venus furent considérés par leurs voisins sherpas comme des citoyens de seconde classe. On les désignait par le terme *Khambas*. Tenzing était le onzième d'une fratrie de quatorze, dont huit n'atteignirent pas l'âge adulte. Ce petit monde se partageait un espace exigu au deuxième étage d'une maison de pierres, chauffé par la chaleur qui émanait des yacks entassés au rez-de-chaussée. Les murs étaient tapissés de bouses de yack qui séchaient au soleil pour servir de combustible au cœur de l'hiver. « Nous vivions heureux et comblés, se rappela Tenzing, dans l'ignorance de tout autre mode de vie. »

Kinzom et Mingma, ayant envisagé qu'il devienne lama, envoyèrent Tenzing faire des études au monastère. La monotonie pesante des récitations de prières ne convenait pas au jeune garçon, qui fugua pour retrouver ses parents. Tenzing n'avait pas conscience qu'il venait de tourner le dos à la seule chance qu'il lui serait offerte de bénéficier d'une éducation. Très doué, ambitieux, il regretta toute sa vie de ne pas avoir appris à lire.

Il avait manqué l'occasion de devenir lama et sa famille lui réservait à présent une vie pastorale au Khumbu, partagée entre la ferme et les yacks, agrémentée de missions de portage par-delà les hauts cols. D'un naturel curieux et charismatique, Tenzig ne saura s'en contenter. Il regardait les jeunes Sherpas revenir de Darjeeling les poches remplies de billets et les yeux scintillant de bonheur, grisés par la fréquentation des alpinistes étrangers. Tenzing voulait être des leurs.

Lorsque des rumeurs circulèrent que les Britanniques auraient bientôt besoin de porteurs pour une expédition à l'Everest prévue en 1933, Tenzing convainquit sa fiancée, Dawa Phuti, de s'enfuir à Darjeeling. Au grand désarroi du paternel de la jeune fille, un homme affluent qui était en droit d'attendre un bien meilleur parti pour sa progéniture, ils quittèrent le Khumbu avec dix de leurs amis pour la terre promise. Et ce ne fut autre que Ang Tharkay qui recueillit le jeune Tenzing dans sa maison à Toong Soong Busti, le bidonville sherpa situé sur les hauteurs de Darjeeling.

Tenzing était certes content d'avoir un toit, mais il n'avait d'yeux que pour le monde fastueux en contrebas de son logis. Les résidences de vacances construites pour les Britanniques et de riches Indiens, raffinées et hautes de plafond, s'élevaient comme les senteurs des maisons de thé entre des temples en paliers de construction complexe et le Palais du Gouverneur, un bâtiment monolithique imposant. Mais il y avait surtout le Planters Club, réservé aux Britanniques, et où avait lieu régulièrement le recrutement de Sherpas pour les expéditions en partance. Dans leurs vêtements dépenaillés, les cheveux coiffés en longues tresses, les Sherpas s'alignaient par groupes au pied de la véranda ombragée, espérant être sélectionnés par les étrangers qui se prélassaient dans le confort de leurs fauteuils d'osier.

La première visite de Tenzing au Planters Club fut un échec. Il s'en retourna donc garder les vaches ; mais pas pour bien longtemps. Tenzing Norgay ne possédait aucune expérience de la haute montagne, ce qui le décrédibilisait aux yeux des recruteurs occidentaux, mais il avait du chien. Cette ardeur particulière visible dans ses yeux, et le sourire charmeur qu'il arborait, peut-être les devait-il à son mariage avec Dawa Phuti. Tandis que Eric Shipton passait en revue les rangs de jeunes Sherpas avant son expédition légère de 1935 à l'Everest, il ne pouvait détacher son regard de Tenzing. « Sur cent candidats, nous choisîmes quinze Sherpas pour accompagner l'expédition depuis Darjeeling. Quasiment tous étaient de vieux amis, comme Angtarkay [*sic*], Pasang et Kusang, mais il y avait aussi un nouveau garçon de dix-neuf ans, un Tibétain, dont le sourire radieux lui valut d'être sélectionné. Il s'appelait Tensing Norkay [*sic*], ou Tensing Bhotia, comme on avait coutume de l'appeler[43] », en référence à ses origines tibétaines. En sus de son sourire, Tenzing avait une recommandation de poids de son logeur et ami Ang Tharkay.

Si l'expédition ne parvint pas au sommet de l'Everest, elle fut néanmoins, pour Tenzing, l'accomplissement d'un rêve. D'humble berger, il passait à porteur d'altitude. Une série d'avantages incombaient à ce nouveau statut : chaussures, parkas, sac de couchage, lunettes de neige, sans compter un piolet. Son dynamisme et son enthousiasme le propulsèrent jusqu'au col Nord, malgré les lourdes charges qui lui cassaient le dos. Il était ravi de découvrir que, contrairement à d'autres porteurs, il résistait assez bien à l'altitude, un constat plus qu'encourageant. « Quand je suis à l'Everest, je n'ai plus qu'une obsession, confia-t-il. Je ne pense qu'à aller plus haut, toujours plus haut. C'est un rêve, un besoin, un feu qui brûle dans mes veines. »

Grâce à ces débuts fulgurants, Tenzing n'eut aucun mal à trouver du travail ensuite. Il enchaîna l'Everest en 1936, le Garhwal en 1937, le groupe de la Nanda Devi en 1938, retourna brièvement à l'Everest la même année puis partit pour le Tirich Mir en 1939.

À Darjeeling, Dawa Phuti donna naissance à un fils, Nima Dorje. La famille s'élargit encore avec la venue d'un deuxième enfant, une fille qu'ils nommèrent Pem Pem, puis peu de temps après, avec celle de sa sœur Nima. Le début de la

43 Eric Shipton, *That Untravelled World*.

Seconde Guerre mondiale marqua l'arrêt des expéditions et du recrutement de Sherpas à Darjeeling. Tenzing se démena et fut embauché comme aide de camp du major E. H. White, qui commandait un groupe de scouts dans la région de Chitral, dans la partie la plus occidentale de l'Inde.

Mais la chance de Tenzing allait tourner. À quatre ans, son fils mourut de dysenterie, puis la santé de Dawa Phuti se détériora lorsqu'il la rapatria avec ses filles auprès de lui à Chitral. Elle s'éteignit en 1944, laissant Tenzing seul pour élever les deux enfants. C'est un Tenzing Norgay bien ténébreux qui s'en retourna à Darjeeling en 1945.

Il renoua avec sa vieille amie Ang Lhamu qui habitait là. De quatre ans son aînée, intelligente et pragmatique, Ang Lhamu avait déjà couru le vaste monde, ayant vécu et travaillé à Londres en tant que garde d'enfants. Comme elle ne pouvait pas en avoir elle-même, elle endossa volontiers le rôle de belle-mère auprès des deux filles de Tenzing. Ils formaient un couple original : le grand et beau Tenzing dépassait de plusieurs têtes Ang Lhamu, d'apparence forte comme un roc. Et c'est sur elle en effet que s'appuya Tenzing pendant les années de disette qui suivirent la guerre. « Je n'oublierai jamais ce qu'elle a fait pour nous pendant ces années moroses et difficiles », déclara Tenzing.

Lorsque l'ingénieur électrotechnicien d'origine canadienne Earl Denman se présenta à Darjeeling au printemps 1947 avec l'ambition de gravir seul l'Everest par le versant tibétain, Tenzing savait que l'entreprise était vouée à l'échec. Il le suivit pourtant car il avait un besoin impérieux de gagner de l'argent. Un mois plus tard, il rentra à Darjeeling sans avoir gravi l'Everest, mais avec un butin de 400 roupies et le passe-montagne en laine que lui avait donné Denman. Le jour viendrait où des millions de personnes de par le monde verraient ce même passe-montagne sur la photo qui le rendrait célèbre.

À peine le temps de se changer que Tenzing repartait déjà, avec une équipe suisse cette fois, pour la région de Gangotri en Inde. Tenzing trouvait les alpinistes suisses plus détendus et moins obsédés par le protocole ou la hiérarchie que les Britanniques et, de manière générale, plus joviaux. Si le voyage à Gangotri fut une partie de plaisir, il n'en fut pas de même au retour. Entre-temps, le Raj britannique s'était retiré d'Inde. L'aisance avec laquelle on se déplaçait auparavant dans le pays, à présent scindé entre l'Inde et le Pakistan, n'était plus qu'un lointain souvenir, et Tenzing dépensa tout ce qu'il avait gagné pour rentrer chez lui. Une fois de plus, Ang Lhamu, qui travaillait ici et là pour faire bouillir la marmite, lui fut d'un précieux secours.

Au cours des deux années qui suivirent, Tenzing accepta toutes les offres d'emploi qui lui furent proposées, tandis qu'au Népal voisin, s'opéraient des transformations qui auraient d'énormes conséquences sur son avenir. L'autorisation d'explorer les montagnes vierges du Népal fut aux alpinistes étrangers ce que la permission d'ouvrir une boîte de chocolats géante aurait été à de jeunes enfants ; le joyau le plus convoité étant l'approche de l'Everest par le versant sud.

◆

Tilman accompagné d'un petit groupe d'Américains, dont Charlie Houston, partirent à pied en mission de reconnaissance dans le Khumbu en 1950. « J'ai une image très nette de Bill et moi sur fond des paysages dorés de l'automne. Nous parlions de tout ce dont nous avions été témoins, et nous nous interrogions sur les préjudices que pourraient engendrer les activités de gens comme nous à ce pays innocent, arriéré et merveilleux, déclara Houston. Nous avions conscience d'assister à la disparition de quelque chose d'unique et de sauvage, ainsi qu'à l'émergence d'une ère de grands périls et de transformations radicales, et nous en étions tout attristés[44]. » En découvrant la face sud de l'Everest, Houston et Tilman conclurent que la cascade de glace du Khumbu, cette enceinte de blocs de glace chancelants et d'invisibles abysses qui barre la partie supérieure de la montagne, en rendait l'ascension impossible.

Shipton et Ang Tharkay, lors de deux expéditions de reconnaissance qu'ils entreprirent séparément l'année suivante, arrivèrent à une conclusion tout autre. La course pour l'Everest avait commencé.

Les Suisses raflèrent le premier permis pour l'ascension de la face sud de l'Everest en 1952, les Britanniques étant accaparés par l'un de ses voisins, le Cho Oyu. Ang Tharkay étant déjà pris par les Anglais, les Suisses offrirent à Tenzing le poste de sirdar.

Enfant, Tenzing avait pu observer la gigantesque face nord du toit du monde depuis la vallée de Rongbuk. Lorsque, adolescent, il gardait les yacks dans les hauts pâturages du Khumbu, il avait admiré les rayons du soleil de fin d'après-midi en illuminer les crêtes. Il le connaissait sous le nom de Chomolungma, Sagarmatha

---

44 Ian Cameron, *Mountains of the Gods*.

et Everest. Mais pour lui, c'est le nom utilisé par sa mère, Kinzom, qui sonnait le plus juste : « la montagne si haute qu'aucun oiseau ne peut la survoler ».

Après avoir recruté treize porteurs, Tenzing quitta Darjeeling pour l'Everest avec le reste de l'expédition. Ils traversèrent sa vallée d'origine, devant des villageois abasourdis par cette procession étrange de Suisses aux visages pâles, aux habits et au matériel inconnus, et de Sherpas de Darjeeling bien mis qui paradaient si fièrement. Ceux qui avaient quitté le village sans le sou à l'adolescence incarnaient à présent la réussite.

Dans cet attroupement se tenait le jeune Mingma Chering qui se souvint plus tard ne pas avoir pu décrocher son regard de ces étrangers à l'allure exotique : « Nous tous restions là, bouche bée, complètement fascinés. » Son application à scruter le convoi fut telle qu'il s'en fit un torticolis.

Mais c'est Kinzom, la mère de Tenzing, qui fut la plus impressionnée d'entre tous. À quatre-vingts ans, elle avait fait le voyage à pied de Thames à Namche Bazaar pour retrouver son cher fils. Calme et réservée, mais extrêmement fière de lui, elle s'approcha de Tenzing. « *Ama la*, lui dit-il. J'y suis enfin arrivé. » Ils s'embrassèrent.

Les Suisses se frayèrent un chemin à travers la cascade de séracs, celle-là même qui avait découragé Tilman et Houston, puis s'élevèrent rapidement dans la combe Ouest, le cirque glaciaire coiffé de la crête en fer à cheval formée par l'Everest, le Lhotse et le Nuptse. Tenzing était ravi : il était non seulement sirdar, mais aussi compagnon de cordée de Lambert, et donc officiellement « membre à part entière de l'expédition », rappela-t-il dans son autobiographie. Tenzing affirmait parfois qu'il s'agissait du fruit du hasard, ce qui est très peu probable. Après quatre expéditions à l'Everest, il était parfaitement capable de reconnaître en Lambert un solide partenaire ; aussi, lorsque le guide charismatique proposa qu'ils fassent cordée commune, il accepta sans hésiter. « C'était... le plus grand honneur qu'on m'eût jamais fait, et du fond de mon cœur, je me suis juré de tout faire pour en être digne. »

La cordée fit de son mieux ; mais c'était leur deuxième expédition cette année-là, et il fallait à présent que Lambert rentre en Suisse, et Tenzing à Darjeeling. Lambert le poussa à s'enrôler auprès des Britanniques qui préparaient un nouvel assaut, mais Tenzing, épuisé et démoralisé, ne s'en sentait pas capable. Il avait perdu presque dix kilos, souffrait de paludisme et cultivait la bouteille ; il préféra donc partir se faire soigner chez les missionnaires à Patna, puis passa sa convalescence en famille.

Il n'était pas chez lui depuis bien longtemps qu'il reçut une lettre du major Charles Wylie du Comité de l'Himalaya l'invitant à participer à l'expédition britannique à l'Everest de 1953. Une fois de plus, il aurait deux fonctions : sirdar et alpiniste. Il n'arrivait pas à se décider. D'un côté, il tenait à gravir le toit du monde avec Lambert ; de l'autre, s'il refusait, Ang Tharkay aurait le feu vert pour partir. À le voir ruminer, Ang Lhamu perdit patience. Leur conversation le marqua à jamais car des années après, comme il l'indique dans ses mémoires, il s'en souvenait encore mot pour mot :

> *« Tu es trop faible. Tu vas retomber malade ou alors tu vas déraper sur la glace et faire une chute mortelle.*
> *— Non, je ferai attention, lui répondis-je, comme je l'ai toujours fait d'ailleurs.*

— Tu prends trop de risques.
— Je suis payé pour grimper. Ce n'est pas un jeu. Je dois faire ce pour quoi on me paye.
— Tu as trop d'ambition. Tu ne penses ni aux enfants, ni à moi. Qu'est-ce qu'on fera quand tu ne seras plus là ?
— Bien sûr que je pense à vous, à toi. Mais c'est comme ça que je gagne ma vie. C'est si difficile à comprendre ?...
— Tu mourras.
— Eh bien soit, je mourrai, m'emportai-je. Je préfère mourir à l'Everest que dans ta maison ! »
Nous nous sommes disputés, puis réconciliés, avant de nous disputer à nouveau. Mais au bout du compte Ang Lhamu a compris combien j'étais déterminé et déclara : « C'est bon, je m'incline. »

Une fois remportée cette joute oratoire, Tenzing commença un programme de remise en forme. Finis l'alcool et les cigarettes. Il arpentait en courant les chemins escarpés autour de Darjeeling avec un sac rempli de cailloux devant les habitants ébahis.

Puis vint le jour du départ. Le 1er mars 1953, les amis et les voisins se rassemblèrent par dizaines dans la maison de Tenzing et de Lhamu. Ils le drapèrent d'écharpes cérémonielles appelées *kata*, et le mitraillèrent de questions, d'encouragements et de conseils. Les adieux laissèrent dans son souvenir une impression douce-amère. Encore une expédition périlleuse à l'issue incertaine. Nima piocha dans ses fournitures scolaires un crayon rouge et bleu, un petit trésor qu'elle donna à son père pour le sommet.

À trente-neuf ans, arborant son béret, un short de style militaire et des molletières, ces bandes de protection et de soutien enroulées autour du mollet, de la cheville au genou, Tenzing avait tout du sirdar. Son équipe bigarrée comprenait son neveu Nawang Gombu, âgé de dix-sept ans, et Dawa Thondup, un vétéran qui en avait quarante-sept. Son second, Dawa Tenzing, était à peine plus âgé que lui, mais ils n'avaient rien d'assorti. Dawa Tenzing, calme et réservé, portait des vêtements traditionnels et ses cheveux en tresses. Au-delà de leurs différences, Tenzing voyait en Dawa Tenzing un homme fort, moralement et physiquement ; il savait de surcroît qu'ils s'entendraient à merveille.

Tenzing Norgay avait été réticent à se joindre aux Britanniques pour plusieurs raisons, dont celle de voir subsister leur système de classes pendant l'aventure. Ses craintes étaient justifiées. Lorsqu'ils arrivèrent à l'ambassade britannique de Katmandou, les Britanniques se retirèrent dans le bâtiment principal, tandis que les Sherpas furent relégués dans le garage, une ancienne écurie dépourvue de toilettes.

Difficile d'imaginer ce qui avait traversé l'esprit des alpinistes britanniques en agissant ainsi, si tant est qu'ils eussent pensé tout court, après s'être jetés sur le premier gin-tonic d'une soirée aussi cossue que la chambre qui les attendait. Mais les Sherpas, eux, avaient toute leur lucidité, et ils n'étaient pas contents du tout. Le lendemain matin, ils firent leurs besoins sur la chaussée devant l'ambassade, causant un esclandre typiquement britannique. Les rapports officiels de l'expédition turent l'incident, mais tous les détails figurent dans l'autobiographie qu'écrivit Tenzing des années plus tard.

Le colonel Hunt [le chef] [...] mentionne à peine toutes ces anicroches ; et il n'avait peut-être pas tort, car il s'agissait d'un rapport officiel, rédigé par un Anglais pour des Anglais, et à n'en pas douter, les problèmes que nous rencontrions ne pesaient pas lourd en comparaison de l'ascension de l'Everest. Mais chacun d'entre nous, de son vivant, doit conter son histoire de son propre point de vue. La mienne n'est pas « officielle ». Je ne suis pas anglais, mais sherpa. Et si je veux que mon récit soit honnête et ait une quelconque valeur, je dois rapporter mon témoignage et mes sentiments, et non ceux d'un autre.

Tenzing tenait une position inconfortable, à la fois sirdar responsable d'une équipe de Sherpas, et alpiniste brûlant d'atteindre le sommet d'une montagne. Il devait à la fois défendre les intérêts de ses hommes et les mobiliser pour la tâche à accomplir, car il savait que le sommet ne s'obtiendrait qu'au prix d'un effort collectif. « J'avais l'impression d'être pris en sandwich », avoua-t-il.

Jan Morris, le journaliste du *Times* qui couvrait l'expédition, eut une tout autre impression. « Je me souviendrai toujours avec bonheur de ma première rencontre, dans son pays natal, avec cet homme célèbre. Il était si avenant, si rayonnant, si pur. [...] Il incarnait l'idéal du montagnard à la vie saine[45] », décrivit Morris avec emphase.

Une fois sur la montagne, les deux alpinistes les plus ambitieux et les mieux entraînés, Edmund Hillary et

45 Jan Morris, *Coronation Everest.*

Tenzing Norgay, les deux *outsiders*, eurent tôt fait de se trouver. « Ils étaient mal assortis[46] », écrivit Morris en faisant remarquer que Hillary, le Néo-Zélandais de grande taille, « se déplaçait avec la grâce incongrue d'une girafe » aux côtés d'un Tenzing si élégant qu'on l'aurait pris pour « un mannequin des Himalayas ». La girafe et le mannequin allaient et venaient en altitude, sautaient des camps, pulvérisaient des records de vitesse, mais ils faisaient surtout grande impression sur leur chef, John Hunt.

Le temps venu de dévoiler qui ferait partie de l'équipe sommitale, les alpinistes se pressèrent dans la tente mess. « Tenzing était assis avec grâce, impassible et attentif, tel un demi-dieu se présentant devant Zeus, rapporta Morris. À part cela, l'atmosphère était animée, et la tension monta d'un cran à l'annonce des deux équipes de tête[47]. » La première serait composée des alpinistes britanniques Charles Evans et Tom Bourdillon, et la seconde, de Hillary et Tenzing. Je crus déceler un éclair de satisfaction furtif sur le visage de Tenzing, même si, comme nous l'apprîmes plus tard, il estimait qu'un Sherpa aurait dû faire partie de chaque cordée. » Après l'échec de Evans et Bourdillon à atteindre le sommet, tout reposa sur Hillary et Tenzing.

Leur ascension a fait l'objet de tant de récits dans tant de langues, qu'il semble inutile d'en rapporter ici, une fois de plus, les moindres détails. Mais ce serait aussi manquer de respect que de passer totalement sous silence ces dernières heures qui restèrent dans l'histoire.

---

46 Jan Morris, introduction de Ed Douglas à l'ouvrage : *Tenzing: Hero of Everest.*
47 Morris, *Coronation Everest.*

◆

Vingt-neuf mai 1953. Tenzing et Hillary quittèrent leur tente à 6 h 30. Tenzing portait sous sa capuche le passe-montagne de laine de Earl Denman ; aux pieds, les chaussettes chaudes que lui avait tricotées Ang Lhamu ; autour du cou, l'écharpe rouge de Raymond Lambert ; et quelque part au fond de son sac, le crayon d'écolière de Nima. Les deux alpinistes progressaient péniblement ; à chaque pas, ils s'enfonçaient dans une neige profonde, inconsistante, et croûtée d'une fine pellicule de glace. La pente paraissait instable, prête à partir à tout moment.

« Tenzing, qu'est-ce que tu en penses ? demanda Hillary.

— Pas bon du tout. Très dangereux.

— Tu crois qu'on continue ?

— Comme vous voulez. »

Ils poursuivirent. À 9 heures, ils avaient déjà atteint l'antécime, ou sommet sud, et le temps de l'indécision était passé. Et pourtant, après coup, de nombreuses questions resteraient en suspens, dont celle de savoir ce qui s'était réellement passé entre le sommet sud et le sommet proprement dit. Selon Tenzing, les deux alpinistes étaient sur un pied d'égalité et s'aidaient mutuellement. Mais il reçut comme une insulte le récit de la dernière section de l'ascension que fit plus tard Hillary. « Pour être honnête, je pense que Hillary est de mauvaise foi lorsqu'il affirme que j'avais plus de difficulté que lui à respirer et que sans son aide, j'aurais suffoqué. »

Ce ne fut pas là l'unique indélicatesse à son encontre. Hillary affirma que, tel un « poisson géant », Tenzing était arrivé au sommet du dernier ressaut rocheux à plat ventre, après qu'il l'eut treuillé corde tendue dans tout le passage. Le plus vraisemblable, c'est qu'au cours de cette ascension, chacun avait pris tour à tour un air de poisson défraîchi. Hillary regretta d'avoir lâché ce commentaire malheureux.

Ce qui émane des divergences de ces récits aujourd'hui, c'est la complexité de la situation. Tenzing mit en avant l'égalité entre eux, et Hillary, sciemment ou pas, son statut d'Occidental. On voit aussi clairement que chacun accordait une grande importance à la description détaillée de sa performance sportive. Ni l'un ni l'autre ne voulaient paraître faible ou incompétent.

Les derniers instants sont assez banals. Les deux hommes étaient encordés court et Tenzing, derrière Hillary, marchait les anneaux de corde à la main. « Nous avancions lentement mais sûrement, et tout d'un coup, nous fûmes au sommet. D'abord Hillary, puis moi. » Ils se serrèrent la main, se donnèrent l'accolade en se tapant les épaules plusieurs fois, puis ils tournèrent sur eux-mêmes pour s'imprégner de l'immensité du paysage : Lhotse, Nuptse, Makalu, Kangchenjunga, et jusqu'au plateau tibétain. Hillary sortit l'appareil photo de son pardessus et Tenzing prit la pose ; un pied en appui plus haut que l'autre, il brandit son piolet d'où ondoyaient dans une brise légère l'Union Jack, ainsi que les drapeaux des Nations unies, du Népal et de l'Inde.

◆

Ni Hillary ni Tenzing n'auraient pu imaginer alors ce qui les attendrait à leur retour sur le plancher des vaches.

Ils n'auraient pas pu prévoir l'ampleur des bouleversements que cette ascension apporterait dans leurs vies, ni qu'ils deviendraient à jamais des figures publiques dont tous les faits et gestes seraient examinés et réexaminés, ni qu'ils seraient tour à tour encensés et vilipendés, enviés et détestés, ni qu'un véritable culte leur serait voué. Car une fois postés au sommet de cette montagne, la seule tâche qui leur incombait était simple : redescendre sains et saufs et rejoindre leurs compagnons.

Leur arrivée au camp de base déclencha un éclat de joie. Morris fut particulièrement ému de la réaction des Sherpas envers Tenzing. « À l'approche du glorieux représentant de leur race de petits hommes, écrivit Morris avec condescendance, ils s'avancèrent chacun à leur tour pour le féliciter. Tenzing, en humble prince, les accueillit avec simplicité. Qui s'inclinait devant lui, qui joignait les mains comme dans la prière, et qui lui serrait la main gracieusement en effleurant à peine ses doigts. Un vétéran assez âgé dont la queue-de-cheval ondulait dans le dos, pencha le buste solennellement pour poser son front dans les mains de Tenzing[48]. »

Le lendemain matin, Tenzing, qui semblait avoir pris de l'âge et perdu quelques kilos, s'éclipsa du camp de base et se rendit à Thame rendre visite à sa mère.

La nouvelle de l'ascension était parvenue en Grande-Bretagne dans un message codé envoyé par Morris à la rédaction du *Times*. À Darjeeling, Pem Pem, la fille de Tenzing, se souvint qu'un homme de grande taille dénommé

48 Morris, *Coronation Everest*.

Natmal s'était présenté à la porte. « C'était le 2 juin, et j'étais à la maison avec Maman et Nima, raconta-t-elle. "Madame Tenzing, je vous apporte une bonne nouvelle. Tenzing a gravi l'Everest[49] !" » Bientôt tout le monde fut au courant et la maison se remplit de gens venus congratuler ses habitants. « J'étais aux anges, confia Ang Lhamu. J'étais tellement heureuse que je ne savais pas quoi dire. Pour être franche, j'avais même peur d'en faire une crise cardiaque. »

Ce n'est qu'en arrivant à Katmandou, où ils furent assaillis par des dizaines de journalistes, qu'ils réalisèrent l'ampleur de ce qu'ils avaient accompli. Dans l'équipe des alpinistes britanniques, par contre, ce fut rapidement le ressentiment qui domina, car ils s'aperçurent que les médias locaux faisaient peu de cas de la présence d'Hillary au sommet et ne s'intéressaient qu'à Tenzing. Personne n'était préparé à ce qui s'ensuivit, et surtout pas Tenzing, lui qui ne savait même pas lire les dépêches qu'on le priait de signer. On lui enjoignit d'affirmer qu'il avait été le premier à fouler le sommet, et tantôt qu'il était indien, tantôt qu'il était népalais. Bien qu'en cette ère postcoloniale, il incarnât le changement tant attendu, l'heureux événement virait pour lui au cauchemar.

Peu de temps après, toute la famille se rendit en Angleterre pour y être fêtée. Aucun autre Sherpa ayant travaillé pour l'expédition ne fut invité si bien que, de retour à Darjeeling, ils se sentirent mis à l'écart. Certains reprochaient même à Tenzing de ne pas les avoir invités à partager les honneurs de sa célébrité.

---

49 Tashi Tenzing, *Tenzing Norgay and the Sherpas of Everest*.

Au demeurant, une audience avec la Reine fut octroyée à Tenzing et sa famille au cours de laquelle Sa Majesté s'informa de la réaction d'Ang Lhamu à l'annonce de la victoire de son mari. « Je lui ai acheté un cadeau[50] », répondit-elle. Curieuse, la Reine demanda de quoi il s'agissait, ce qui fit pouffer Ang Lhamu qui lui murmura : « Une boîte de lait concentré. » Puis la conversation s'orienta sur Henri VIII. Ang Lhamu voulait savoir à quoi il ressemblait, et la reine Elisabeth II l'accompagna devant son portrait en pied. Vivement intéressée, Ang Lhamu s'enquit des portraits de ses six femmes. On s'empressa de les localiser, et elle put ainsi les admirer.

◆

Après l'Everest, Tenzing devint directeur de l'Himalayan Mountaineering Institute, un poste salarié avec avantages et retraite. Il parcourut le monde, notamment pour assister aux nombreux événements organisés en son honneur dans les capitales européennes. Il emménagea dans une maison spacieuse dotée d'une vue panoramique sur le Kangchenjunga. Bref, il devint une star mondiale. Pour autant, sa vie après l'Everest fut loin d'être un long fleuve tranquille.

Il s'éprit d'une porteuse enjouée nommée Daku, qui travaillait à l'Institut. Elle tomba enceinte et ils se marièrent en 1961. Daku emménagea dans la maison de Tenzing Norgay aux côtés de Ang Lhamu, Pem Pem et Nima. La polygamie existait il est vrai chez les Sherpas, mais comme elle n'était pas bien vue à Darjeeling,

50 Ed Douglas, *Tenzing: Hero of Everest.*

le statut de Tenzing dans sa communauté fut remis en cause, et les voisins prirent parti pour le triste sort de Ang Lhamu, qui avala la couleuvre pour préserver le bonheur de son mari.

Trois ans après, Ang Lhamu fut atteinte d'un cancer du poumon. Sa santé se détériora rapidement et elle décéda chez elle. Tenzing et Daku avaient quatre enfants : Norbu, Jamling, Deki et Dhamey. Les revenus de Tenzing ne suffisaient plus à couvrir les charges domestiques de cette grande famille, auxquelles s'ajoutaient celles de ses nombreux voyages. Pour ne rien arranger, le gouvernement indien le força à prendre sa retraite de l'Institut en 1976. Daku prit l'habitude de partir à Katmandou lorsque les enfants étaient au pensionnat. Seul dans sa demeure spacieuse, Tenzing, devenu reclus et dépressif, trouva dans la boisson un nouveau compagnon. La seule présence amicale qui ne le quitta jamais fut sa fille Pem Pem.

◆

Tenzing ne fut pas le seul Sherpa à mal vivre le succès. Dawa Tenzing, qui le secondait lors de l'expédition de 1953, était considéré comme l'un des meilleurs alpinistes de son époque. Pourtant, sa renommée n'a jamais été ne serait-ce que la pâle réplique de celle de Tenzing Norgay.

Personnage discret au possible, Dawa Tenzing avait conservé les attributs traditionnels du Népalais : une longue tresse et la fameuse turquoise à l'oreille. Son intelligence et sa finesse étaient notoires. Il connut une belle carrière comme sirdar et participa à de nombreuses ascensions de 8000, mais eut aussi une fin de vie difficile.

À la mort de leur fils Mingma dans un accident en montagne, on annonça à tort à la femme de Dawa que, et son mari, et son fils avaient péri. Écrasée par le chagrin, elle se jeta dans une rivière et se noya. Dawa sombra dans la pauvreté et l'alcoolisme. Des années plus tard, au cours d'un pèlerinage bouddhique en Inde, le bus dans lequel il voyageait avec sa seconde épouse tomba dans un ravin. Trente-deux passagers périrent, dont un de ses fils et une de ses belles-filles. Dawa Tenzing et sa femme furent grièvement blessés. Il perdit l'usage de son bras droit et mourut dans son sommeil deux ans après.

Dawa Tenzing vécut les dernières années de sa carrière d'alpiniste sherpa dans l'ombre, tandis que Tenzing Norgay se morfondait dans la lumière. Comme l'écrivit James Ramsey Ullman, le coauteur des mémoires de Tenzing : « Il paye le prix fort de la gloire. Il est devenu, et ce sont ses propres termes, un animal de zoo, un poisson dans un bocal qui le fait briller et le tient prisonnier à la fois. [...] Ce n'est pas seulement le prix de la gloire, mais aussi celui de son destin singulier[51]. »

Tenzing n'était pas ivre d'ambition ; tout ce qu'il voulait, c'était faire la première ascension de l'Everest. Et la pression fut finalement trop forte. Lorsque son fils Jamling lui demanda la permission de partir en expédition à l'Everest, Tenzing lui répondit : « J'ai gravi l'Everest pour t'en éviter la peine... Ce n'est pas le monde entier qui s'offre à toi depuis le sommet de l'Everest, Jamling. C'est son immensité

51 James Ramsey Ullman, propos que Tenzing lui a confiés dans l'introduction de *Man of Everest*.

insondable, et celle de tout ce qu'il te reste à voir et à apprendre[52]. » Ces paroles n'empêchèrent pas Jamling de gravir le toit du monde.

Aujourd'hui, on admire encore Tenzing Norgay, et à plus d'un titre ; mais sa contribution la plus mémorable est d'avoir fait connaître au monde le peuple sherpa. Et si ce dernier compte à présent plusieurs stars, il reste que Tenzing fut la première à scintiller et la plus éclatante entre toutes. Il devint symbole d'espoir et de fierté pour des millions de Népalais, d'Indiens et de Tibétains, ainsi que l'objet de l'admiration d'un grand nombre de personnes à travers le monde.

Le 9 mai 1986, Pem Pem reçut un appel d'un domestique de Tenzing la pressant de venir au chevet de son père gravement malade. Pem Pem accourut mais ne put que constater que son père venait de succomber à une hémorragie cérébrale.

52 Jamling Tenzing Norgay, avec Broughton Coburn, *Touching My Father's Soul*.

CHAPITRE 6

Un héros oublié

Les acteurs étaient tous des enfants de l'Occident. Nous, tout absorbés par le spectacle, des enfants de l'Orient. Dans l'ombre de cette funeste montagne, ce n'était pas simplement la rencontre entre l'Orient et l'Occident, mais leur communion.

Mohammad Ata-Ullah, *Citizen of Two Worlds*

Mohammad Ata-Ullah vaquait à ses occupations ordinaires lorsqu'il reçut un courrier inattendu de l'alpiniste américain Charlie Houston. Médecin, Ata-Ullah avait survécu à une mission longue et périlleuse au Khyber Pass lorsqu'il travaillait pour le service de santé de l'armée britannique, puis à la Partition de 1947, et enfin au bain de sang qui suivit. Du jour au lendemain, il avait perdu sa nationalité indienne. Lorsque Houston prit contact avec lui, il avait été promu colonel dans l'armée pakistanaise, qui l'avait pressenti pour faire partie de l'expédition que l'Américain organisait au K2 en 1953.

L'échec de Houston en 1938 n'avait pas terni son rêve de réaliser la première ascension de cette magnifique montagne, mais la Seconde Guerre mondiale et la Partition coupèrent court à toute activité dans le Karakoram pendant de longues années. Grâce à l'intervention de l'ambassadeur des États-Unis au Pakistan cependant, Houston avait obtenu une autorisation pour gravir le K2, et il avait hâte de s'embarquer dans l'aventure. L'Inde et le Pakistan n'étant pas en bons termes, il était hors de question de recourir aux Sherpas de Darjeeling. D'où la missive proposant à Ata-Ullah le poste d'officier de liaison, dans le but de minimiser les problèmes de logistique et de se cantonner aux lieux autorisés.

La réponse de Ata-Ullah fut franche et touchante :

> *Ce ne sont ni l'envie, ni la force d'âme qui me manquent pour me joindre à votre expédition ; mais sachez que mon âge et ma condition physique ne me permettent plus de faire grand-chose. De l'alpinisme, je n'ai absolument aucune expérience et ne connais aucune technique. Étant entendu que ma présence y aura été usurpée, j'accepte votre aimable invitation à me joindre à votre équipe. Cordialement. M. Ata-Ullah*[53].

Le colonel pakistanais se mit au travail sur-le-champ. Il s'entraîna à la confection des nœuds sur un bout de corde et on le vit crapahuter les raides parois de terre croulantes du canal d'évacuation des eaux situé à l'arrière de sa maison ; il poussa même jusqu'à y tailler des marches à

53 Mohammad Ata-Ullah, *Citizen of Two Worlds*.

l'aide d'un piolet d'emprunt. Une seule chose le chiffonnait : son poids. C'était un bon vivant qui aimait faire bombance. Son ventre légèrement bedonnant ne lui avait jamais causé de tort jusqu'ici, mais il sentait qu'au K2, il ne lui serait pas un atout.

Il se lança dans la quête acharnée de quelqu'un qui lui prêterait un pèse-personne. Quelle ne fut pas sa surprise lorsqu'un camion vint lui livrer une énorme balance industrielle. Toute la famille fut mobilisée pour l'installer dans l'unique pièce de la maison assez vaste pour l'accueillir, la salle à manger. Ainsi pourvu, il se pesa trois fois par jour pour mesurer l'efficacité de son régime amaigrissant.

À la tête du groupe de porteurs baltis qui achemineraient les charges jusqu'au camp de base, et de dix Hunzas qui équiperaient la montagne proprement dite, Ata-Ullah était chargé de l'organisation de la marche d'approche de Skardu au K2 : réveil et petit déjeuner à 3 h 30, levée du camp, confection et distribution des chargements, départ à pied aux premières lueurs du jour. Au début, tout se fit dans un esprit démocratique et cordial. Tout le monde, Américains compris, mettait la main à la pâte et portait des charges. « Les Américains tenaient à ce que tous soient logés à la même enseigne ; ils montaient leurs tentes, allaient chercher l'eau dont ils avaient besoin, faisaient leur vaisselle. Ils étaient les premiers levés et, après avoir vérifié que le camp était en ordre, les derniers couchés[54] », écrivit Ata-Ullah dans ses mémoires.

54 Ata-Ullah.

Progressivement cependant, leur comportement évolua. « Il est difficile d'identifier le moment précis où ces bonnes résolutions se dissipèrent et la manière dont cela arriva. Mais très vite, les Hunzas reprirent en main les Américains, qu'ils reléguèrent dans une oisiveté digne des Grands Moghols : au saut du lit, un Hunza affairé portait aux sahibs une tasse de thé dans la tente ».

Après huit jours de marche, ils arrivèrent à Askole. Ata-Ullah, qui avait déjà beaucoup minci avant le départ, perdit quelques kilos supplémentaires ; les pieds endurcis et les ampoules résorbées, son allure, portée par une musculature solide, était souple et svelte malgré les courbatures. Maintenant qu'il était pleinement immergé dans cette aventure, il ne comptait pas seulement passer un mois ou deux au camp de base : il voulait aussi gravir la montagne.

Rapidement, il se trouva à organiser l'approvisionnement et monta jusqu'au camp 2, tandis que Houston et les Américains s'élevaient sur l'arête des Abruzzes. Une fois atteint le camp 8 à 7 770 mètres, trois jours de météo favorable leur auraient suffi pour atteindre le sommet. « Mais au lieu de cela, se souvint Ata-Ullah, le poste radio nous annonçait pluies et inondations, du sous-continent indien jusqu'à la mer d'Arabie à des milliers de kilomètres de là. Jour après jour, avec une régularité déprimante, nos propres bulletins météo prévoyaient un temps maussade. Et c'était moi qui étais chargé d'apporter la nouvelle à Houston. J'en étais malade[55]. » Les deux ailes de l'expédition, l'une

55 Ata-Ullah.

prisonnière du camp de base, et l'autre coincée au camp 8, deux mille sept cent cinquante mètres de rocs et de glace plus haut, étaient dans l'expectative du moindre changement qui leur permettrait de se remettre en route.

Le 7 août, Ata-Ullah reçut un appel radio de Houston, dont la voix trahissait une grande inquiétude.

« Ici le camp 8. Est-ce vous, colonel ?

— Oui, Charlie, c'est moi. Il y a un problème ?

— Je ne suis pas sûr. Art ne se sent pas bien. Vous êtes médecin. J'ai besoin de votre avis[56]. »

Le sang battait si fort dans sa jambe, que Art Gilkey s'était évanoui en tentant de se mettre debout. Il souffrait probablement d'une phlébite, c'est-à-dire de l'obstruction d'un vaisseau sanguin. S'il voulait s'en sortir, il fallait qu'il descende se faire soigner, car le caillot menaçait de gagner les poumons. Ce faisant, les occupants du camp 8 souffraient de gelures aux pieds. Piégés par la tempête qui faisait rage, leur situation se détériorait d'heure en heure.

Lors de leurs deux vacations radio quotidiennes, Charlie et Ata se concertaient pour tenter de sortir de l'impasse.

« Camp de base. Camp de base pour camp 8. Est-ce que vous me recevez ?

— Cinq sur cinq, Charlie. Comment va Art ? Vous résistez à la tempête ?

— Ça va, Ata, ça va… Art a l'air d'aller un peu mieux, mais il ne pourra pas grimper de sitôt… Qu'est-ce qu'on peut faire pour lui, Ata ?

56 Adapté de Ata-Ullah.

— Charlie, ce n'est pas mon domaine, répondit Ata, qui était ophtalmologue. Je ne peux rien vous conseiller de plus que ce que vous faites déjà. Mais je propose de monter vous aider. D'autant plus qu'il y a deux ou trois cas de gelures parmi vous. À deux, ce sera moins lourd à gérer. À vous.

— Ata, vous n'arriverez jamais à monter dans de pareilles conditions, lui répondit Charlie les larmes aux yeux, plein de reconnaissance pour cette proposition.

— Je peux au moins essayer[57]. »

Lorsque Gilkey se mit à souffrir de douleurs à la poitrine, le signe que le caillot avait gagné les poumons, la situation devint critique. De l'élévation où ils se trouvaient, il leur fallait à présent redescendre, ce qui impliquait de traverser un terrain raide et technique dans le mauvais temps, avec un alpiniste incapable de faire un pas tout seul.

Le drame qui s'ensuivit restera dans l'histoire de l'alpinisme comme le symbole de l'esprit de cordée poussé à son paroxysme, mais aussi comme l'illustration du relais sur piolets le plus désespéré et du profond sentiment d'impuissance de ceux qui attendent au pied de la montagne. Houston et son équipe emmitouflèrent Gilkey dans son sac de couchage et lui administrèrent de la morphine pour le soulager avant de se lancer dans la redoutable et périlleuse mission de le descendre du K2.

La première tentative avorta face à un risque d'avalanche mortel. Lors de leur deuxième tentative, George Bell, les pieds gelés, ne trébucha que légèrement, mais cela suffit à faire dévisser l'un après l'autre les membres de la cordée, soit sept

57 Extrait de la conversation issue de l'ouvrage de Charles S. Houston et Robert H. Bates, *K2: The Savage Mountain*.

personnes au total. Heureusement, Pete Schoening, qui était en amont, avait pensé à coincer son piolet derrière un bec rocheux et à enrouler la corde autour du manche pour assurer à la taille. Lorsqu'il vit le groupe vaciller, il se jeta sur le piolet. Sous la tension, la corde devint aussi fine que celle d'un piano, mais tint bon. Après avoir repris leurs esprits, les alpinistes, blessés et toujours un peu secoués, dressèrent un bivouac pour la nuit et s'en allèrent récupérer Gilkey qui avait été arrimé à la pente sur une autre corde. Il avait disparu.

Au camp de base, Ata-Ullah et ses collègues hunzas étaient dans l'expectative. « Nous assistions à une démonstration d'héroïsme et d'effort suprême, qui n'avait rien à envier aux épopées mettant en scène grandeur et noblesse, écrivit plus tard Ata-Ullah. Les acteurs étaient tous des enfants de l'Occident. Nous, tout absorbés par le spectacle, des enfants de l'Orient. Dans l'ombre de cette funeste montagne, ce n'était pas simplement la rencontre entre l'Orient et l'Occident, mais leur communion[58]. »

Ils firent les cent pas, prièrent et vociférèrent pour établir un contact radio avec les Américains. Au bout de cinquante longues heures, ils eurent enfin des nouvelles de l'équipe.

À l'issue de cette débâcle, les Américains éreintés furent accueillis au camp 2 par des Hunzas venus à leur rencontre, qui les étreignirent en pleurant et en priant, les délestèrent de leurs chargements, et leur offrirent du riz, des *parathas* et du thé. Bob Craig déclara : « Je n'ai jamais partagé d'expérience plus profonde avec aucun autre être humain[59]. »

58 Ata-Ullah.
59 Houston et Bates, *K2: The Savage Mountain*.

◆

Ata-Ullah suggéra d'ériger une sorte de mémorial à Art Gilkey. Non loin du camp de base, un peu au-dessus du point de convergence des glaciers Godwin-Austen et Savoia, ils découvrirent une petite arête, où ils construisirent un cairn de quelques mètres de hauteur qui servirait plus tard de mémorial non seulement à Gilkey, mais à tous ces alpinistes qui perdraient la vie au K2.

Le commandement des opérations, qui relevaient désormais du secourisme, passa de Houston à Ata-Ullah. À leur départ du K2, ils faisaient peine à voir. Sur le chemin du retour, les porteurs et les alpinistes locaux, dont Zafar Ali, Taki, et bien d'autres dont les noms ne sont consignés dans aucun écrit, soutinrent au sens propre comme au sens figuré les Américains blessés souffrant de gelures. L'état de santé de George Bell était le plus inquiétant ; il était absolument incapable de marcher. Sur le glacier, il fut transporté sur une civière de fortune par quatre porteurs, et lorsque le sentier devenait trop raide et trop étroit, sur le dos d'un porteur dénommé Mohammed Hussein. « C'est à ce moment que le Satpura le plus grand et le plus fort se déchaussa puis s'agenouilla devant la civière. Par un sourire de bonté, il m'invita à monter sur son dos, raconta Bell. Affalé ainsi, les bras autour de son cou et les mains jointes sur sa poitrine, je voyais par-dessus son épaule tous les détails de notre route. [...] Petit à petit, je me sentis autant en sécurité perché sur ce dos robuste que je ne l'avais été sur mes deux jambes lors de la marche d'approche. [...] Chaque fois qu'il me posait à terre après un tour de force, il se retournait et me demandait avec un doux sourire enfantin, "*Tik sahib*?" (Tout va bien, sahib ?) Et il m'était impossible de lui répondre autre chose que "Oui[60]". »

Pour ces hommes, qui n'accéderaient jamais ni à l'opulence, ni à la célébrité, s'écoulèrent ainsi onze jours de portage à travers des éboulis de roches et des vires étroites taillées dans la boue, le long d'un itinéraire dominé par des parois rocheuses menaçantes en amont et les eaux enragées de la rivière Braldu en aval. « Nous arrivâmes dans ces montagnes en étrangers, nous les quittâmes en frères[61]. », se souvint Houston.

◆

L'année suivante, en 1954, Ata-Ullah reçut une nouvelle lettre, mais de l'Italien Ardito Desio cette fois. Le K2 était encore vierge, et Desio souhaitait lui régler son compte. Il avait besoin de quelqu'un pour embaucher et organiser treize alpinistes hunzas et tout un groupe de porteurs baltis. Une fois de plus, Ata-Ullah accepta.

Desio et son équipe de onze alpinistes avaient treize tonnes de matériel à transporter au camp de base avant de déclarer une guerre totale à la montagne. En commandant autoritaire et inflexible d'une expédition de style militaire,

60 Extrait de la conversation issue de l'ouvrage de Houston et Bates, *K2: The Savage Mountain*.
61 Houston et Bates, *K2: The Savage Mountain*.

Desio avait décidé de mener les opérations d'une main de fer depuis l'arrière. Il donnerait ses ordres aux grimpeurs depuis le camp de base.

Malgré la barrière de la langue, Ata-Ullah était séduit par ses nouveaux amis italiens : « L'enthousiasme exubérant du jeune Walter Bonatti, le rythme alerte de Lino Lacedelli, la force tranquille de Mario Puchoz, le vif-argent qui coulait dans les veines de Sergio Viotto, la courtoisie charmante de Ubaldo Rey, l'optimisme raisonné de Achille Compagnoni, le talent artistique de Mario Fantin, la prévenance sincère de Pino Gallotti[62] ». Tout cela ne l'empêcha pas de détecter certaines complications. Il n'y avait pas assez de lunettes de neige pour tout le monde, et les porteurs avaient les yeux gonflés, injectés de sang et pleins d'humeur. Hurlant de rage et de peur, nombre d'entre eux posèrent leur charge et s'en retournèrent chez eux.

Lorsqu'ils arrivèrent enfin au K2, Desio dévoila le programme qu'il réservait aux Hunzas, inspiré d'une stratégie différente de celle des Américains. Houston, pensant que les grimpeurs locaux n'étaient pas assez qualifiés pour l'escalade technique en haute altitude, n'avait pas autorisé les Hunzas à porter des charges au-delà du camp 2. Il craignait qu'ils n'acceptent pas les risques encourus ni les responsabilités afférentes. Desio voyait les choses différemment, il souhaitait que les Hunzas aillent bien plus haut.

Ainsi, à la fin du mois de juillet 1954, Amir Mehdi, un habitant de la vallée de Shimshal au nord du Pakistan, se

62 Ata-Ullah.

retrouva avec les Italiens à 7 740 mètres, prêt pour l'assaut sommital. Mehdi s'était acquitté de ses devoirs avec brio, comme cela avait été le cas d'ailleurs au cours des expéditions précédentes. Un an plus tôt, avec Haji Baig, il avait participé au transport du célèbre alpiniste Hermann Buhl jusqu'au camp de base du Nanga Parbat après la tentative en solitaire de l'Autrichien. Lorsque Bonatti fut chargé de livrer des bouteilles d'oxygène au dernier campement de Lacedelli et de Compagnoni à 8 100 mètres, il savait que si quelqu'un pouvait l'accompagner dans cet éprouvant portage, c'était bien Mehdi. « C'était un homme remarquable, et le meilleur de tous les Hunzas, se souvint Bonatti. Pour moi, il était le seul de nos porteurs à égaler les meilleurs Sherpas du Népal[63]. » Le plus ardu à présent serait de convaincre Mehdi.

Bonatti engagea la discussion en lui promettant une récompense financière en cas de succès. Mehdi l'écoutait sans piper mot. Puis Bonatti ajouta pour l'appâter un élément qui, soupçonnait-il, finirait de le convaincre, mais qu'il n'avait aucune intention d'honorer : il lui laissa entendre qu'il monterait jusqu'au sommet avec les Italiens. Bonatti avoua « que c'était là un mensonge léger mais nécessaire, non dénué d'une certaine vérité[64] ».

Bien qu'il ne possédât même pas une paire de chaussures de haute altitude, Mehdi accepta la proposition.

Leur histoire tragique est bien connue. En revanche, il fallut attendre des années pour que soient dévoilées les motivations, les tactiques sournoises, et les ambitions démesurées

63 Walter Bonatti, *The Mountains of My Life.*
64 *The Mountains of My Life*, p. 89.

qui menèrent à la première ascension du K2, et eurent des conséquences dramatiques sur la vie de Amir Mehdi. Au retour de l'expédition, Desio avait exigé de tous les membres qu'ils lui soumettent leurs carnets avant d'en édifier lui-même l'histoire officielle dans son rapport, mais il ne put enterrer longtemps la vérité. Avec le temps, il devint clair que sa version des faits était biaisée, inexacte et incomplète.

Lacedelli et Compagnoni rentrèrent en Italie en héros ; et Bonatti déçu de ne pas avoir gravi le sommet, et amer qu'aucune reconnaissance ne lui fut témoignée pour l'abnégation dont Mehdi et lui avaient fait preuve pour la réussite de l'entreprise. Lorsque Compagnoni accusa Bonatti d'avoir siphonné l'oxygène de ses bouteilles, Bonatti le poursuivit avec succès pour diffamation. Lacedelli tenta d'exposer les raisons qui les avaient poussés, Compagnoni et lui, à ne pas monter le camp 9 à l'emplacement prévu, et à s'installer à un endroit que Bonatti et Mehdi ne pouvaient ni voir ni atteindre. Si Bonatti et Mehdi avaient trouvé la tente là où elle aurait dû être, reconnut Lacedelli, Bonatti aurait probablement pris la place de Compagnoni dans l'assaut sommital. Compagnoni, qui ne pouvait accepter l'idée d'un tel dénouement, avait choisi de monter le camp 9 dans un lieu dérobé. Cette stratégie, cette barbarie préméditée étaient révoltantes, d'autant plus que les deux alpinistes qui partirent pour le sommet connaissaient très bien les risques encourus par Bonatti et Mehdi, qui seraient forcés de passer une nuit dehors sans protection contre les éléments.

Lorsque l'expédition triomphante arriva à Karachi, des journalistes pakistanais exprimèrent certains doutes. Ils accusèrent

Compagnoni d'avoir forcé Mehdi à attendre sous le sommet et de lui avoir volé son moment de gloire; ils firent remarquer que cette attente lui valut de sévères gelures. En guise de réponse, l'ambassadeur d'Italie au Pakistan ouvrit une enquête. De nombreuses personnes furent entendues, chacune exposant sa version de l'histoire: Bonatti, Compagnoni, Lacedelli, Ata-Ullah, et bien d'autres. Amir Mehdi, lui, ne fut pas convié. Lorsqu'on le convoqua pour recueillir son témoignage dix ans plus tard, il fut jugé confus et peu fiable à la fois par Bonatti et ses avocats, et par le tribunal. Bien plus ignoble encore, ni Bonatti, ni Desio, ni Compagnoni ne font état dans leurs rapports du rôle que Mehdi a joué dans l'ascension. Même Ata-Ullah, dans son autobiographie, ne fait qu'effleurer le sujet, signalant simplement qu'entre tous, Mehdi est celui qui a le plus souffert sur cette montagne.

Nonobstant, la première ascension du K2 devint un phénomène marketing en Italie et au Pakistan, avec l'apparition de nombreux produits à l'effigie du K2 : timbres, chocolats, cigarettes, hôtel, *spumante* et aliments pour bébés. Le film sur l'expédition qui sortit en Italie fit salles pleines dans tout le pays. Desio, Compagnoni et Lacedelli furent vénérés en héros. Ata-Ullah s'en tira bien et profita d'une vie riche et prospère. Il fut décoré par le gouvernement pakistanais pour le rôle qu'il joua ensuite dans la réorganisation du système de santé du pays. La vie de Bonatti fut empoisonnée par la polémique qui l'opposa à ses compatriotes. Il se détourna de l'alpinisme dans les hauts massifs du monde pour se consacrer aux les voies difficiles des Alpes et se lancer dans le journalisme. Physiquement du moins, il était intact.

Amir Mehdi, comme nous l'avons vu, ne connut pas un sort aussi heureux. Lorsqu'en rentrant chez lui il remisa son piolet dans sa grange, il avertit sa famille qu'il ne voulait plus jamais en entendre parler. « [L'objet] lui rappelait à quel point il avait souffert et qu'il avait été abandonné à mourir dans le froid[65] », expliqua son fils, Sultan Ali, lors d'un entretien avec Shahzeb Jillani. Il fallut des années à Mehdi pour apprendre à marcher sur ses moignons.

En 1994, les Italiens firent venir Mehdi et Sultan Ali à Islamabad pour célébrer le quarantième anniversaire de la première ascension. Compagnoni et Lacedelli étaient également présents. Sultan Ali se souvint qu'aucun mot ne fut échangé entre son père et les Italiens, pas même par l'intermédiaire de l'interprète. Cela eût été un moment propice pour que des excuses fussent présentées à Mehdi. Mais il n'en demandait pas tant, et de toute manière, cela n'avait traversé l'esprit de personne.

« Mon père voulait être le premier Pakistanais à planter le drapeau de son pays au sommet du K2, déclara son fils. Mais en 1954, il a été abandonné par les gens à qui il portait de l'aide. » Depuis sa mort en 1999, Mehdi a parfois été acclamé comme un « héros méconnu », celui qui a été « trahi », ou comme « un martyr du K2 ». Mais de son vivant, il ne fut qu'une malheureuse victime indirecte du K2.

---

65 Shahzeb Jillani, « Amir Mehdi: Left Out to Freeze on K2 and Forgotten », BBC.com, 7 août 2014.

CHAPITRE 7

Non pas Allah, mais Little Karim

Quand j'étais en montagne,
je savais exactement ce que j'avais à faire.
Little Karim

Vingt-trois années s'écoulèrent avant la prochaine ascension du K2. Au Cachemire, où se trouvent les géants himalayens, les tensions ne firent que s'intensifier pendant la Partition. Leur accès fut interdit aux alpinistes entre 1961 et 1974 par le Pakistan, qui jugeait la région trop névralgique pour y autoriser les étrangers. Les habitants s'en retournèrent garder leurs chèvres.

Mais avant que les portes ne se referment complètement, quelques expéditions passèrent entre les mailles du filet, causant parfois des altercations. Qader Saeed, l'officier de liaison pakistanais de l'expédition autrichienne de 1957 au Broad Peak, ne sut plus où donner de la tête lorsque l'équipe de quatre personnes se scinda de fait en deux factions concurrentes. Saeed était tellement exaspéré par le comportement d'un des membres, Kurt Diemberger, qu'il suggéra au gouvernement pakistanais de lui interdire l'entrée dans le pays.

L'Américain Nick Clinch, en revanche, conduisit deux expéditions au Karakoram, réalisant les premières du Gasherbrum I et du Masherbrum, respectivement en 1958 et en 1960. À chacune d'elles, de l'avis de tous, les relations entre les habitants et les étrangers furent cordiales. Au Masherbrum, qui culmine à 7 821 mètres, le colonel de l'armée pakistanaise Jawed Akhter Khan constituait avec Clinch la deuxième cordée qui gravit le sommet ; c'était la première fois qu'un alpiniste pakistanais se hissait sur un pic majeur du Karakoram. Willi Unsoeld, qui faisait partie de la première cordée, écrivit un compte rendu de l'ascension publié dans l'*American Alpine Journal*, où il exprime toute son admiration pour ses homologues pakistanais. Son article est le premier dans lequel les grimpeurs du pays sont désignés *High-Altitude Porters*, ou HAPs. Le terme, à l'époque, connotait le respect, mais il fut contesté ensuite par certains qui préféraient le terme de *climber* à celui de *porter*. Unsoeld rendit des hommages appuyés à Mohammed Hussein, qui était selon lui « le plus fort de tous », lui qui avait porté sur son dos un George Bell handicapé par des gelures aux pieds au retour du K2 en 1953.

Après l'interruption des expéditions étrangères pendant quatorze ans, les vannes se rouvrirent en 1975. Personne n'y était prêt, pas même le ministère pakistanais du

Tourisme, qui autorisa la venue de dix-neuf expéditions différentes au Karakoram en une seule année. Les décisionnaires, confortablement installés dans leurs bureaux, n'avaient pas anticipé les conséquences de cet afflux de visiteurs sur les vallées pauvres et isolées du Baltoro. Ce qui s'ensuivit différa quelque peu de l'explosion de l'économie touristique qu'ils avaient envisagée : pénurie de denrées alimentaires, de carburant et inflation galopante. Les effets sur les habitants persistèrent bien après le départ des étrangers, car si les porteurs rentrèrent dans leurs villages les poches pleines, leurs champs n'avaient pas été semés et ils ne trouvaient rien à échanger contre l'argent qu'ils avaient durement gagné.

Parmi les premiers arrivants dans la région récemment rouverte se trouvait une équipe américaine en route pour le K2. Les dissensions entre les étrangers et les Baltis cette année-là n'eurent d'égales que celles qui surgirent au sein même du groupe.

Les problèmes commencèrent dès la marche d'approche. Pas moins de six cents jeunes porteurs mirent leurs charges sur le dos, tenues en place par de fines cordes en poils de bêtes tressés. Le contraste était net entre ces hères en guenilles de coton et de lainages confectionnés à la main, aux pieds nus dans leurs chaussures de plastique bon marché, et leurs employeurs bien habillés. Ils se déplaçaient en vagues de trente à quarante personnes, et lorsqu'ils déferlaient sur un village, le silence pastoral était brisé par leur vacarme. Il y eut des querelles salariales, des griefs au sujet de l'équipement, des déconvenues quant à la qualité du travail, le tout débouchant sur des grèves qui causèrent du retard et mirent à mal le budget de l'expédition.

Les Américains, qui les rémunéraient bien au-delà du taux usuel, attendaient des porteurs des marques de gratitude, tandis que ces derniers jugeaient ce salaire insuffisant. Ils demandaient une augmentation, de meilleurs vêtements et plus de nourriture, mais aussi qu'on leur témoignât plus de respect. Les arguties circulaient dans toutes les langues : d'abord en anglais, puis en urdu et en balti, avant de repasser par l'urdu, le balti et finalement l'anglais.

Dianne Roberts, la seule femme de l'expédition, voyait les choses sous un autre angle. « Mes coéquipiers s'estiment floués. C'est n'importe quoi ! Ils sont bien payés, soit. Et alors ? Nous emporterons de ce pays bien plus que nous ne lui avons donné. [...] Après avoir envahi leur terre et leur culture, nous pensons que tout va se passer comme en Amérique ? Bon Dieu ! Faisons preuve d'un peu d'humilité envers ce peuple et ces montagnes. Quels salauds arrogants et sans pitié sommes-nous parfois[66] ! »

Le conflit était cependant plus profond. Les grimpeurs américains jugeaient cette situation pakistanaise à l'aune de leur expérience népalaise. Pour cette dernière, ils avaient loué les services de centaines de porteurs dans le Khumbu pour acheminer les vivres et le matériel ; ces Népalais vivaient dans une région où la moindre denrée circulait à dos d'homme. Il n'y avait certes pas de routes, mais tout le

66 Galen Rowell, *In the Throne Room of the Mountain Gods*.

long de leur chemin, des maisons de thé et des villages où ils trouvaient nourriture et compagnie. La marche d'approche du K2 n'avait rien de tout cela : ni maisons de thé, ni villages, ni même parfois de sentier bien marqué ; uniquement des cailloux, de la glace et des tempêtes. Il est probable que les revendications des porteurs fussent tout simplement l'expression de leur peur et du fait qu'ils souffraient du froid. En effet, le plus jeune d'entre eux avait à peine six ans lorsque l'expédition précédente avait traversé son pays ; ils n'avaient donc pas beaucoup d'expérience. De plus, dix-huit expéditions étaient programmées pour la saison, et ils avaient bien compris qu'ils ne manqueraient pas de travail.

Lorsque le mal des montagnes cloua les HAPs sur les flancs du K2, les Américains eurent le sentiment que les Pakistanais avaient grossi leur expérience de la haute altitude. Parmi les personnages qui les « déçurent », se trouvait un dénommé Akbar Ali de la ville de Arandu, située dans la vallée de Basha. Ali ne voulait pas se contenter de porter des charges pour les Américains, il souhaitait gravir le K2. Malheureusement, il tomba malade. Il souffrait de déshydratation aiguë et de l'altitude, mais surtout de problèmes gastriques. On l'envoya récupérer au camp 2 où il se reposa un peu et vomit une bonne vingtaine de vers intestinaux de plus de vingt centimètres chacun.

Soulagé de sa mystérieuse affection, Akbar Ali, pensant s'être définitivement débarrassé de ses problèmes de santé, se dit qu'avec encore un peu de repos, il pourrait retourner en altitude. Son état se dégrada cependant avec l'apparition d'un ulcère à l'estomac ; les humeurs s'étant épanchées dans l'abdomen, il sombra progressivement dans un état de choc. L'équipe médicale le perfusa tandis qu'il s'accrochait à la vie avec une fièvre oscillant autour de 40 °C pendant plusieurs jours. Lorsqu'enfin il se stabilisa, il était extrêmement affaibli et très fragile.

Sa tension chuta dangereusement une fois encore, et l'équipe demanda son évacuation par un hélicoptère de l'armée. Mais où un tel engin pouvait-il se poser ? D'après le ministère de la Défense, Ali devait être transporté dans un premier temps du camp de base à Concordia, à la confluence des glaciers de Baltoro et de Godwin-Austen. Douze porteurs l'emmaillotèrent dans une barquette et le transportèrent sur le glacier aussi loin qu'il leur fut possible. Lorsque le terrain se redressait, ils l'épaulaient de chaque côté, et il se traînait comme il le pouvait. Mais dans les parties non stabilisées de la moraine, Ali n'en était même pas capable, et Mohammed Hussein, celui-là même qui avait porté George Bell en 1953, le hissa sur son dos pour traverser ce terrain accidenté. À cinquante ans, Hussein se retrouvait à évacuer en force un montagnard du K2.

Akbar Ali survécut et, contre toute attente, l'équipe américaine aussi, bien que vaincue. En 1975, ses membres avaient quitté le K2 en ennemis jurés, mais ils aplanirent leurs différends pour y retourner en 1978. Ils avaient tiré les leçons de 1975 sur la nécessité d'abandonner la vieille approche colonialiste des expéditions et de respecter la vie humaine. Ils avaient compris aussi qu'il était important d'équiper tous les porteurs, et non pas seulement les HPAs, du matériel essentiel ; et que les témoignages de gratitude et de respect les plus minimes pouvaient avoir d'heureuses répercussions sur la qualité de la coopération et sur la réussite du voyage.

◆

Avant le retour des Américains, le montagnard pakistanais Ashraf Aman participa en 1977 à une expédition japonaise. Le 9 août 1977, Aman décrocha le titre que Amir Mehdi avait convoité : être le premier Pakistanais à gravir la montagne la plus haute du pays.

Né à Aliabad en 1938, Ashraf Aman était, de toute évidence, un Hunza prédestiné à devenir alpiniste. Ayant grandi au cœur d'une nature sauvage à 2 206 mètres d'altitude, il était dans son élément en montagne. Jeune garçon, il parcourait plus de soixante kilomètres à pied pour se rendre de Aliabad à Gilgit où se trouvait son école, y séjournait dans une pension de famille pendant la semaine de cours, puis faisait le chemin en sens inverse pour rentrer chez lui le week-end.

Lorsqu'il reçut l'invitation des Japonais, il avait déjà accompagné les Allemands au Nanga Parbat en 1962, grimpé et guidé des clients dans l'Himalaya, le Karakoram et l'Hindu Kush. Sur une photo, on le voit au sommet du K2, grand, mince, l'air sérieux, déclamant l'hymne national en brandissant haut le drapeau du Pakistan. L'image enflamma le public pakistanais et valut à Aman une récompense présidentielle. Avec le recul, en se remémorant cet instant où il était perché sur ce promontoire de glace, de roche et de neige, il se souvint avoir entendu les prières de tous les êtres de la terre lui murmurer : « La montagne est mon âme. Elle me procure la félicité pure consentie au pèlerin[67]. »

Cette ascension du K2 n'avait pourtant pas été aisée. Un de ses compagnons japonais s'était écroulé en descendant le Bottleneck, et Aman l'avait quasiment porté jusqu'au camp 4. Comme la tente était trop petite pour deux, il continua seul jusqu'au camp suivant. Lorsqu'il arriva enfin au camp de base, il se rendit compte qu'il avait les pieds gelés. « Mes pieds étaient brûlés[68] », déclara-t-il dans un entretien avec le journaliste pakistanais Yasal Munim. Mais Aman s'y attendait : « Je savais que cela arriverait », avait-il confié à ses amis. Ses chaussures n'étaient pas faites pour la haute altitude. « Malgré tout, je n'ai pas souffert en allant au sommet. Là-haut, c'est une énergie toute particulière qui vous porte. La seule chose qui compte, c'est d'arriver au sommet. »

Ashraf Aman n'avait pas misé sur un succès au K2 pour assurer son avenir. Il connaissait l'importance de l'éducation et il passa un diplôme d'ingénieur électricien. Après cette aventure, il fit une remarquable carrière d'alpiniste, de chef d'expédition, d'ingénieur et de propriétaire d'une agence de voyages florissante. Contrairement aux Sherpas népalais, les porteurs d'altitude pakistanais ne bénéficiaient pas de la formation nécessaire qui leur aurait permis d'évoluer sans

67 Graham Zimmerman, « Through the Field », *Alpinist*, vol. 51 (automne 2015), p. 83.
68 Yasal Munim, « Ali Sadpara's Trainer Was the First Pakistani to Summit K2 », Samaaenglish.tv, 18 février 2021.

danger et de réussir en terrain technique. Il commença donc à encadrer des jeunes filles et des jeunes gens de son pays qui s'intéressaient à l'alpinisme. Un de ses élèves, Muhammad Ali Sadpara, deviendra un des alpinistes pakistanais les plus célèbres, et c'est son exemple qui a inspiré l'écriture du présent ouvrage.

◆

Si Ashraf Aman est resté quasiment inconnu en dehors des frontières de son pays, un de ses aides pakistanais au centre de formation accéda très vite à une renommée internationale.

Encore aujourd'hui, Nazir Sabir est reconnaissable entre tous les hommes. Ses sourcils broussailleux n'ont d'égal que la crinière de boucles noires de ses cheveux. Un grand sourire barre son large visage et ses yeux sombres brillent de facétie. Il fut le premier alpiniste pakistanais à comprendre les ressorts de la célébrité, à s'y engouffrer et à s'en servir à bon escient.

Né près de Gilgit dans la vallée de la Hunza en 1955, le jeune Nazir explorait les collines autour de chez lui. « J'ai vraiment eu de la chance de naître dans le berceau du Karakoram. [...] J'ai passé mon enfance dans l'ombre du Rakaposhi, de l'Ultar et de toutes ces montagnes immenses, confia-t-il à la journaliste pakistanaise Sonya Rehman. J'ai toujours considéré les montagnes comme des lieux sacro-saints, des environnements spirituels que je n'ai pleinement compris qu'avec le temps. Enfant déjà, je me demandais souvent ce qu'il y avait derrière ces montagnes, quel était ce monde mystérieux caché par les quatre murs de mon village[69]. » D'après la légende, ce qui a poussé Nazir à grimper, c'est qu'il croyait que du haut des montagnes, il verrait l'Amérique.

En 1976, il fit une grande première au Payu Peak, qui s'élève à 6 660 mètres. Cette ascension fut décisive, non pas seulement parce qu'il s'agissait d'une première au Pakistan réalisée par des Pakistanais, mais aussi parce que Allen Steck, le seul Américain de l'équipe, n'était pas là pour monter au sommet : il avait été invité pour encadrer et conseiller les alpinistes pakistanais. L'année suivante, les Japonais proposèrent à Nazir et à Ashraf Aman de les accompagner au K2. La cordée de Ashraf atteignit le sommet, mais celle de Nazir fut contrainte de rebrousser chemin, un échec sans nul doute difficile à avaler pour l'ambitieux jeune homme.

Trois ans plus tard, cette déception commua en affliction lorsque son frère aîné, Inayat Shah, périt enseveli dans une avalanche de séracs lors de l'ascension du Diran, une montagne de 7 266 mètres dans la vallée de Nagar. Néanmoins, cela ne le dissuada pas de participer en tant qu'officier de liaison et alpiniste à l'expédition au K2 organisée par l'université japonaise de Waseda en 1981. Leur objectif était l'arête ouest, encore inviolée.

Tandis qu'il grimpait en tête dans les quatre dernières longueurs avant le camp 5 situé à 8 050 mètres, Nazir, terrifié, dut se rendre à l'évidence : ses doigts et ses orteils

69 Sonya Rehman, « Interview: Pakistan's Premier Mountaineer on His Passion for Heights and Homeland », Asiasociety.org, 29 avril 2013.

commençaient à geler. Lorsqu'il annonça à son compagnon de cordée, Eiho Ohtani, qu'il devait redescendre, ce dernier refusa de le laisser partir, mais dans une communication radio, il demanda à leur chef, Teruo Matsuura, de faire porter ses chaussures au camp 2. Les chaussures de Teruo étaient plus grandes que celles de Nazir, et Eiho avait jugé à juste titre que Teruo n'en aurait nul besoin au camp de base. Nazir descendit donc au camp 2 les essayer ; comme elles lui allaient, il les chaussa et reprit son ascension. « Je suis monté jusqu'au camp 4 le jour suivant pour rejoindre mon groupe », expliqua-t-il.

Le 6 août 1981 à 5 heures, la cordée formée par Eiho Ohtani, Nazir Sabir et Matsushi Yamashita partit pour le sommet. Tous trois utilisèrent de l'oxygène pendant les cinq premières heures qui les séparaient de l'arête, avant de réaliser que le poids des bouteilles était plus encombrant qu'autre chose sur ce terrain technique, et de s'en débarrasser.

À 18 heures, ils n'étaient qu'à 8 400 mètres et décidèrent de creuser un trou dans la neige. Trois heures plus tard, ils rentraient s'y blottir ventre contre dos pour se tenir chaud. Ils n'avaient ni nourriture, ni combustible, ni eau et aucun sac de couchage ; seulement une bougie. Nazir la décrivit comme « l'ultime source de chaleur et de lumière sur terre ». Pendant la nuit, par inadvertance, il donna un coup de pied dans le mur de leur abri, qui s'effondra sur ses compagnons. Ils survécurent malgré tout, et à 6 heures, ils reprirent l'escalade à la vitesse d'un escargot.

La radio de Nazir crépita ; Teruo les appelait du camp de base. Inquiet de les voir avancer si lentement, il leur demanda de faire demi-tour. Nazir n'en croyait pas ses oreilles. « Pendant les quarante-cinq minutes qui suivirent, une bataille émotionnelle, un imbroglio inextricable fit rage entre les hauteurs du K2 et le camp de base, confia-t-il. Je me suis dit : "Peu importe ce que dit le chef. J'ai loupé le K2 de peu la dernière fois, donc je ne vais pas redescendre maintenant." [...] J'ai dit qu'au Pakistan, on ne suivait pas les ordres d'un chef planqué mille mètres plus bas[70]. »

Eiho et Nazir, laissant Matsushi, atteignirent le sommet à 11 h 30. Par courtoisie, Eiho tenta de convaincre Nazir de passer devant, mais ce dernier refusa, et ils firent les derniers pas épaulés l'un à l'autre. « Lorsqu'il appela le camp de base, Ohtani était ému aux larmes, se souvint Nazir. Je priais pour mes quatre amis de 1977 et pour tous ceux qui sacrifièrent leur vie à la poursuite de la montagne de leurs rêves[71]. » Trois jours plus tard, ils étaient de retour au camp de base.

Grâce au film documentaire de l'ascension, *Fifty-Day Struggle*, qui fut diffusé sur la scène nipponne, Nazir devint célèbre au Japon et dans son pays. Sa notoriété grandissant dans le milieu montagnard, il devint un partenaire de choix pour toute une élite d'alpinistes ambitieux. Une année à peine après le K2, il partait avec l'Italien Reinhold Messner dans des ascensions éclair du Gasherbrum II et du Broad Peak, réalisées en une semaine et en style alpin, ce qui signifie que chaque grimpeur porta sa nourriture et son matériel, et qu'ils n'utilisèrent ni cordes fixes ni campements préétablis. Nazir fit également plusieurs tentatives au Nanga

70 Richard Sale, *The Challenge of K2*.
71 Nazir Sabir, « Dawn on the West Ridge », *Alpinist*, vol. 38 (printemps 2012), p. 51.

Parbat, dont une en hiver à l'éperon Mummery, qui n'avait encore jamais été parcouru. De plus, en 1997, il prit la tête d'une équipe exclusivement pakistanaise partie pour l'Everest. Ils échouèrent cette année-là, mais trois ans plus tard, le 17 mai 2000, Nazir devint le premier Pakistanais à parvenir au sommet. « J'étais un peu parano, avoua-t-il, mais dès que je mis le pied sur le sommet... je m'y accrochai comme s'il allait m'échapper. [...] Je pensais à ma famille, mes sœurs et mes parents. [...] Dans les derniers mètres, j'avais l'impression que c'était le pays entier qui me portait[72]. »

Lors d'une occasion moins solennelle, il fit remarquer qu'il avait gravi tous ses 8000 avec des chaussures d'emprunt.

La notoriété mondiale de Nazir Sabir, inhabituelle pour un alpiniste pakistanais, repose autant sur sa personnalité que sur son parcours. Enthousiaste, à l'aise en société et sûr de lui, il a tous les traits d'un leader; il fut un temps président du Club alpin du Pakistan et conseiller du gouvernement pakistanais pour l'éducation et le tourisme. En 1994, après avoir rassemblé les montagnards autour de sa candidature, il fut même élu à l'assemblée législative de la province de Gilgit-Baltistan, devenant ainsi le premier roturier à occuper une telle fonction. Une fois au pouvoir, il se battit autant qu'il put contre la corruption, construisit des écoles et des routes, dont une piste pour 4x4 d'une cinquantaine de kilomètres pour désenclaver les communautés de Shimshal, auparavant uniquement accessibles en trois jours de marche par un dangereux chemin vertigineux. Cette route, parfois

72 Rehman.

désignée comme « la plus dangereuse du monde », traverse un paysage sauvage et accidenté ; le voyage, à vous ronger les sangs, dure trois heures.

Les affaires lui sourirent aussi puisqu'il dirige aujourd'hui une entreprise de voyages d'aventure qui ne manque pas une occasion de faire travailler comme guides les alpinistes de Shimshal. Conférencier, membre de jurys de festivals de films, il parcourt le monde en figure officielle du milieu alpin. Le Pakistan l'a mis à l'honneur de nombreuses fois, tout comme l'ont fait diverses organisations internationales de montagne.

Résolument fidèle à son pays, connu pour ne pas mâcher ses mots, Nazir fut choqué par l'attaque terroriste qui se produisit dans la nuit du 22 juin 2013 au camp de base du Nanga Parbat, où des alpinistes de divers pays furent exécutés par des activistes. Parmi les victimes se trouvaient Ali Hussain, un montagnard expérimenté habitant la vallée de Charakusa qui travaillait pour une expédition. « Une quinzaine de zombies maléfiques ayant usurpé une apparence humaine arrivèrent au camp de base et tuèrent sauvagement onze innocents, que je connaissais personnellement pour la plupart, et dont certains étaient de bons amis, s'indigna Nazir sur sa page Facebook. C'est la plus grande tragédie de l'histoire de l'alpinisme et de l'histoire du Pakistan. En tuant onze innocents sans défense, c'est à nous aussi qu'ils ont porté un coup, nous les habitants de tout le Pakistan, qui n'aspirons qu'à la paix, et en particulier nous les communautés primitives qui peuplent les massifs montagneux du nord. [...] Les Pakistanais sont endeuillés par cette tragédie funeste. [...] Nous ferons front ensemble à la barbarie et à la terreur. Nous ferons échouer leurs plans d'isoler le Pakistan de la communauté internationale, et nous instaurerons la paix dans notre beau pays avec l'aide de nos amis du monde entier ; et oui, nous nous battrons jusqu'au bout. »

À l'approche de sa septième décennie, Nazir Sabir poursuit cette lutte tous les jours de mille manières : en faisant la promotion des montagnes du Pakistan, qu'il décrit comme le terrain d'aventure le plus grand et le moins connu sur terre ; en travaillant à la protection de la vie sauvage dans la vallée de Hunza ; en dénonçant le conflit militaire au glacier du Siachen comme une catastrophe environnementale et humaine. Et bien plus.

◆

Difficile d'imaginer un homme plus différent physiquement de Nazir Sabir que Mohammad Karim. Haut d'un mètre cinquante-cinq, le sourire radieux, Karim était surnommé « Little Karim ». Né dans le village de Hushe en 1954, il n'eut jamais la possibilité d'aller à l'école, mais dès l'âge de six ans, il passa des jours à parcourir les collines avec ses parents qui gardaient leurs bêtes. « À cette époque déjà, je savais ce que je voulais faire plus tard : grand guide et *high altitude porter*[73] », confia-t-il au journaliste pakistanais Obaid Ur Rehman Abbasi.

73 Obaid Ur Rehman Abbasi, « Adventure: The incredible Tales of Little Karim », Dawn.com, 22 juin 2014.

Dans son enfance, Hushe était un endroit paisible. Les gens commencèrent à affluer lorsque le Pakistan rouvrit ses portes aux expéditions alpines étrangères. Little Karim n'oublia jamais le jour où il repéra des d'alpinistes alors qu'il jouait avec des amis au col Gondogoro, bien au-dessus de la vallée de Hushe. « Un groupe de montagnards descendait sur le glacier. Je n'avais jamais vu personne arriver chez nous par ce côté et, tout excité, j'ai couru leur dire bonjour, raconta-t-il à l'écrivain pakistanais Shabbir Mir. Ils donnèrent au petit garçon de cinq ans qui leur faisait face une bonne poignée de bonbons et de biscuits. Ce fut ma première rencontre avec cette espèce de sportifs bien particulière qu'on appelle les alpinistes[74]. »

La première fois qu'il essaya de décrocher un travail comme porteur, ce ne fut pas une réussite. Le petit bout d'adolescent de seize ans qu'il était en paraissait dix, et ne gageait pas sa capacité à faire du portage. Dépité, sur le point de quitter Skardu pour le long voyage à pied qui le ramènerait à Hushe, il fut embauché par des Suisses qui cherchaient désespérément des porteurs. On lui donna sa chance, et il dépassa toutes les attentes ; toujours de bonne humeur, il porta de lourdes charges et monta haut en altitude. Son rire clair remontait le moral des Suisses.

Quand il se présenta devant l'alpiniste britannique Chris Bonington, ce dernier l'écarta, dit-on, à cause de sa petite taille. D'après un bref récit publié quarante ans plus tard, Little Karim aurait alors « glissé la tête entre les jambes de cet échalas

74 Shabbir Mir, « The extraordinary life of Little Karim », *Express Tribune*. Abbasi.

[Chris], et parcouru au pas de course la longueur d'un terrain de sport avec le Britannique, qui mesurait bien deux mètres, sur les épaules. L'assemblée de porteurs se mit à rire et [Chris] fut très impressionné par cette démonstration. Le vœu de Karim fut exaucé. Il ferait partie de l'expédition au K2[75] ».

Si l'expédition n'atteignit pas le sommet, elle marqua un tournant dans la vie de Little Karim. « L'ascension avec les Britanniques fut de bon augure. Peu de temps après, toutes les portes de la réussite me furent ouvertes[76] », déclara-t-il.

Le surnom de « Little Karim » lui fut donné en 1979 par une expédition française au K2 pour laquelle il travaillait. Karim étant un prénom très répandu au Pakistan, trois personnes le portaient au sein de l'équipe, et chaque fois que quelqu'un appelait « Karim », toutes trois répondaient. Le chef résolut le problème en les nommant *Big*, *Medium* et *Little*, en référence à leur taille. Et le surnom lui resta.

Pendant l'expédition japonaise au K2 en 1981 où il se trouvait avec Nazir Sabir, Little Karim réalisa l'exploit surhumain de ravitailler en oxygène et en vivres, depuis l'altitude de 7 100 mètres, des alpinistes partis pour le sommet bloqués mille mètres plus haut. Le lendemain, ils réussirent leur ascension. Nazir déclara plus tard que c'était Allah qui les avait approvisionnés, ce que Little Karim s'empressa de corriger : « Non pas Allah, mais Little Karim[77]. »

En 1985, non content de faire du portage pour les Français au Gasherbrum II, il se fit remarquer en coltinant le

75 Abbasi.
76 Abbasi.
77 Ian Welsted, « What Makes a Climbing Hero and the Legendary Little Karim », Gripped.com, 3 mars 2021.

deltaplane de vingt-cinq kilos de Jean-Marc Boivin jusqu'au sommet, d'où le Français avait prévu de décoller. Le documentariste français Laurent Chevallier a dressé le portrait du personnage dans un film intitulé *Little Karim*, qui connut un grand succès et remporta des prix dans le monde entier. Invité au Festival de films de montagne du village français d'Autrans, il conquit le public par son sourire, son humilité et la gratitude qu'il exprima de se retrouver parmi des amoureux des montagnes.

Ses sourires n'empêchaient pas Little Karim de dire ce qu'il pensait des changements qui s'opéraient dans l'alpinisme. L'un de ses derniers voyages à l'Everest lui laissa un sentiment de dégoût. « À 5 000 mètres, j'ai vu une procession de deux mille cinq cents personnes avec leurs bouteilles d'oxygène. J'étais écœuré. En voyant tous ces gens et comment cela se passait, j'ai dit stop », expliqua-t-il. En revanche, il était particulièrement fier des montagnards de Hushe. « Ali Durrani est remarquable, il a gravi de nombreux 8000 et n'a jamais utilisé d'oxygène. C'est la seule vraie manière de gravir une montagne. Quand on grimpe avec de l'oxygène, c'est comme aller au marché. Et ça, tout le monde peut le faire. »

La renommée actuelle de Little Karim repose sur la capacité qu'il avait à porter des charges plus lourdes que lui, mais c'est oublier les efforts qu'il a déployés pour secourir autrui, dont un alpiniste allemand à 7 300 mètres au Broad Peak et une Autrichienne au camp 3 du même sommet ; un montagnard espagnol à 8 300 mètres au K2 ; ainsi que pour récupérer le corps d'un Français au Gasherbrum II.

« Pour nous, aller au sommet, ce n'est pas le plus difficile. Les responsabilités qui vont avec, c'est une autre paire de manches », affirmait-il.

À la soixantaine, après une vie dédiée à l'alpinisme, Little Karim s'assagit. « Ces dix dernières années, mon état de santé m'a forcé à m'éloigner des montagnes », expliquait-il, avant d'ajouter avec un sourire malicieux : « Mais j'ai quand même désobéi aux médecins en gravissant encore quelques sommets. »

L'alpiniste canadien Ian Welsted s'arrêta au village de Hushe au retour de l'ascension du K6 ouest avec son compagnon Raphael Slawinski. « C'était vraiment magique de rencontrer Little Karim du village de Hushe. Le récit qu'il fit de ses exploits méconnus en très haute altitude m'a remis à ma place[78] », raconta-t-il.

Ian fut fasciné par les histoires que Little Karim lui racontait et par l'étendue de son expérience. « C'était surréaliste. J'étais assis aux côtés de ce Balti de soixante ans qui me faisait le récit de ses ascensions en montagne, à faire pâlir les plus célèbres des alpinistes du monde entier. Mais dans les articles publiés dans les magazines, il n'apparaît que derrière la formule "accompagnés par un travailleur de haute altitude", un euphémisme pour désigner un alpiniste asiatique embauché comme porteur par une expédition. À la fin de cette conversation, j'avais l'impression d'avoir vécu jusqu'ici avec un voile devant les yeux. »

Ian fut aussi impressionné par le détachement de Little Karim, qui n'exprimait aucune rancœur de ne pas avoir accédé à la notoriété et à la fortune qu'il aurait pourtant

78 Welsted.

méritées. Il semblait comblé. « De fait, mon père est un peu comme une assistante sociale, dit de lui son fils Hanif. C'est un homme simple. Il se contente de ce qu'il a. Tout le monde veut se faire un nom, mais ce n'est pas le cas de mon père. Il a distribué l'argent qu'il avait honnêtement gagné entre ses enfants et sa communauté, et n'a gardé pour lui que le reste. » Hanif n'exagérait rien. En 2008, une organisation caritative espagnole construisit un hôtel pour lui assurer des revenus dans ses vieux jours. Au lieu de le garder pour lui, il le céda à sa communauté, qui en investit les bénéfices dans l'amélioration des infrastructures sanitaires et éducatives de la région. « Dans l'ordre de ses préoccupations, son peuple passe avant sa famille, rapporta Hanif. Lorsqu'on lui demande, et c'est souvent le cas, pourquoi et comment il fait pour vivre dans des conditions si modestes, cela le fait rire. Il répond qu'un être humain digne de ce nom met ce qu'il possède au service de ceux qui sont dans le besoin. »

Son plus grand regret est de ne pas avoir reçu d'éducation. « Un jour, j'étais au Canada pour le tournage d'un film. On m'avait installé dans une chambre d'hôtel et il m'a fallu neuf heures pour comprendre comment ouvrir la porte de ma chambre. [...] Tout cela par manque d'éducation. Pour retrouver ma chambre, j'avais attaché une ficelle à la poignée, et je comptais les chambres du couloir. C'est là que je me suis dit que mieux valait mourir que vivre inculte, et que je décidai de m'acquitter de ce que je devais à Hushe en investissant dans ses enfants. » Et il tint parole. Les revenus de l'hôtel ont financé la bourse de plus de trois cents enfants. Lorsque Rolex lui fit don d'une montre de luxe, il la vendit et en reversa l'argent à des établissements scolaires.

« On a cru en moi, et on m'a donné ma chance. À moi donc d'en faire autant, disait-il. C'est la promesse que j'ai faite. »

Lorsque Little Karim s'est éteint dans un hôpital d'Islamabad à la fin de l'hiver 2022, tout le Pakistan le pleura. Les grimpeurs du monde entier rédigèrent d'émouvantes pensées en souvenir des moments qu'ils avaient passés en compagnie de cette belle âme, humble et enjouée. Lorsque l'armée pakistanaise organisa le rapatriement de son corps à Hushe, une haie d'honneur constituée des anciens du village, d'alpinistes, de porteurs, d'agriculteurs et de bergers attendait le long de la route. Le cortège s'approcha du lieu de son repos éternel dans le silence majestueux des sentinelles du Karakoram.

CHAPITRE 8

Les temps changent

Je suppose que votre public ne s'intéresse à notre pays reclus que par le biais du récit des bizarreries de ses mœurs. C'est pourquoi vous l'imaginez comme un pays étrange. Mais nous ne sommes ni des primitifs, ni des êtres étranges.

Rinchen Lhamo, *We Tibetans*

En 1966, Pertemba Sherpa faisait le ménage de la cuisine d'un campement de travailleurs à l'aéroport de Lukla, lorsque le bruit familier d'un hélicoptère à l'approche se fit entendre. Quand il sortit admirer l'engin, un homme au teint hâlé et arborant un chapeau de paille fit irruption dans son champ de vision et s'approcha de lui. Il semblait chercher quelque chose.

« Comment t'appelles-tu ?

— Pertemba Sherpa, Monsieur. »

Avec un pur accent britannique un peu hautain, l'Occidental lui posa des questions sur sa vie et sur sa famille, tout en l'examinant avec intérêt. Athlétique et robuste, Pertemba n'avait pas vraiment le physique de l'emploi qu'il occupait, mais il s'en acquittait néanmoins dignement.

L'étranger se présenta : colonel Jimmy Roberts. Sans cérémonies, il lui fit une proposition séduisante. « Je cherche un jeune homme costaud pour m'épauler dans mes affaires. Cela t'intéresserait ?

— Avec plaisir.

— Alors il y a un travail qui t'attend à Katmandou, Pertemba. »

Deux semaines plus tard, Pertemba était à Katmandou, prêt à commencer le travail. « J'ai accepté [cette] proposition sans arrière-pensée, sans escompter mener la belle vie, ni faire fortune ou carrière. Il ne m'avait pas dit en quoi consistait le travail, et je ne lui ai posé aucune question[79] », expliqua-t-il plus tard au reporter népalais Kapil Bisht.

◆

Né en 1948 dans le village de Khumjung, dans la région de Khumbu au Népal, le jeune Pertemba fut envoyé chez des proches pour suivre des études, d'abord dans un monastère, puis dans l'école ouverte par Edmund Hillary. Comme il n'était pas très bon élève, il n'obtint pas de bourse pour entrer au collège et partit chercher du travail à Lukla. Lorsque Jimmy Roberts le remarqua et l'embaucha, ses perspectives d'avenir changèrent du tout au tout.

---

79 Kapil Bisht, « The Mountain Lover », *Alpinist*, vol. 78 (été 2022), p. 57.

Il trouva rapidement de l'emploi auprès des expéditions de trekking et d'alpinisme. Progressivement, il devint le compagnon de cordée et l'égal des meilleurs alpinistes internationaux à la grande époque de l'exploration himalayenne.

D'une forme physique exceptionnelle, Pertemba était doué et excellait en montagne. En 1970, il faisait partie des Sherpas embauchés par l'expédition militaire népalo-britannique à l'Annapurna ; en 1971, de l'expédition internationale pour la face sud-ouest de l'Everest dirigée par Jimmy Roberts ; et en 1972, de celle de Chris Bonington à l'Everest sur cette même face. Il s'agissait d'entreprises de grande envergure, à la logistique lourde, et difficiles techniquement. Des centaines de charges de matériel devaient être déposées dans différents campements menacés en permanence par des avalanches de pierres, de glace et de neige.

Lorsque Chris revint en Himalaya pour la face sud-ouest de l'Everest en 1975, Pertemba fut embauché comme sirdar. À vingt-sept ans, il était un peu jeune pour un tel poste, mais il avait gagné le respect de Chris qui le jugeait capable non seulement de diriger une équipe de Sherpas, mais aussi de grimper en tête de cordée.

Le perfectionnement du matériel et des techniques des grimpeurs étrangers qui eut lieu dans les années 1970 changea complètement la donne des expéditions dans l'Himalaya. Les plus ambitieux préféraient ouvrir des voies extrêmement difficiles plutôt que de répéter des classiques. En conséquence, ils exigeaient toujours plus des alpinistes locaux.

Le Népal découvrait aussi, parallèlement aux expéditions himalayennes, un nouveau type de visiteur : le trekkeur. L'initiateur de cette manière de voyager, celui qui l'a forgée et perfectionnée, n'est autre que le colonel Jimmy Roberts.

À moitié chauve, le visage animé d'une curiosité constante, Jimmy était né en Inde en 1916. Soldat de carrière, il avait été nommé attaché militaire à l'ambassade britannique de Katmandou et ne tarda pas à rejoindre les expéditions qui transitaient par la capitale. À la fin des années 1960, il avait à son actif un nombre impressionnant de voyages et avait croisé le chemin de nombreux explorateurs remontant jusqu'à Tilman.

Jimmy lui-même ne se distinguait pas par ses performances en haute altitude, ce qui n'était pas étranger à sa conception de l'alpinisme. « L'ennui, la misère totale et absolue de la guerre, ainsi que les rares moments de vérité qui nous semblent lui donner du sens, tout cela est très proche de l'expérience de l'alpinisme en haute altitude[80] », déclara-t-il.

Ce qu'il aimait, cependant, c'était l'exploration. Une fois passé le « calvaire » des hautes cimes, il prenait le temps de se promener dans les vallées adjacentes et d'y gravir des sommets de moindre élévation. Il acquit ainsi une excellente connaissance des confins du Népal et devint l'architecte de la première entreprise de trekking et d'alpinisme du pays, qu'il appela Mountain Travel Nepal.

80 Jimmy Roberts, « The Himalayan Odyssey », Nepalitimes.com, 12 septembre 2020. (Extraits d'articles d'un blog publiés pour la première fois en 1997.)

Le marché qu'il visait était celui de voyageurs huppés férus d'aventure, mais qui souhaitaient en confier la logistique à un tiers. Comme il embauchait les alpinistes sherpas et gurkhas les plus aguerris, ses services étaient très prisés. De par son passé militaire, il avait un bon sens de l'organisation et connaissait le pays ; et il était avide de grandes aventures. « De 1950 à 1965, se souvint-il, ce fut l'âge d'or de l'alpinisme et de l'exploration du Népal[81]. »

◆

Les Britanniques, les Yougoslaves, les Japonais et les Français, tous devisaient d'ambitieux projets nécessitant la présence de Sherpas ; mais il existait pourtant une différence subtile avec l'ère des pionniers. Les Sherpas étaient de moins en moins considérés comme de petites mains ; ils étaient devenus de véritables compagnons d'aventure.

Un exemple éclairant est la première américaine à l'Everest de 1963, dirigée par Norman Dyhrenfurth. Seize Sherpas atteignirent les camps situés au-dessus de 8 230 mètres en empruntant deux voies distinctes. L'un d'entre eux, Nawang Gombu, au poitrail gros comme une barrique et à la force légendaire, atteignit le sommet ; il était le neveu de Tenzing Norgay. Nawang et Jim Whittaker s'arrêtèrent sous le sommet à 11 h 30 le 1er mai.

Jim fit signe à Nawang d'avancer le premier.

« Non, vas-y toi, lui répondit Nawang.

81 Jimmy Roberts.

— Allez, on y va ensemble », répliqua Jim, et ils gravirent les derniers mètres côte à côte. Nawang y retournerait le 20 mai 1965, devenant la première personne à gravir l'Everest à deux reprises.

◆

Au sein de Mountain Travel Nepal, Pertemba Sherpa était l'homme de confiance de Jimmy Roberts, mais lors de la fameuse expédition à la face sud-ouest de l'Everest en 1975, Pertemba n'était pas le seul à avoir été mobilisé : toute l'équipe des Sherpas d'altitude était issue des rangs de l'agence de Jimmy, dont deux alpinistes très respectés, Ang Phu et Ang Phurba. Dans le souvenir de Chris Bonington, alors chef de l'expédition, « les Sherpas de l'agence Mountain Travel de Jimmy Roberts se comportaient en véritables guides de montagne, ils rechignaient à revêtir les habits que nous leur fournissions, leur préférant ceux de la marche d'approche, qu'ils considéraient comme bien plus élégants. Certains d'entre eux, et Pertemba en particulier, me rappelaient les guides français, avec leurs casquettes stylées et leurs knickers haute couture[82] ».

Les alpinistes et guides locaux ne s'adressaient plus à leurs employeurs étrangers par le terme de « sahibs », mais par leurs noms. Cette courtoisie était parfois, mais pas toujours, mutuelle. Bien que les Sherpas fussent essentiels à la réussite de ces ascensions, l'attitude des étrangers à leur égard était

82 Chris Bonington, .

encore loin d'être irréprochable. Chris s'était engagé à être juste et attentionné, mais son ton peut sembler condescendant, au moins à des oreilles sensibles aux prismes culturels. « Ce sont des journaliers comme les autres, à la différence près, et d'ailleurs à l'instar des ouvriers de nos usines en Angleterre, que l'argent seul ne gagne pas leur enthousiasme et leur obéissance, déclara-t-il. Ils ont besoin de se sentir valorisés par leur travail, de se lier d'amitié avec leurs employeurs, et que soit reconnue l'ardeur qu'ils mettent à l'ouvrage. »

L'assurance des Sherpas et leur chic vestimentaire ne diminuaient en rien le sérieux de leur engagement. Charlie Clarke, le médecin de l'expédition, décrivit le souvenir qu'il a gardé de son départ du village de Khumde pour la montagne :

> *Nous assistâmes à la scène touchante et solennelle d'un Sherpa faisant ses adieux à sa famille : le rituel du feu de genévrier, ses trois enfants et sa femme debout, priant silencieusement qu'il leur revienne. Tel un soldat partant à la guerre, une guerre inutile, une guerre dans laquelle il s'est engagé pour le compte d'autrui. Je serais si heureux que nous rentrions sains et saufs et que personne ne manque à l'appel*[83].

Au cours de l'ascension, Chris s'appuya fortement sur Pertemba et Ang Phu. « Je consultai Pertemba à chaque

83 Chris Bonington, *Everest the Hard Way*.

étape, et parfois, cela irritait mes alpinistes de tête que je préfère ses avis aux leurs pour diriger les Sherpas, voire pour choisir l'itinéraire[84] », écrivit-il plus tard. Chris leur promit qu'en cas de succès, ils iraient tous les deux en Angleterre, et qu'il donnerait sa chance à l'un d'entre eux au moins de faire le sommet. C'est à Pertemba que revint le choix de la répartition des Sherpas dans les cordées d'assaut. Il se mit dans la deuxième équipe, et désigna Ang Phu pour faire partie de la troisième.

La première était constituée de Doug Scott et Dougal Haston. Ils gravirent le sommet par la face sud-ouest le 24 septembre. La deuxième équipe, composée de Martin Boysen, Mick Burke, Peter Boardman et Pertemba Sherpa, patientait au camp 6. Deux jours plus tard, ils sortirent de leur tente à 4 h 30. La nuit était calme. Haut dans le ciel, vers l'ouest, une légère brume passait au loin, et un amas de cumulus remontait la combe Ouest en aval. Il leur fallait faire vite s'ils voulaient aller au sommet et en redescendre sans avoir à bivouaquer. Les cordes fixes étaient en place, et chacun grimpait seul, à son rythme, inhalant de l'oxygène de sa bouteille, perdu dans ses pensées. Martin fit demi-tour à cause du dysfonctionnement de son régulateur. Ils n'étaient plus que trois.

Les cordes fixes s'arrêtaient au niveau d'un couloir qui serpente jusqu'au sommet sud. La tempête approchait à grands pas à présent. Le vent s'était levé et faisait virevolter des cristaux de neige et de glace autour des alpinistes.

84 Bonington, *Everest the Hard Way*.

Mick était à la traîne, mais Peter et Pertemba continuaient. En arrivant au sommet à 13 h 10, Pertemba attacha son drapeau népalais au tripode sommital installé par les Chinois plus tôt cette année-là. Peter sortit un petit magnétophone de son sac pour immortaliser l'instant. « Pertemba, est-ce que tu veux dire un mot aux spectateurs[85] ? » Peter ne comprit pas la réponse, rendue inaudible par le masque à oxygène, mais Pertemba se souvint avoir supplié Peter de ranger l'appareil, préoccupé par la dégradation météorologique. Peter insista, lui demandant s'il était fatigué, à quoi Pertemba répondit sèchement : « Non. » Après avoir célébré leur victoire en se partageant du chocolat et une barre de *mint cake*, ils redescendirent.

Quelques centaines de mètres sous le sommet, ils rencontrèrent Mick, qui se reposait dans la neige.

« Mick, ça va ? demanda Peter.

— Oui, ça va. Juste un peu lent, c'est tout. Mais ça va.

— Tu devrais redescendre avec nous. Le sommet est encore loin, et il est tard.

— Non, ça va. Je vais au sommet et je vous retrouve au sommet sud. Vous pouvez m'attendre là-bas ? Cette petite halte m'a requinqué. Je n'en ai pas pour longtemps. »

Ils continuèrent sans lui à contrecœur. Au sommet sud, ils l'attendirent un moment, tapis contre un rocher pour s'abriter d'un vent polaire. La tempête empirait de minute en minute. Lorsque le jour céda au crépuscule, ils se remirent en route.

85 Adapté du livre de Bonington, *Everest the Hard Way*.

Trébuchant dans l'obscurité, ils trouvèrent non sans peine la sortie du couloir qui les ramènerait aux cordes fixes et descendirent en rappel sur trois cent cinquante mètres dans un blizzard hurlant qui les aspergeait sans relâche de poudre d'avalanches déclenchées en amont. Lorsque les cordes fixes s'interrompirent, il leur fallut encore négocier la traversée délicate d'une série de coulées de neige et de glace jalonnées de rochers acérés, et trouver le campement à tâtons dans l'obscurité. À 19 h 30, chancelants, ils arrivèrent au camp 6 où ils s'effondrèrent.

On ne revit jamais Mick Burke ; et il n'y eut pas de troisième cordée d'assaut. Ébranlé par la mort de Burke, Pertemba arrêta l'alpinisme pendant quatre ans.

Bien que Pertemba ne fût pas le premier Sherpa à atteindre le sommet de l'Everest, son ascension de la face sud-ouest marque un tournant dans l'histoire de la relation entre les grimpeurs autochtones et les étrangers. À partir de ce jour, les Sherpas s'attendraient à être gratifiés à la mesure et en retour de leurs réalisations en terrain extrême et inconnu aux côtés de leurs compagnons étrangers. Autrement dit, ils escomptaient percevoir des salaires plus élevés, de l'équipement et du matériel de pointe, mais aussi que leur soit donnée la chance d'aller au sommet.

◆

Quatre ans plus tard, une expédition yougoslave très affûtée débarqua pour ouvrir un itinéraire direct par l'arête ouest de l'Everest, qui n'avait jamais été parcourue. Dans la deuxième équipe d'assaut se trouvait un autre Sherpa, Ang Phu, le compagnon de Pertemba dans la face sud-ouest. Il se joignit au Slovène Stane Belak Šrauf et au Croate Stipe Božić pour atteindre le sommet le 15 mai 1979, et devint ainsi le premier Sherpa à gravir l'Everest par deux itinéraires bien distincts. Il périt pendant la descente après une nuit à la belle étoile à 8300 mètres.

Lorsque la triste nouvelle parvint au village de Khumjung, l'affliction fut générale. Le cousin de Ang Phu fit irruption au camp de base, qu'il saccagea partiellement, pour s'expliquer avec l'équipe yougoslave ; il avait de la peine à comprendre comment tout cela était arrivé et l'accusait d'incompétence.

Pertemba codirigeait l'expédition américaine de la première ascension du Gaurishankar, situé dans la vallée de Rolwaling, lorsque lui fut annoncée la mort de Ang Phu. « Des années après son décès, je n'avais toujours pas la force de soutenir le regard de sa mère, expliqua-t-il plus tard. Nous essayons d'aider les enfants de ceux qui ont disparu en montagne, mais on n'en fait jamais assez[86]. »

Pertemba survécut à deux autres ascensions de l'Everest, dont celle menée par Chris Bonington en 1985. Elle fut le point d'orgue de la vie de ces deux alpinistes qui s'étaient fréquentés pendant une poignée d'années exceptionnelles, et avaient atteint des objectifs remarquables dans ces montagnes qu'ils aimaient tant.

Lorsque Pertemba prit sa retraite de l'himalayisme, il fonda une agence de trekking et parcourut le monde. Il

86 Bisht.

devint un membre très respecté de la communauté montagnarde népalaise, et mit son temps et son expérience au service bénévole des institutions suivantes : Himalayan Trust, Kathmandu Environmental Education Project, Himalayan Rescue Association, Nepal Mountaineering Association[87]. Quand Bisht lui demanda quelle était sa réalisation la plus remarquable, il répondit : « Le travail social. »

« Quand je mourrai, je ne vais rien emporter avec moi, déclara-t-il. J'aime les montagnes, les animaux et les êtres humains. Je me sens lié à eux. Je veux participer à l'amélioration du lieu qui m'a vu naître, de sa flore et de sa faune. Je veux le préserver. Il m'est impossible de rester assis là, à n'être qu'un spectateur passif. C'est de cela dont je suis fier : apporter ma pierre à l'édifice de la société et aider les autres[88]. » Mentor de la génération d'alpinistes népalais qui lui a succédé, il est l'exemple type de celui qui a excellé en montagne lorsque c'était son tour, et qui a su faire un pas de côté quand vint le temps d'exercer ses talents à meilleur escient dans un autre domaine. Il fait aujourd'hui partie de ceux que l'on nomme « les anciens » de cette communauté à laquelle il est tant attaché.

87 Fondation Himalayenne, Projet d'éducation à l'environnement de la ville de Katmandou, Association de secours himalayen, Association népalaise de l'alpinisme. (NDT).
88 Bisht.

CHAPITRE 9

Une vraie tour de Babel

C'est une chose ô combien cruelle que d'être forcé de choisir entre la mort et l'indigence tandis que dans le vent glacial, des monceaux de billets virevoltent autour de vous sans qu'aucun ne finisse dans votre poche.

Jemima Diki Sherpa, « Two Thoughts », *Alpinist* 47

Au camp 4, les alpinistes émergèrent un par un de leurs tentes puis, tout recroquevillés, ils attachèrent leurs crampons et mirent leur sac sur le dos. Des semaines de tempête les avaient usés, mais cette étroite fenêtre météo leur avait remonté le moral. Tandis que les faisceaux de leurs lampes frontales fendaient la pénombre des premières heures du jour en ce 1er août 2008, chacun avait en tête une unique pensée : le sommet du K2.

Dix équipes. Trente alpinistes. Et presque autant de langues. Jamais on n'avait compté une telle multitude au K2.

Une série d'attentats suicides survenus au Pakistan l'année précédente, largement relayés dans les médias, avait sacrément ralenti l'activité touristique du pays. Par contrecoup, le Club alpin du Pakistan avait fait pression sur le ministère du Tourisme pour qu'il réduise drastiquement le prix des permis d'ascension des 8000, et qu'il supprime le quota appliqué aux expéditions autorisées au Karakoram. D'où l'affluence.

◆

Les équipes fonctionnaient de manière indépendante, mais avec une seule et brève fenêtre de beau, les alpinistes savaient qu'ils se retrouveraient tous au même moment dans la partie haute de la montagne. Il leur fallait donc travailler ensemble car leur réussite reposait sur la présence de cordes fixes, qui assureraient la sécurité de tous à la montée comme à la descente. La plupart des protagonistes étaient d'accord sur ce point. Restait à savoir comment elles seraient installées, qui s'en chargerait, et dans quel ordre.

Les grimpeurs de tête se rapprochaient du Bottleneck, un passage réputé dangereux dominé par un sérac, c'est-à-dire une colonne de glace appartenant à un glacier, en équilibre menaçant. De toute évidence, c'était la journée parfaite pour faire le sommet. Rapidement pourtant, tout bascula. Erreurs, malentendus, attentes démesurées, formes physiques et niveaux techniques hétérogènes furent à incriminer. Et pour aggraver le tout, le sérac. Trente-six heures plus tard, on dénombrait onze morts. Les accusations fusèrent ; qui désigné coupable, qui qualifié de héros, chacun s'accrochant à sa version de la vérité.

Sur les hauteurs du K2 ce jour-là, se trouvaient trois alpinistes de Shimshal, Shaheen Baig, Mehrban Karim et Jehan Baig, ainsi que plusieurs de leurs collègues népalais, dont Chhiring Dorje Sherpa, Pemba Gyalje Sherpa, Jumik Bhote et Pasang Lama. Le reste était constitué d'étrangers, dont le chef de l'expédition coréenne Flying Jump, Kim Jae-soo, l'alpiniste basque Alberto Zerain, le Néerlandais Wilco van Rooijen, qui dirigeait l'expédition Norit, le montagnard irlandais Gerard McDonnell, l'Italien Marco Confortola, le Serbe Dren Mandič et un couple venu de Norvège, Cecilie Skog et Rolf Bae. Leurs destins se croisèrent fatalement au K2.

◆

La confusion avait régné dès le début. Officiellement, il n'y avait ce jour-là aucun guide au K2. En revanche, les expéditions, à quelques exceptions près, avaient embauché une flopée de travailleurs d'altitude, dont le gros du travail était de poser les cordes fixes. Depuis le début des années 2000 en effet, les prétendants au K2 dépendaient de l'installation de kilomètres de cordes ; chacun comptait dessus, quelles que fussent les personnes qui les avaient installées et leurs commanditaires. À l'Everest, des Sherpas, à qui l'on avait donné le nom de *Icefall Doctors*, avaient réussi à mettre bon ordre dans cet usage en exigeant de chacun une contribution financière en contrepartie de l'usage de l'infrastructure qu'ils installaient sur la sinistre cascade de glace du Khumbu. Au K2, le rôle des cordes fixes était aussi crucial qu'à l'Everest, mais en ce 1er août, aucun arrangement officiel n'avait été trouvé pour équiper la voie.

Lorsque la fenêtre météo tant attendue se présenta, Shaheen Baig prit les choses en main. Nazir Sabir disait de lui qu'il était un alpiniste « des plus sérieux… un des meilleurs du Pakistan[89] ». Shaheen était originaire de Shimshal, un village perché à 3 100 mètres d'altitude situé au bout d'une piste redoutable. Il connaissait le K2 comme sa poche et en avait fait l'ascension en 2004 sans oxygène. Officiellement embauché par l'équipe serbe, Shaheen devint rapidement l'homme de la situation et sa voix fit autorité sur tous. Il intervenait dans la résolution des conflits du travail et avait mis sur pied l'organisation de l'équipement de la partie supérieure du K2 par différentes équipes en présence.

Shaheen était non seulement le meilleur alpiniste de Shimshal, ce qui n'était pas rien vu qu'ils étaient nombreux, mais il était aussi moniteur d'escalade. Deux de ses stagiaires, Mehrban Karim et Jehan Baig, se trouvaient aussi sur les flancs du K2 ce matin-là. Les deux jeunes crapahutaient dans ces montagnes depuis leur enfance alors qu'ils gardaient leurs bêtes dans les hauts pâturages. Mais ils savaient que leur avenir était ailleurs, pas dans le pastoralisme mais dans l'alpinisme. Shaheen en était la preuve vivante. « Karim et Jehan étaient devenus mes petits frères,

89 Peter Zuckerman et Amanda Padoan, *Buried in the Sky*.

confia-t-il aux écrivains américains Amanda Padoan et Peter Zuckerman. J'ai ouvert des voies techniques au White Horn et les ai entraînés sans relâche pour qu'ils progressent en glace[90]. »

Tous deux firent rapidement carrière. Le sauvetage d'un alpiniste japonais au Gasherbrum II avait valu à Jehan respect et gratitude ; il travaillait à présent pour une expédition de Singapour. Mehrban avait atteint le sommet du Nanga Parbat en 2005 avec un client français, Hugues Jean-Louis Marie d'Aubarède, qui, comblé par ses services, le réembaucha pour le K2, qu'ils tentèrent ensemble sans succès en 2006 puis en 2007. Hugues n'était pas du genre à renoncer, et Mehrban était l'homme qu'il lui fallait.

Parveen, la femme de Mehrban, voyait les choses différemment, à cause de l'âge du client : soixante ans. « J'ai demandé [à Mehrban] de ne pas quitter Shimshal, déclara-t-elle. Puis je l'ai supplié[91]. » Même attitude de la part du père de Mehrban, qui l'implora de rester auprès des siens, et de devenir charpentier. Mehrban les rassura et les convainquit que la saison 2008 serait à la fois lucrative et couronnée de succès.

Au K2, Shaheen proposa la tactique suivante : le premier jour de l'assaut sommital, un premier groupe d'équipeurs quitterait le camp à minuit et poserait les cordes fixes dans le Bottleneck ; le travail serait terminé à l'aube. La deuxième équipe partirait une heure plus tard, et bénéficierait d'une ligne continue de cordes jusqu'au Bottleneck. En six heures,

90 Zuckerman et Padoan.
91 Zuckerman et Padoan.

tout le monde devait avoir gravi le sommet puis, au plus tard à 14 heures, fait demi-tour, ce qui permettait de descendre au camp 4 par les cordes fixes à la lumière du jour. Le second bataillon d'alpinistes, qui avait patienté au camp 3, partirait alors occuper le camp 4 et tenterait le sommet le deuxième jour de beau temps. Tous les postes radio seraient calés sur la même fréquence pour optimiser la transmission des informations. Tout le monde acquiesça.

Mais en montagne, les choses se passent rarement comme prévu. Personne n'avait pris la mesure du problème linguistique. Qu'un groupe de personnes de cultures et de langues différentes tranquillement réunies au camp de base se missent d'accord était déjà un exploit. Or, le jour du sommet, le groupe de tête parti du camp 4 devrait communiquer en pleine action, dans cinq ou six langues différentes, et dans le grésillement des radios ; autant dire que même avec les meilleures intentions du monde, ce serait probablement une vraie tour de Babel.

Une autre difficulté, et non la moindre, surgit au camp 2. Certains, anticipant la fenêtre de beau, s'étaient mis en route pour le sommet le 28 juillet. *Escalader* les versants vertigineux du K2 est, on le sait, une entreprise semée d'embûches. Mais y *camper* est aussi dangereux. Les camps inférieurs en particulier sont des perchoirs exigus et inconfortables, établis sous de petits rognons rocheux censés les protéger des incessantes chutes de pierres. Ils sont souvent surpeuplés, et les conditions sanitaires y sont déplorables.

Lorsque Shaheen et Chhiring Dorje Sherpa arrivèrent au camp 2, il était déjà plein à craquer.

◆

Cette semaine-là, Chhiring Dorje Sherpa était l'un des deux Népalais présents au K2 en tant qu'alpinistes indépendants, ce qui contrastait nettement avec ses congénères de la génération précédente qui, pour la plupart, avaient gravi les itinéraires les plus difficiles de l'Himalaya sous l'autorité de leurs employeurs étrangers. En cette journée du mois d'août, Chhiring grimpait pour son propre compte, et en assumait l'entière responsabilité financière.

Né en 1974 à même le sol de l'unique pièce de la maison familiale à Beding, un village haut perché de la vallée perdue de Rolwaling, Chhiring avait bravé l'adversité à maintes reprises. Deux sœurs et un frère nés après lui avaient péri en bas âge, sa mère n'avait pas survécu à la naissance d'un bébé mort-né, et son père avait succombé à cette série de catastrophes. Chhiring hérita donc la responsabilité des quatre enfants survivants. Il avait douze ans. Il vendit le bétail et offrit ses services en échange de nourriture ; mais il avait besoin de revenus plus importants. Ainsi, deux années plus tard, il partit chercher du travail à Katmandou.

Son oncle, Sonam Tshering Sherpa, lui trouva un emploi qui consistait à acheminer des chargements à Island Peak. En un mois, Chhiring gagna plus d'argent qu'il n'en avait vu de toute sa vie : 90 dollars. L'année suivante, son oncle lui montra comment enfiler une paire de crampons et utiliser un piolet ; Chhiring transporta des charges de plus de trente kilos jusqu'au col Sud de l'Everest pour un salaire de 450 dollars. Pour se faire une idée, la somme de 450 dollars dépassait le salaire annuel moyen népalais à l'époque, et Chhiring l'empochait en un mois.

De corpulence robuste, Chhiring poursuivit son travail en altitude, à poser des cordes fixes, à faire la trace et à acheminer des chargements tout en s'enrichissant. Il gravit l'Everest et d'autres 8000 plusieurs fois. Il créa une entreprise, Rolwaling Excursion, et proposa à de jeunes hommes de Rolwaling de se joindre à lui. Il épousa Dawa Phuti de Namche Bazaar, fonda une famille et s'installa dans une maison flambant neuve équipée de tout le confort moderne en plein Katmandou.

Ses ambitions entrepreneuriales assouvies, Chhiring revint à l'alpinisme. Il lui restait un objectif majeur : le K2 sans oxygène.

Dawa Phuti tenta de l'en décourager ; elle était convaincue qu'à trente-quatre ans, il était trop vieux, trop gros, et trop bien installé dans la vie pour caresser une telle chimère. Ce fut peine perdue.

Chhiring se trouvait au camp 2 avec Shaheen Baig et trente personnes entassées dans des tentes, serrées comme des sardines, où on ne pouvait se mouvoir sans se gêner les uns les autres, alors que tous souffraient de l'altitude. Très vite, il devint impossible d'éviter les coulées de vomi et d'excréments qui avaient envahi le campement. Inexorablement, certains tombèrent malades, dont Shaheen.

Son état se détériora rapidement. Ses poumons commencèrent à crépiter et il se mit à cracher du sang, des signes d'œdème pulmonaire de haute altitude (OPHA). Tout le monde réalisa que l'homme le plus expérimenté présent sur la montagne, le cerveau qui en avait conçu l'équipement, ne serait pas là pour superviser l'opération.

L'OPHA ne régresse que lorsque le patient descend à une altitude plus basse, mais Shaheen estimait que ses responsabilités ne l'y autorisaient pas. Il tergiversait, espérant se remettre. Rien n'en fut et son état empira. Il comprit qu'il avait trop attendu. Il ne pouvait plus se mouvoir seul, mais il connaissait les risques inhérents au déclenchement d'une opération de secours.

Il appela Nadir Ali Shah, qui cuisinait au camp de base pour l'équipe serbe, lui expliqua la situation, et demanda qu'on le laissât là où il se trouvait. Il assumait ses erreurs, et en subirait les conséquences.

Nadir ne tint pas compte de ses consignes, et comme il n'était pas alpiniste, il fit le tour du camp de base, affolé, à la recherche d'un alpiniste qui voudrait bien l'accompagner au camp 2. Personne ne répondit présent. Il quémanda du matériel par-ci, par-là et quitta le camp de base, seul, aux environs de minuit. Lorsqu'il prévint Shaheen de son arrivée, ce fut le silence radio.

Une fois au camp 1, Nadir rappela Shaheen. Toujours rien. À midi le jour suivant, il trouva le camp 2 vide. Ils étaient tous partis plus haut. Où était donc Shaheen ? Par quel miracle avait-il guéri ? Finalement, Nadir le découvrit recroquevillé en chien de fusil dans la neige. Lui qui n'était que cuisinier au camp de base, il lui injecta de la dexaméthasone et lui fit prendre un antibiotique avec un peu d'eau. Shaheen avala les médicaments, vomit puis perdit connaissance.

Nadir devait désormais faire face à une véritable situation d'urgence. Lorsque Shaheen revint à lui, Nadir le traîna jusqu'aux cordes fixes et l'y clippa. À force de pousser, tirer et tripatouiller le dispositif de rappel de Shaheen, de lui dire quoi faire et de l'encourager, ils parvinrent à perdre de l'altitude mètre par mètre. Lorsqu'il reprenait conscience, Shaheen le suppliait de l'abandonner là. Nadir s'entêtait à le faire descendre.

Ils arrivèrent enfin au camp de base, où l'état de santé de Shaheen s'améliora légèrement. Comprenant que pour lui, l'expédition était arrivée à son terme, il entreprit la longue marche qui suivait le glacier de Baltoro. Anéanti par son échec, il était bien plus terrifié encore par ce qui pourrait se passer sur les hauteurs du K2.

Le temps tourna un jour plus tôt que prévu, et les grimpeurs adaptèrent leur programme en conséquence. Mis à part une poignée d'entre eux, ils se retrouvèrent au camp 4, comptant tous gravir le sommet le même jour.

◆

Pemba Gyalje Sherpa proposa de prendre la conduite du groupe bien que, comme il l'expliqua plus tard à l'écrivain américain Freddie Wilkinson, il ne fût tenu par aucun engagement professionnel envers aucune équipe, et qu'il n'eût pas la paternité de l'organisation des cordes fixes. En bouddhiste fervent et modeste, il souhaitait simplement gravir le K2 sans oxygène.

Pemba était ce jour-là le deuxième Népalais à grimper pour son propre compte. Natif du village de Pangkhoma situé à 3 000 mètres d'altitude, environ quarante-cinq kilomètres au sud de l'Everest dans la partie est du Népal, Pemba grandit entouré de montagnes tout en travaillant à la ferme familiale. Il commença à grimper à l'âge de seize ans. Il eut tôt fait d'être embauché par des expéditions et dans ce cadre, gravissait régulièrement de hauts sommets. Il avait fait ses armes au Népal, en Europe et en Amérique du Nord, et faisait partie des guides et sirdars népalais les plus respectés. Il serait amené à mobiliser cette grande expérience au K2.

« Il faut qu'on tourne, insista-t-il auprès des autres grimpeurs. Nous sommes huit à faire la trace, donc il faut qu'on se relaye en tête tous les cinquante mètres pour que personne ne s'épuise[92]. » Si les équipeurs ne parvenaient pas à installer les cordes fixes à cadence soutenue, ils seraient rattrapés par des alpinistes et un bouchon se formerait pile sous le sérac menaçant du Bottleneck.

Pemba était tellement inquiet qu'il ne parvint pas à dormir. Le 31 juillet, il était debout dès 22 h 30 et arpentait le camp 4, réveillant les alpinistes, les sommant de partir installer les cordes fixes. Lorsqu'il prit conscience qu'ils n'étaient pas assez nombreux, il persuada Chhiring de se joindre à eux. Le montagnard basque Alberto Zerain proposa ses services. Il souhaitait aller au sommet et en redescendre le plus rapidement possible. Ainsi, trois grimpeurs indépendants, travaillant sans oxygène, avaient rejoint les équipeurs. Pemba et Chhiring hochaient la tête

92 Freddie Wilkinson, *One Mountain Thousand Summits.*

devant l'absurdité de la situation : si cela eut été l'Everest, ils auraient touché une coquette somme pour effectuer un tel travail. Ici, ils le faisaient gratuitement.

Les Pakistanais et les autres Népalais rémunérés pour équiper la voie avaient du mal à communiquer entre eux. Mais le plus gênant était qu'ils ne s'appréciaient guère. Muhammad Hussein, qui avait installé les cordes fixes dans le Bottleneck en 2004 et travaillait à présent pour les Serbes, était contrarié. « C'était injuste, déclara-t-il. Le K2, c'est notre montagne. Shaheen, le plus grand alpiniste de la région, est notre frère à tous. Il nous a appris à respecter les bouddhistes et les étrangers en général, mais les Sherpas ne me témoignaient aucun respect[93]. »

Rancœur, problèmes de communication et absence de commandement débouchèrent sur le désordre qui régna ensuite. Les premières cordes fixes furent installées à trente minutes de marche du camp 4, soit bien plus près que d'ordinaire, vu qu'à cet endroit le terrain est relativement facile. C'était le souhait des Coréens, et c'est ce qui fut fait. Mais comme ils avaient aussi équipé des passages entre les camps 3 et 4, ils manquèrent de cordes alors que des tronçons difficiles et exposés les attendaient plus haut. Quatre cents mètres de cordes étaient en place et il n'en restait plus que deux cents mètres pour la totalité du Bottleneck. C'était insuffisant. C'est pourquoi Chhiring partit en récupérer plus bas malgré l'obscurité. Jumik Bhote lui emboîta le pas.

93 Zuckerman et Padoan.

◆

Jumik Bhote découvrit Katmandou avec son frère aîné, Pemba Bhote, pour y être scolarisé. Ils venaient de Hungong, dans la haute vallée de Arun, où les écoles étaient définitivement fermées depuis que les maoïstes avaient pris le contrôle du village. La montée en puissance du mouvement maoïste népalais résultait d'incidents survenus bien plus tôt, comme le massacre de nombreux membres de la famille royale en 2001 par le prince héritier Dipendra, un play-boy à l'esprit déréglé par la drogue. Après le bain de sang, son oncle, Gyanendra, monta sur le trône mais se révéla un piteux monarque. Les rebelles maoïstes sautèrent sur l'occasion. La famille royale, dont les frasques lui valaient d'être honnie par la majorité, perdit le contrôle du pouvoir et les rebelles envahirent progressivement les parties les plus reculées du pays, comme la haute vallée de Arun. Ils détruisirent les écoles, tuèrent les représentants de l'autorité et les enseignants, et enrôlèrent de force les jeunes garçons dans leur armée. Passages à tabac, assassinats, torture et délits sexuels devinrent monnaie courante.

Les maoïstes avaient promis aux Népalais qu'ils les sortiraient de leur vie de misère et d'injustice, mais leurs actes les démasquaient. Ils tuèrent plus de dix-sept mille personnes et en contraignirent plus de cent cinquante mille à l'exode, au cours de ce qui prit la tournure d'une guerre civile. Le chômage monta en flèche jusqu'à atteindre cinquante pour cent, et l'instabilité détruisit l'activité touristique. Pour Pemba, qui gagnait sa vie comme chauffeur de taxi à Katmandou, et pour bien d'autres, la spirale de la pauvreté continuait.

Lorsque toute la famille se réfugia dans leur appartement de Katmandou, Jumik et Pemba cherchèrent du travail. Jumik devint porteur pour diverses entreprises de trekking et, en 2006, il décrocha un emploi pour une expédition à l'Everest, au cours de laquelle il arriva au sommet. L'année suivante, il le gravit à nouveau, avec des Coréens. Leur chef Kim Jae-soo lui proposa l'ascension du Lhotse, la quatrième montagne la plus haute de la planète, au printemps 2008, ainsi que le poste de sirdar dans leur expédition au K2 l'été de cette même année.

Jumik prit congé de sa compagne, Dawa Sangmu, qui était enceinte, et recruta son petit frère Tsering ainsi que deux autres alpinistes de Hungong, Pasang Bhote et Pasang Lama, puis partit pour le K2. Vu l'étendue des responsabilités dont il hériterait lors de l'ascension de cette énorme et dangereuse montagne, Jumik aurait mérité d'être mieux formé et plus expérimenté, un luxe que la fulgurance de sa carrière ne lui avait malheureusement pas permis.

◆

Les alpinistes qui se trouvaient le plus haut sur la montagne continuaient leur ascension. Une touche jaune d'or caressa les pics alentour avant de submerger les versants et d'en chasser quelque peu la froidure. Pemba Gyalje, en tête du groupe qui installait les cordes fixes, se retourna et vit une file d'une vingtaine d'alpinistes égrainés entre le camp 4 et le Bottleneck. Peu à peu, il se faisait rattraper.

Très rapidement, les alpinistes se retrouvèrent dans le Bottleneck à interpeler les équipeurs. « Il faut avancer. On n'a pas d'endroit pour attendre. Qu'est-ce qui se passe ? » entendait-on crier.

Le grimpeur serbe Dren Mandič progressait plus vite que la Norvégienne Cecilie Skog, et dans la partie la plus raide du Bottleneck, il tenta de la doubler. Pour ce faire, il lui fallait d'abord se détacher de la corde fixe, passer devant Cecilie, puis se reclipper sur la corde. Au cours de cette opération, il perdit l'équilibre, vacilla puis s'accrocha à Cecilie, l'entraînant dans sa chute. Elle était clippée à la corde fixe. Mais pas lui. Il partit à plat ventre dans une position où il pouvait encore arrêter sa glissade à l'aide de son piolet. Puis un de ses crampons heurta un rocher, le faisant pivoter et s'engager à toute vitesse, tête la première, dans le Bottleneck. Son casque cogna contre un rognon rocheux. Catapulté, il fit la roue dans les airs avant d'atterrir dans un amas de neige, inanimé. Sonnés, les autres alpinistes dont l'esprit était obscurci par le manque d'oxygène assistèrent impuissants à la scène.

◆

Plus haut encore, le jeune Pasang Lama âgé de vingt-cinq ans sortait en tête du Bottleneck et installait les cordes dans la traversée qui mène au sommet. À chaque pas, il s'enfonçait dans des congères et haletait en tirant sur son diffuseur d'oxygène. Il n'en revenait pas de se trouver à cette altitude, sur les pentes du K2, à poser les cordes fixes pour tous ces gens venus du monde entier.

Lorsqu'il ne travaillait pas comme porteur, Pasang vivait dans un petit studio à Katmandou avec ses parents, ses frères et sœurs, et ses cousins, tous réfugiés de la guerre civile, et il se démenait pour subvenir aux besoins de cette grande famille. Malgré le ralentissement de l'activité touristique au Népal, quelques expéditions alpines bravaient l'instabilité ambiante, ce qui permettait à Pasang de gagner autour de 3 dollars en faisant des portages aux différents camps de base.

Il n'avait aucune intention d'être cantonné en bas de l'échelle des porteurs, et il fut rapidement recruté pour travailler en altitude à organiser et approvisionner les campements, et à installer les cordes fixes. En 2006, il parvint au sommet de l'Everest et suivit une formation de deux semaines au tout nouveau Centre d'escalade du Khumbu (KCC) de Phortse. Le KCC, créé par la fondation caritative Alex Lowe, propose aux alpinistes népalais des formations en escalade, en sauvetage et sécurité en montagne, et en secourisme de pleine nature. Avec l'aide d'instructeurs locaux, comme Panuru Sherpa, les formations du KCC permirent à Pasang d'acquérir les compétences dont il aurait besoin dans les projets qui l'attendaient.

Lorsqu'il rencontra l'alpiniste coréenne Go Mi-sun au Lhotse, elle l'invita à se joindre à elle au K2. Au début, il hésita. Quatre de ses cousins comptaient travailler pour l'équipe coréenne : Tsering Bhote, Pasang Bhote, Ngawang Bhote et Jumik Bhote. Presque tous avaient une famille à nourrir, et Pasang comprenait bien ce qu'il en serait si les choses venaient à mal tourner. Mais en fin de compte, il lui était impossible de refuser. C'était trop bien payé.

◆

Des heures s'écoulèrent. La pente où évoluait Pasang s'était radoucie et les cordes fixes n'étaient plus nécessaires. Il salua Alberto qui courait dans la descente après avoir atteint le sommet. Lorsque Pasang se trouva sur la cime du K2, il débrancha l'oxygène et resta un moment debout, seul. Il était 17 h 30. Le soleil, bien qu'il fût absolument convaincu de l'avoir vu se lever peu de temps auparavant, descendait sur l'horizon. Pivotant lentement sur lui-même, il contempla le panorama qui s'étendait à ses pieds et vit l'ombre du K2 envahir les vallées du Karakoram. Pemba, puis Chhiring, arrivèrent peu de temps après. Des quatre premiers alpinistes à avoir atteint le sommet, trois n'avaient pas utilisé d'oxygène.

Jumik et son client Jae-soo ne tardèrent pas à les rejoindre. Ils se partagèrent une cigarette. Mehrban arriva ensuite avec Hugues, son client. Tous deux souffraient d'hypoxie.

À l'entrée du Bottleneck avait lieu une bataille perdue d'avance. Les Serbes, qui avaient pourtant bien constaté que Dren était mort, avaient décidé de récupérer son corps. Jehan, qui transportait un chargement d'oxygène supplémentaire pour Hugues, était déjà sorti du Bottleneck.

Malgré tout, il redescendit en rappel jusqu'aux Serbes et les aida à traîner le corps de Dren au camp 4. Tous se rendirent à l'évidence : Jehan n'était pas d'aplomb, il trébuchait et paraissait confus. Il commençait probablement à ressentir les effets de l'altitude, mais n'en avait pas encore conscience. Et personne non plus d'ailleurs, jusqu'au moment où il partit en glissade. Il continua un temps d'agripper le corps sans vie de Dren, finit par lâcher prise, se retourna comme une crêpe, prit de la vitesse, sauta un précipice et disparut.

Ce fut le deuxième décès.

◆

En amont, les alpinistes qui avaient atteint le sommet entamaient la descente, mais il était horriblement tard. Shaheen avait préconisé de faire demi-tour à 14 heures, un horaire dépassé depuis bientôt six heures. Lorsque Jae-soo fut à court d'oxygène, il pointa le bras vers la bouteille de Pasang qui, comprenant son geste, s'exécuta.

La nuit tombait et les grimpeurs qui revenaient du sommet s'égaraient, souffrant de confusion mentale. Le terrain n'était pas raide, mais il était monotone. L'inquiétude avait gagné le groupe d'alpinistes, et Pasang tentait de les faire progresser ensemble dans la bonne direction à l'aide d'une sorte de main courante mobile. Il noua à son piolet une extrémité de la corde de secours qu'il avait portée jusqu'au sommet, et confia l'autre extrémité à Jumik qui était devant. Ce dernier déroulait la corde pour indiquer l'itinéraire. Un par un, les alpinistes s'en emparaient. Chhiring descendait en parallèle pour s'assurer qu'ils la tenaient bien et qu'ils ne s'arrêtaient pas. Quand tous avaient rejoint Jumik, Pasang s'empressait de les dépasser et, échangeant son rôle avec Jumik, descendait en déroulant la corde derrière lui. Ils progressaient ainsi lentement, mais ce système les mènerait aux cordes fixes en toute sécurité.

Dans la dernière longueur de main courante, Pasang abandonna le piolet qu'il avait planté dans la neige pour fixer la corde. Il savait qu'il n'en aurait plus besoin puisque dans le Bottleneck, il pourrait compter sur les nombreuses cordes en place et rejoindre en rappel les pentes plus douces qui le conduiraient au camp 4.

Ils entendirent soudain un craquement profond et terrifiant au-dessus d'eux et un bloc de glace se détacha du sérac chancelant. Il percuta Jumik, le renversa, lui arracha ses moufles et une chaussure, puis broya le crâne d'un des Coréens. Jumik était gravement blessé, et il se trouvait piégé avec les Coréens dans les filets de la corde tendue à se rompre.

Suivit un autre craquement. Beaucoup plus fort celui-là. Un second morceau de glace gigantesque se détacha. Il fonça droit sur Rolf Bae attaché aux cordes fixes, le faucha, et arracha les cordes ; puis tout fut enseveli sous des tonnes de glace. Cecilie, sa femme, qui se trouvait en amont, était pétrifiée.

Lars Nessa, un autre alpiniste témoin des événements, descendit auprès d'elle. Il sortit de son sac un brin de secours de cinquante mètres dont il se servit pour poser un court rappel jusqu'à la dernière partie du Bottleneck. De là ils désescaladèrent, puis rejoignirent le camp 4.

◆

Bien au-dessus, d'autres alpinistes qui avaient gravi le sommet poursuivaient leur descente sans avoir aucune idée de ce qui était arrivé. Comme Pasang n'avait plus son piolet, c'est avec un grand soulagement qu'il trouva le début des cordes fixes et commença à descendre en rappel. Heureusement, il remarqua à temps que le bout de corde était tout éfaufilé. Que diable s'était-il passé ?

Déboussolé, il regarda autour de lui et aperçut une autre corde fixée à une broche à glace. Les lieux ne ressemblaient en rien au souvenir qu'il en avait lorsqu'il y était passé à la montée, mais il fit ce qu'il avait à faire, c'est-à-dire installer son descendeur et s'engager franchement dans le goulet du Bottleneck. Au bout de cinquante mètres, plus rien.

Pasang ratissait la pente avec sa lampe frontale, complètement décontenancé. Debout sur une petite plate-forme au milieu de cette pente frôlant la verticale, aucun doute n'était possible, il était bien dans le Bottleneck. Mais où étaient donc les cordes fixes ? Il tenta prudemment de poser le pied sous l'à-plat où il se trouvait, mais se ravisa immédiatement. C'était de la glace vive, aussi dure que du verre. Sans piolet, impossible de continuer.

Une lumière fendit l'obscurité en amont : Pemba descendait en rappel sur le brin de corde de cinquante mètres. Chhiring arriva ensuite. Tassés sur leur petite vire, ils tentaient de comprendre ce qui leur arrivait. Souffraient-ils tous d'hypoxie ? N'avaient-ils pas installé des cordes fixes ici même quelques heures auparavant ?

Pemba décida d'y aller le premier. « Je vais essayer de trouver les cordes », dit-il. Il commença à désescalader le raide mur de glace, doucement mais sûrement, et disparut du champ de vision de Chhiring. Ce dernier lui cria quelque chose qu'il n'entendit pas. Il avançait sur le chemin du camp 4, vers son salut.

Ils n'étaient plus que deux debout sur la petite plate-forme de glace, et un seul possédait encore son piolet. Pasang saisit la gravité de la situation et autorisa Chhiring à partir. « Toi aussi, vas-y. »

Chhiring décrivit par la suite le visage de Pasang : une expression impassible et résignée, les yeux écarquillés, le regard dans le vide. Chhiring mit un moment à lui répondre. « Si nous devons mourir, dit-il, nous mourrons ensemble[94]. » Il clippa sa longe au baudrier de Pasang et enfonça de toutes ses forces son piolet dans la glace. Puis il enjamba la plate-forme.

Il faut bien prendre la mesure de cette décision. De fait, ils désescaladaient la raide pente de glace du Bottleneck en solo et dans l'obscurité, aucune corde fixe n'était là pour les rattraper en cas de chute. Sauf qu'à chaque pas, à chaque coup de crampon, à chaque ancrage du piolet de Chhiring, le risque qu'ils encouraient était deux fois plus grand qu'en solo classique, car ils étaient tenus l'un à l'autre.

Ils descendaient méthodiquement. Cela fonctionnait un temps, puis c'était la chute libre. Ils glissaient, enrayaient la chute puis reprenaient leur routine. Ils progressaient

94 Wilkinson.

mètre après mètre, enchaînant coup de crampon et ancrage du piolet. Lorsque le bruit sourd d'une avalanche de plaque leur parvint en amont, ils se recroquevillèrent pour se protéger du choc imminent. Par chance, seuls quelques débris rebondirent sur le casque de Chhiring. Ils se remirent debout et poursuivirent leur route. À minuit, ils atteignirent le camp 4 : un nouveau témoignage de l'esprit de cordée.

◆

Aux premières heures du jour suivant, Pasang Bhote et Tsering Bhote, arrivés du camp 3 la veille, se préparaient à remonter le Bottleneck.

« Qu'est-ce que vous faites ? demanda Pemba lorsqu'il les vit se préparer.

— On part pour le Bottleneck, répondit Pasang.

— Le Bottleneck ? Ça va pas ! C'est trop dangereux.

— Seuls deux Coréens sont redescendus hier après votre arrivée. Deux Coréens et un Néerlandais. Jumik et trois membres de notre équipe manquent à l'appel, et M. Kim [Kim Jae-soo] nous a demandé de monter les aider.

— Ne passez pas sous le sérac », insista Pemba.

Pasang et Tsering restèrent silencieux. « C'est trop dangereux », répéta Pemba une dernière fois.

« Faut au moins qu'on essaye. On a une mission… On reste en contact radio[95]. »

95 Adapté de Wilkinson.

La situation était critique. Il manquait encore de nombreux grimpeurs de différents pays : Pays-Bas, Corée, Italie, Irlande, France, Pakistan et Népal.

Pasang et Tsering tombèrent sur un alpiniste étendu dans les pentes au pied du Bottleneck. Il semblait encore en vie, mais il n'était pas coréen, leur mission n'était donc pas terminée. Par radio, ils demandèrent à Pemba de monter chercher l'homme qui avait perdu connaissance. D'après la description des vêtements, il s'agissait, selon Pemba, de l'Italien Marco Confortola. Lorsque Pemba arriva sur les lieux accompagné de l'alpiniste néerlandais Cas van de Gevel, ils lui enfilèrent un masque pour lui apporter un maximum d'oxygène.

Marco bougea légèrement puis, pris de panique, tenta de l'arracher, hurlant qu'il avait prévu de faire une ascension sans oxygène. Pemba secoua la tête et lui plaqua le masque sur le visage jusqu'à ce qu'il se calme, avant de l'aider à regagner le camp 4.

Ils n'étaient pas arrivés qu'une avalanche se déclencha bien au-dessus d'eux, catapultant deux corps dans sa course, ceux de Pasang et de Jumik.

Pasang était monté plus rapidement que Tsering et se trouvait trois cents mètres au-dessus de lui lorsqu'il tomba sur Jumik et les Coréens, emmêlés dans les cordes fixes, à moitié conscients. Il parvint à faire revenir à eux son cousin et deux Coréens, puis s'employa à les faire descendre, lorsqu'un nouveau morceau de sérac se détacha. Il racla le Bottleneck, balayant ceux qui s'y trouvaient : les Coréens, Jumik et Pasang. Tsering vit l'avalanche fondre sur lui. Il se jeta sur le côté pour se protéger sous une protubérance rocheuse et se mit à prier. Quand l'avalanche heurta son abri, elle se divisa en deux branches, catapultant ses cousins tout en bas.

◆

Onze morts étaient à déplorer à présent. Kim Hyo-gyeong, Park Kyeong-hyo, Hwang Dong-jin, Jumik Bhote, Pasang Bhote, Jehan Baig, Mehrban Karim, Hugues d'Aubarède, Gerard McDonnell, Dren Mandič, et Rolf Bae.

Au moment où le souffle de ces vies s'éteignait sur le K2, Dawa Sangmu, la femme de Jumik, donnait naissance à un fils qu'elle baptisa Jen Jen.

◆

Bien arrimé à sa mule, Shaheen Baig récupérait lentement sur le chemin qui le ramenait à Shimshal, après l'avoir échappé belle au K2. Les pas de l'animal rythmaient leur descente, quand soudain les pales d'un hélicoptère se firent entendre ; Shaheen savait que c'était mauvais signe et il se mit à gamberger. Un étranger fortuné s'était-il gelé un doigt ? Lorsqu'il vit passer une deuxième rotation au-dessus de lui, puis une troisième, son cœur se serra. Il était arrivé quelque chose d'effroyable.

À Askole, Shaheen chercha à en savoir plus. C'était pire que tout ce qu'il avait pu imaginer. Deux des victimes étaient de Shimshal.

« Ce fut comme un coup de couteau asséné en plein ventre[96] », raconta-t-il plus tard. Il avait formé Mehrban Karim et Jehan Baig, ses protégés, ses amis. Il avait l'impression de les avoir abandonnés. « Karim et Jehan, je les aimais comme des frères. C'était à cause de moi qu'ils étaient sur le K2, c'était à moi d'aller voir leurs familles. »

Impatient de rentrer à Shimshal annoncer la nouvelle, il fit du stop jusqu'à Skardu où il trouva un camion pour la région de Hunza. Il s'y pressa, priant pour que l'unique téléphone satellite existant à Shimshal fût en panne. Malheureusement il arriva trop tard. Lorsqu'il débarqua, tout le village était déjà en deuil.

Les survivants du K2 arrivaient à Islamabad un par un et le ministre pakistanais du Tourisme organisa un comité d'accueil, auquel Nazir Sabir était présent, son entreprise ayant été en charge de la logistique des Néerlandais. Tout le monde était à cran. Wilco van Roojan s'approcha de Nazir et brandit les bandages de ses mains gelées sous son nez : « Tes porteurs d'altitude n'étaient pas assez formés[97]. » Wilco avait le sentiment que les Pakistanais avaient failli à leur devoir, accusant même Shaheen de simuler ses problèmes de santé. Avec le recul, il se ravisa, mais sur le coup, il tint des propos extrêmement durs. « Les porteurs d'altitude pakistanais n'ont rien à faire au K2. Ce sont des incapables et des tire-au-flanc », déclara-t-il.

Pour Nazir c'en était assez. « C'est vrai que certains de nos porteurs d'altitude n'ont pas autant d'expérience que les Sherpas, mais ils sont tout aussi honorables, dit-il. Ils ne sont pas là pour tout faire, ni pour être les boucs émissaires en cas de problème. »

96 Zuckerman et Padoan.
97 Zuckerman et Padoan.

Les pilotes des hélicoptères militaires accusaient les Européens d'attendre les secours au camp de base, et de les accepter, alors même qu'ils n'avaient pas acquitté l'assurance, pourtant obligatoire. La dispute envenimée fit place à une véritable bataille de chiffonniers et on en vint aux mains. Nazir quitta l'arène, écœuré.

Shaheen n'était pas là, mais on lui rapporta les propos qui s'étaient échangés et aujourd'hui encore, il n'a toujours pas digéré le mépris avec lequel les alpinistes pakistanais avaient été traités.

Après tout ce qui s'est passé, il est facile d'oublier les actions héroïques qui eurent lieu au K2 en 2008. Incontestablement, Chhiring Dorje sauva la vie de Pasang Lama. Pemba Gyalje et Cas van de Gevel, celle de Marco Confortola. Pasang Bhote et Tsering Bhote savaient qu'ils risquaient leur vie lorsqu'ils s'engagèrent dans le Bottleneck pour aller récupérer le reste de leur équipe. Gerard McDonnell refusa d'abandonner les Coréens et Jumik Bhote pris dans les cordes. Mehrban Karim et Jehan Baig firent tout ce qu'ils pouvaient pour leur employeur étranger. Nadir Al Shah sauva la vie de Shaheen Baig. Sans parler des actes héroïques dont les récits ne sont pas parvenus jusqu'à nous.

◆

Les survivants ont longtemps souffert des répercussions du drame.

Lahmu, la veuve de Pasang Bhote, rencontra Kim Jae-soo dans le hall de l'hôtel Annapurna. Il lui demanda de signer des formulaires pour l'assurance, lui donna une enveloppe contenant les émoluments de Pasang ainsi que 5 000 dollars récoltés lors d'une quête auprès des membres de l'équipe coréenne. Il était pressé, lui dit-il, car il partait pour le Manaslu.

Pasang Lama fut mis au ban par la famille Bhote, qui lui reprochait de ne pas avoir protégé ses cousins. Rongé par le remords, il sombra dans l'alcool pour noyer son chagrin, et lorsqu'il émergea des mois plus tard, ce fut pour partir au Manaslu. Grimper, c'était toute sa vie.

Shaheen était tellement désespéré qu'il abandonna l'alpinisme. Il travailla plusieurs années dans la prospection pétrolière dans la province de la Frontière-du-Nord-Ouest occupée par les talibans, avant de revenir à son premier métier, non sans une certaine désillusion.

Chhiring poursuivit sa carrière et se donna pour but de gravir les quatorze 8000. Il s'établit aux États-Unis avec l'aide d'un client américain, où il éleva ses deux filles dans l'aisance.

La revue *National Geographic Adventure* mit en avant Pemba « le sauveur », selon ses termes, dont elle afficha le portrait à la une. Aucune mention ne fut faite des autres alpinistes népalais et pakistanais. *The Summit*, livre que Pemba écrivit avec l'alpiniste irlandais Pat Falvey, est l'histoire de son ascension. Il inspira un film documentaire éponyme qui raconte cette terrible saison au K2. Pemba ne gravit plus aucun 8000 après le K2 ; il travailla comme guide sur des sommets moins élevés, et comme encadrant auprès de l'Association nationale népalaise des guides de montagne, une organisation consacrée à la formation des alpinistes sherpas.

Le temps aidant, Pemba pense qu'il a compris pourquoi il a été encensé comme un héros : « Les médias grand public se sont focalisés sur les sauvetages survenus les 2 et 3 août, car il y avait des victimes européennes[98]. » Ils ont aussi eu tendance à insister sur les secours à *l'issue heureuse*. Bien que cette différence de traitement ne diminue en rien la valeur de l'ensemble des actes d'héroïsme qui eurent lieu, réussis ou avortés, le déséquilibre demeure.

Loin des projecteurs, Nazir se rendit à Shimshal. En tant que président du Club alpin du Pakistan, il souhaitait honorer les familles des victimes du K2. Il rendit visite à Shadi, le père de Mehrban. « Je suis brisé, lui avoua Shadi en pleurant. Je veux cacher mon chagrin à mes petits-enfants. Mais je vois bien qu'ils ne sont pas dupes, ils le sentent[99]. » Les fils de Jehan souffraient aussi. Asam était devenu renfermé et Zehan invectivait contre les étrangers, les accusant d'avoir « tué nos pères ». Nazir essayait de se dominer pour soulager les Shimshalis affligés par la tristesse. Il leur parla. Il les accompagna dans leurs prières. En dernier ressort, il ne lui restait plus qu'une chose à faire : pleurer avec eux. Le village de Shimshal ne s'est jamais relevé des drames qui survinrent les 1er et 2 août 2008. L'histoire de la saison 2008 au K2, comme toute autre histoire d'ailleurs, n'est pas immuable. Il existe autant de vérités que de personnes impliquées dans cette tragédie. En général, c'est la partie dominante, celle du « vainqueur », qui écrit l'histoire officielle d'un événement comme celui-ci. Et tandis que certains ont été encensés et récompensés pour leurs actes, les récits des autres alpinistes ont progressivement sombré dans l'oubli. C'est en lisant entre les lignes, à l'écoute de ces voix plus discrètes, que nous est parvenue la complexité de ces événements et de leurs causes.

98 Zuckerman et Padoan.
99 Zuckerman et Padoan.

CHAPITRE 10

Moments d'allégresse et de désolation

À en croire ma famille, je suis trop vieux pour gravir des sommets. Mais aussi vieux que soit le lion, il ne perdra jamais son équilibre.

Haji Rosi

Dix-huit juillet 2021. Le Broad Peak croule sous une foule d'alpinistes : Russes, Coréens, Pakistanais, Belges, Canadiens et bien d'autres encore. Après avoir gravi le sommet avec Kim Hong-bin, le chef de l'expédition coréenne, Muhammad Hussain, surnommé « Little Hussain », s'en retournait avec cinq autres *climbers* pakistanais. Minuit approchait, un horaire fatidique pour qui se trouve encore à une altitude si élevée.

La descente se déroulait sans accroc quand le cri d'une femme appelant à l'aide parvint aux oreilles de Little Hussain. L'alpiniste russe Anastasia Runova était coincée trente mètres en aval de la crête sommitale côté chinois suite à une chute.

« Je suis descendu… et j'ai constaté que le terrain était scabreux, expliqua Little Hussain. J'ai installé une corde pour m'approcher de la femme et lui parler. Elle était tétanisée et attendait qu'on la sorte de là. » Avec d'autres de ses compatriotes, il l'aida à regagner la crête, et, à 20 heures, Anastasia était sur la voie normale de descente, encadrée par trois autres alpinistes étrangers. Le compte rendu de l'incident publié sur Explorersweb ne fait pas justice à l'intervention de Little Hussain : « Il a été rapporté qu'Anastasia est remontée avec l'aide d'un porteur, puis ils ont entamé la descente[100]. »

Ainsi démarra une crise qui sévit au sommet Broad Peak. « Ensuite, Kim se fourvoya, empruntant les rappels de l'alpiniste précédente, et il se retrouva coincé comme elle, expliqua Little Hussain. Je me pris la tête entre les mains, dépité. »

Il tenta de tracter Kim Hong-bin jusqu'à l'arête, mais ce dernier était trop lourd et Little Hussain était exsangue. À minuit, il prévint Hong-bin qu'il ne pouvait pas le sortir de là tout seul. Il demanda de l'aide au camp 3, situé à 7 000 mètres ; deux Russes, Anton Pugovkin et Vitaly Lazo, répondirent à son appel radio.

Ils s'habillèrent, regroupèrent du matériel de premier secours, puis repartirent vers le haut. Anton croisa Anastasia qui descendait ; il lui injecta une dose de dexaméthasone, un anti-inflammatoire, puis l'aida à regagner le camp 3. Vitaly poursuivit son chemin jusqu'à Little

100 Angela Benavides, « Broad Peak: New Reports on the Rescue and Kim's Fatal Fall », Explorersweb.com, 21 juillet 2021.

Hussain. Une situation chaotique l'attendait. « Après avoir sauvé la fille, [Little Hussain] pleurait son impuissance à sauver Kim. Il n'avait plus de forces. Hussain appelait à l'aide, mais les prétendus héros des cimes étaient trop fatigués et passaient leur chemin[101]. » Ils voyaient pourtant bien que Hong-bin était bloqué, seul, depuis une bonne partie de la nuit, et qu'il attendait d'être secouru.

« Kim, vous m'entendez ? » cria Vitaly en se penchant vers lui. Une voix faiblarde remonta jusqu'à lui. Vitaly installa sans attendre un mouflage.

Little Hussain était à la fois impressionné et soulagé : « Il était formidable. Et le système de cordes qu'il avait mis en place était si complexe… Il descendit jusqu'à Hong-bin, lui donna à boire, l'attacha aux cordes et lui expliqua la manip. […] On allait le tracter sur un bon mètre cinquante, puis il redescendrait un peu, et le Russe retournerait jusqu'à lui pour l'aider. »

Le jumar de Hong-bin se coinça et, on ne sait comment, se libéra de la corde de secours. Au grand désarroi de Little Hussain et de Vitaly, l'alpiniste coréen disparut côté chinois du Broad Peak.

Une solide amitié liait Little Hussain à Kim Hong-bin. Ce dernier avait souffert de gelures et grimpait sans doigts depuis 1991. Ils étaient ensemble au Gasherbrum I, et Little Hussain avait souhaité l'accompagner au Broad Peak, le dernier 8000 qu'il restait à gravir au Coréen. « C'est l'ironie du destin, déclara Little Hussain. Ce fut un

101 Kan Hyeong-woo, « Russian Mountaineer Accuses Climbers of Passing by Missing Korean Mountaineer », Koreaherald.com, 25 juillet 2021.

jour d'allégresse et de désolation. J'étais heureux d'avoir sauvé la Russe, mais n'ai pas pu en faire autant pour Kim. J'étais effondré. Le sauvetage de cette femme avait été très risqué et très dangereux, et j'aurais pu y laisser ma peau, mais c'était mon devoir. [...] J'en serai récompensé dans ma prochaine vie. Dans l'Islam, sauver une vie est rempli de sens. »

Anastasia Runova n'était ni la première, ni la dernière alpiniste à devoir la vie à Little Hussain. À ce jour, il a sauvé six vies et rapatrié sept corps abandonnés en haute altitude. Little Hussain devrait être chanté en héros au Pakistan et à l'étranger, mais comme il le reconnaît lui-même : « Je n'ai aucune éducation et je ne sais pas me mettre en avant. Je ne peux pas assurer mon avenir. Mes enfants font des études, mais ils ont du mal à être pris dans de bons établissements, et cela m'attriste. » Son histoire se répète à l'infini dans les villages baltis des hautes vallées du Pakistan, mais ailleurs, peu les ont entendues. Les secours et la récupération des corps sont parmi les tâches incontournables affectées à ces travailleurs d'altitude. Ils endossent cette responsabilité afin de payer les études de leurs enfants, dont la réussite dépend de leur longévité. « Si Dieu le veut, j'ai encore une dizaine d'années de travail en altitude devant moi », confie Little Hussain.

Grâce à l'explosion du tourisme alpin dans le Karakoram, il n'aura aucune difficulté à trouver du travail. Le métier de guide sur les 8000 est devenu rentable commercialement, et la région accueille de nombreux clients du monde entier, dont la majorité requiert un soutien en haute altitude. De nombreuses agences de guides viennent du Népal, mais aujourd'hui, le gros de la main-d'œuvre d'altitude est originaire des villages de montagne du nord du Pakistan. Ce sont des hommes comme Little Hussain.

◆

Little Hussain est originaire du village de Machulu, dans la vallée de Hushe. L'endroit est idyllique. Les champs en terrasse sont bordés de grands peupliers majestueux, et les habitations s'égrènent sur les flancs des collines jusqu'aux pâturages d'été. De grises aiguilles rocheuses saupoudrées de neige veillent sur les alpages, tels des minarets ou des cathédrales.

Svelte et toujours bien mis, Little Hussain commença à travailler en montagne en 1998 comme aide cuisinier. Puis il monta les échelons et fit du portage pour une expédition féminine coréenne au Gasherbrum II. Lorsqu'un porteur d'altitude tomba malade, Little Hussain fit son chemin jusqu'au sommet. « Comme j'étais le seul de ma famille à avoir un travail, il fallait que je gravisse le GII. J'y ai hissé le drapeau de mon pays, puis je me suis prosterné en rendant grâce à Dieu et en Le priant de me donner ma chance. »

Dieu l'exauça. Mais l'ambition de Little Hussain ne se limite pas à l'alpinisme. « Mon rêve est de créer une vraie école, dit-il. Avec Muhammad Ali Machulu et Ali Raza Sadpara, nous sommes les alpinistes les plus expérimentés [du Pakistan]. Nous pouvons transmettre ce que nous savons à la prochaine génération. »

Malheureusement, le rêve de Little Hussain en restera probablement là, puisqu'il n'a reçu officiellement qu'un soutien on ne peut plus tempéré du gouvernement. Le budget fédéral du Pakistan parle de lui-même : huit pour cent sont alloués à l'éducation, un pour cent à la santé et un gros quart à l'armée. Au plus haut niveau de l'État, on se soucie peu des alpinistes pakistanais et partant, la priorité n'est pas à leur fournir des infrastructures d'entraînement dignes de ce nom, des assurances-vie adaptées ou une pension de retraite lorsqu'ils deviennent trop vieux pour grimper. Muhammad Ali Machulu, *high altitude climber* comme lui, et chef de projets scolaires, fait remarquer qu'une grande partie des revenus qui proviennent de l'activité alpine dans les montagnes pakistanaises va dans les poches des Népalais et des entreprises de matériel. Muhammad Ali est bien placé pour le savoir. Cela fait trente ans qu'il travaille dans le secteur.

« J'ai commencé à travailler dans ce domaine car à la maison, nous n'arrivions pas à joindre les deux bouts. J'étais l'aîné. Je me suis demandé ce que je pouvais faire. Je ne suis pas allé à l'école, mais mon père me nourrissait bien et j'étais en bonne santé. » Misant sur sa santé de fer, il se forma sur le tas en travaillant au Gasherbrum II, qui culmine à 8 034 mètres et dont l'anguleuse pyramide sommitale, véritable perfection géométrique, est défendue par de hauts murs de glace, des champs de séracs croulants et des labyrinthes de crevasses béantes. Une longue dorsale rocheuse mène au sommet. Muhammad Ali en réussit l'ascension dès son premier essai et l'a répétée quatre fois depuis. À l'instar de Little Hussain, il est à peine connu en dehors de la petite communauté des alpinistes pakistanais. « Je suis illettré », dit-il pour expliquer avec simplicité et pertinence ce qui étouffe le succès de tant d'alpinistes indigènes pourtant doués.

Comme nombre de ses congénères, Muhammad Ali installe les cordes fixes et achemine des chargements pour les étrangers qui « collectionnent » les 8000. Il aimerait en faire autant. La couronne de l'Himalaya flotte dans l'air de l'oxygène rare tel le sésame de l'autonomie financière. En effet, gravir les quatorze 8000 attire les sponsors. Mais il est peu probable qu'il y parvienne, car comme il n'a pas fait d'études, Ali ne peut se valoriser auprès d'eux. Et sans eux, il ne pourra jamais atteindre son but.

Les obstacles liés à l'illettrisme ne sont pas les seules difficultés auxquelles se heurtent les alpinistes pakistanais. Bien des villages reculés manquent d'eau potable et de nourriture. Dans ces communautés, la moitié des enfants ne va pas à l'école et le taux d'alphabétisation est inférieur à soixante pour cent. Pour suivre une scolarité complète, les enfants doivent quitter leur village. Aller au pensionnat coûte beaucoup d'argent, argent que les parents n'obtiennent souvent qu'au prix de risques énormes. « Les gens de mon âge, on est cuits, fait remarquer Muhammad Ali sans complaisance. La vie de nos alpinistes est courte car ils risquent leurs vies au travail », et en effet, le taux de mortalité de sa génération est criant.

Il continue pourtant à grimper, jonglant entre pression financière, risques, bénéfices et charges domestiques. « Nos familles ne connaissent pas toute la vérité », avoue-t-il.

◆

En remontant la vallée au-delà de Machulu, on arrive au village de Hushe, lieu de naissance de Little Karim, une légende de l'alpinisme. Plus haut, ce ne sont que rochers, glace et neige. L'espérance de vie de ses sept cent quatre-vingts habitants n'est que de cinquante-trois ans. La plupart vivent dans des maisons de torchis jalonnant la rue principale ou sises dans un dédale de ruelles entre les eaux tumultueuses de la rivière Hushe et les pentes arides de ses berges escarpées. Les villageois tirent leur subsistance de la culture du blé et de leurs potagers, de leur bétail, mais surtout de leurs montagnes. Porte d'entrée des montagnes les plus grandioses du Karakoram, comme le Laila Peak, le K6, le K7, le Murtaza Peak, et le Masherbrum, le plus élevé d'entre tous avec ses 7 821 mètres, Hushe compte plus d'alpinistes par habitant que tout autre village du Pakistan.

Les grimpeurs de Hushe dont les CV feraient pâlir les héros les plus connus à l'Ouest se comptent par dizaines ; ce sont des hommes comme Hassan Jan qui travaille en montagne depuis l'âge de dix-sept ans, et comme *high altitude climber* depuis sa vingt-huitième année. Il a gravi une multitude de sommets, a participé à de nombreux secours en altitude, et a grimpé avec beaucoup d'alpinistes connus mondialement. Aujourd'hui, à près de cinquante ans, il regarde son avenir avec pragmatisme. « J'ai réalisé mon projet de gravir les cinq 8000 du Pakistan. Mon rêve, c'était de gravir les quatorze 8000, mais mon temps est révolu », avoue-t-il. À la place, il continue de travailler en altitude et organise un programme de formation rudimentaire à Hushe.

À ses côtés se trouve Taqi Hushe. Né en 1976, Taqi a fait fi des conseils de son père qui voulait l'envoyer à l'école et a commencé à travailler comme porteur, une décision qu'il regrette aujourd'hui. Il a gravi les échelons, passant de commis de cuisine à porteur, puis *high altitude climber*; après avoir collectionné les sommets pendant une douzaine d'années, il s'est interrogé sur son avenir. « Je me suis dit: "Jusqu'à quel âge vais-je encore pouvoir travailler comme porteur d'altitude?". » Il prit conseil auprès de son voisin, Little Karim. Contrairement à la plupart des habitants de Hushe, Little Karim avait beaucoup voyagé et il envisageait les choses avec un certain recul. Il lui dit: « Allah nous a donné ces montagnes en cadeau. Elles sont notre or à nous. » Il lui suggéra de fonder une école d'alpinisme.

Plus facile à dire qu'à faire. Taqi misa ses économies personnelles dans le projet. Après un parcours du combattant bureaucratique et la résolution d'un casse-tête organisationnel, Taqi créa la Hushe Welfare Mountaineering and Climbing School[102]. « Au début, nous étions une poignée. Nous transmettions aux apprentis alpinistes ce que nous avions appris sur le tas en montagne », a-t-il expliqué. Il acheta d'occasion des cordes, des tentes, des sacs de couchage et de l'équipement d'escalade, et mena un groupe de jeunes alpinistes au Broad Peak en 2013.

102 École d'escalade et d'alpinisme communautaire de Hushe. (NDT).

Il y rencontra le célèbre himalayiste italien Simone Moro, qui l'encouragea dans ses projets et lui proposa de sponsoriser l'école ainsi qu'une expédition au K2. C'est ainsi qu'en 2021, Taqi mena une expédition pakistanaise indépendante au sommet du K2.

L'objectif de Taqi est de former de jeunes grimpeurs afin de revaloriser le profil des alpinistes pakistanais. Son illettrisme reste encore un obstacle. « Je ne trouve pas les mots pour exprimer ma vision des choses quand je suis face à d'importantes personnalités. » Il rêve de pouvoir remplacer le matériel d'occasion que lui ont laissé les expéditions étrangères par de l'équipement dernier cri. « Grimper, c'est facile, dit-il sans amertume. Ce qui est difficile, c'est de trouver des ressources. »

Ali Durrani fut un des alpinistes de Hushe qui bénéficia des enseignements du centre de formation de Taqi ; il était à la tête des équipes cent pour cent pakistanaises au Broad Peak et au K2. Ali n'a pas recours à l'oxygène ; il a même fumé une cigarette au sommet du K2 en 2021. Il ne maîtrise pourtant pas toutes les techniques de progression « en glace bleue », comme il l'appelle. Ali a de l'ambition, mais il est aussi pragmatique ; c'est pourquoi il grimpe le plus souvent en soutien d'expéditions étrangères. « Notre peuple est pauvre. Quatre-vingt-dix pour cent des gens sont indigents, et à cause de la COVID, nous n'avons rien touché en 2020 », expliqua-t-il dans un entretien en 2021.

Mais la pandémie n'est pas la seule raison du manque de revenus des alpinistes pakistanais. Les attaques terroristes du 11 septembre 2001 ont refroidi l'atmosphère partout dans le monde, et particulièrement dans les régions tribales pachtounes le long de la frontière entre le Pakistan et l'Afghanistan. Cette aire géographique a des liens étroits avec les soldats talibans, qui se sont regroupés hors d'Afghanistan pour organiser leur lutte. Aussi, le nombre d'alpinistes et de trekkeurs qui se rendent au Karakoram a fortement chuté après le Onze Septembre.

En 2013, les répercussions du massacre de onze alpinistes dans la vallée du Diamir sur le versant ouest du Nanga Parbat ont été tout aussi catastrophiques. Les terroristes n'ont jamais été poursuivis, le tourisme s'est effondré au Pakistan et, un temps, les expéditions alpines se comptèrent sur les doigts de la main. La police de la province de Gilgit-Baltistan créa ensuite une unité spéciale pour accompagner et protéger les expéditions étrangères, mais l'impact économique sur les communautés pacifiques et hospitalières, à mille lieues des tensions terroristes, fut terrible.

Le conflit avec l'Inde offre des perspectives d'emplois stables. De nombreux jeunes gens ayant grandi dans les villages de montagne haut perchés du Pakistan travaillent aujourd'hui pour l'armée, près du glacier du Siachen. Pendant les six mois que dure leur séjour, ils sont sur le qui-vive, prêt à se défendre. Hébergés dans des igloos en plastique rudimentaires à 5 400 mètres d'altitude, ils gardent la frontière avec l'Inde, objet d'un bras de fer qui dure depuis des dizaines d'années ; durant cette faction, ils acquièrent de nombreuses techniques alpines.

Yousuf Ali est un montagnard de Hushe qui vient de passer le cap de la cinquantaine ; il a vécu ses jeunes années à se battre sur la ligne de démarcation contestée par l'Inde et le Pakistan. Cette expérience, qui l'a marqué à jamais, l'a bien armé pour le travail en haute altitude, dont il a fait sa profession depuis. Il a gravi plusieurs géants du Pakistan et a transporté des chargements sur le Gasherbrum II pour tant d'expéditions qu'il a du mal à les énumérer de manière exhaustive. « La guerre de Kargil, c'était bien plus dur que le K2 », confia-t-il dans des propos qui sont probablement bien en dessous de la réalité. Lors d'un voyage au nord du Pakistan en 1999, l'alpiniste américain Steve Swenson se souvient avoir été témoin des stigmates de cette guerre. « J'ai vu des bus pleins de soldats pakistanais aux pansements ensanglantés qui arrivaient tout droit du champ de bataille, écrivit-il. C'était la première fois que je voyais les horreurs de la guerre si crûment. Je fus déstabilisé par le spectacle de ces jeunes gens blessés, dont beaucoup avaient des physiques d'adolescents[103]. »

Yousuf reste pourtant patriote. « Je veux servir mon pays aussi longtemps que je le pourrai. Je n'ai pas peur de mourir, si c'est pour une cause. Je veux faire de grandes choses dans ma vie », a-t-il déclaré. Et nombreux s'accorderaient à dire que c'est déjà le cas.

La cinquantaine bien tassée, Haji Rosi, comme Yousuf, n'a pas abandonné l'alpinisme. C'est non seulement une *passion*, mais aussi une *nécessité*, puisqu'il est le père de sept enfants. Il travaille pour des expéditions depuis 1988, et se décrit comme un « vieux porteur d'altitude », et il s'en

103 Steve Swenson, *Karakoram*.

explique ainsi : « À en croire ma famille, je suis trop vieux pour gravir des sommets. Mais aussi vieux que soit le lion, il ne perdra jamais son équilibre. »

◆

De nombreux alpinistes pakistanais sont optimistes et ont confiance dans l'avenir ; leur travail gagne en respectabilité, les salaires augmentent et ils sont mieux protégés contre les risques du métier. Fazal Ali, originaire de Shimshal, ne partage pas cette vision édulcorée. La raison en est peut-être que cette vallée a connu plus que son lot de tragédies depuis celle de Amir Mehdi au K2 en 1954.

Fazal est un alpiniste accompli ; son CV arbore trois ascensions du K2, dont une sans oxygène. Lui aussi est patriote. « Brandir le drapeau du Pakistan sur ces colosses, c'est très important pour moi », dit-il. Mais la fierté nationale n'est pas tout. Depuis des années, Fazal grimpe avec de nombreux étrangers célèbres, comme Gerlinde Kaltenbrunner, Edurne Pasaban et Ralf Dujmovits ; il est persuadé que si les finances suivaient, les Pakistanais pourraient les égaler.

Il fait observer que si les meilleurs alpinistes pakistanais, tel Rajab Shah, sont parfois les récipiendaires de l'ordre présidentiel pour leurs ascensions, les récompenses qu'ils reçoivent sont souvent purement honorifiques. L'ordre présidentiel ne permet pas de faire bouillir la marmite. C'est pourquoi Fazal Ali se bat pour la création d'une caisse de prévoyance pour les *high altitude climbers*.

« Notre population est robuste et en bonne santé. En travaillant avec les étrangers, qui sont aussi très forts, j'ai pu constater qu'aucun ne surpasse nos alpinistes pakistanais », a-t-il confié. Et c'est sans compter qu'après une expédition, Fazal ne retourne pas vers son coach, sa salle d'escalade, ou son programme d'entraînement ; et qu'il n'a aucun partenariat avec aucun sponsor. Fazal rentre tout simplement à Shimshal. « Mon entraînement physique, c'est le travail aux champs », explique-t-il.

Shaheen Baig, un autre alpiniste de Shimshal, est sceptique quant à l'avenir. Lui qui a survécu à de nombreuses expéditions au pays de l'oxygène rare, et en particulier au drame de 2008 au K2, s'est engagé avec Qudrat Ali à former la nouvelle génération de jeunes Pakistanais, filles et garçons. L'école d'alpinisme de Shimshal qu'ils dirigent s'attache à enseigner les rudiments du métier aux futurs alpinistes afin qu'ils puissent gérer leur carrière, et à leur faire prendre conscience de l'adéquation nécessaire entre leurs compétences et leurs ambitions.

Les deux hommes ont grandi à Shimshal avant que la piste ne soit construite. Le lycée de Gilgit où Qudrat était scolarisé se trouvait à des jours de marche, soit presque deux cents kilomètres. Lorsqu'il rentrait chez lui, il en profitait pour se faire embaucher comme porteur entre Passu et Shimshal.

Shaheen et Qudrat tiennent à ce que le centre de formation mette en avant la sécurité et l'attitude mentale nécessaire pour exceller dans la profession. « Il faut savoir renoncer à temps[104] », expliqua Qudrat à l'écrivain

104 Kamran Ali, « Shaheen Baig--The Rescuer », Kamranonbike.com, 22 décembre 2020.

pakistanais Kamran Ali. L'argent reste le nerf de la guerre. Le bâtiment qui héberge le centre est sorti de terre grâce aux dons de Simone Moro et d'autres sponsors italiens, mais la formation est autofinancée directement par Shaheen et Qudrat.

La raison qui a poussé Simone à s'impliquer ainsi est le respect de l'égalité hommes femmes. « C'est cette ouverture d'esprit, le fait de ne pas traiter filles et garçons différemment », déclara-t-il. Huit jeunes filles de Shimshal, Dur Begum, Farzana Faisal, Shakila Numa, Takht Bika, Hafiza Bano, Mera Jabeen, Hamida Bibi et Gohar Nigar, bénéficièrent des formations et du soutien financier de l'école pour participer sous ses auspices à une première hivernale, celle du Manglik Sar, un pic de 6 050 mètres. Qudrat a également réussi l'ascension d'un 6000 avec sa fille, Sohana, et il a l'intention de l'emmener sur un 8000. En revanche, Shaheen n'encourage pas ses enfants à marcher dans ses pas. Leur régime alimentaire et leur confort de vie sont à des années-lumière de ce qu'il a connu, et cela les fragilise, surtout s'ils veulent en faire leur métier.

La majorité des alpinistes pakistanais sont parfaitement lucides sur l'évolution de la haute montagne dans leur pays. « Au début, on parlait d'alpinistes étrangers et de porteurs d'altitude pakistanais qui ouvraient de nouvelles voies ensemble, mais maintenant, les choses ont changé », explique l'alpiniste Abdul Joshi originaire de Shimshal, non sans une certaine amertume. « Depuis que la profession est devenue un commerce juteux, c'est un peu différent. [...] Les Pakistanais et les Népalais font le boulot, mais la gloire va à ceux qui s'achètent le sommet. De fait, ces étrangers n'ont rien d'alpinistes, car ils ne sont pas autonomes. »

◆

Encerclé de forêts de peupliers vertes et luxuriantes, de champs de céréales qui s'embrasent d'un jaune fauve avant la récolte, et de hauts sommets ocre, le minuscule village de Sadpara au Baltistan est une riche mosaïque de couleurs. Lorsque les feuillages s'enflamment dans la lumière oblique du soleil d'automne qui pointe depuis la blancheur éclatante des crêtes prises dans le givre, la vallée resplendit de mille teintes. Situé à 2 600 mètres, Sadpara est l'endroit idéal pour s'aguerrir à l'alpinisme, ce qui explique qu'actuellement au Pakistan, une vingtaine de travailleurs d'altitude en sont originaires.

Un des pionniers à s'être fait un nom est Hassan Asad Sadpara. Il fut le premier Pakistanais à gravir six 8000, dont un seul avec un apport d'oxygène et en dehors de son pays : l'Everest. Avant de quitter ce monde en 2016, condamné par un cancer, il avait réalisé son rêve, partagé par de nombreux alpinistes pakistanais : donner une éducation à ses enfants.

Son frère Sadiq apprit à évoluer en terrain vertical en portant du bois sur son dos sur les flancs instables des montagnes en amont du village. Il commença l'alpinisme en 1999 avec l'ascension réussie du Gasherbrum I dès le premier essai. Pendant vingt-deux ans, Sadiq travailla comme *high altitude climber* avec des équipes polonaises, françaises, italiennes et de bien d'autres pays encore. Il a gravi tous les 8000 pakistanais, dont le Gasherbrum II pas moins de six fois. Pourtant, les revenus qu'il tire de cette activité sont insuffisants, c'est pourquoi il tient aussi un magasin d'équipement de montagne d'occasion, cultive et vend des pommes de terre, et fait pâturer son bétail.

Il faut avoir présent à l'esprit que les alpinistes du Pays des Purs sont loin de rouler sur l'or. Leurs réalisations sont d'autant plus impressionnantes qu'ils manquent de formation et d'équipement de choix. Ils ne possèdent que du matériel d'occasion usé, des vestes aux chaussures en passant par les moufles et les crampons. « J'achète tout d'occasion, parce que c'est moins cher, confia Ali Musa Sadpara. Deux à trois cent mille roupies (1 000 dollars) pour une paire de chaussures. Les combinaisons en duvet sont aussi très chères. Un ensemble coûte 1 million et demi de roupies (7 500 dollars), autrement dit, trois ans de salaire. Si j'achète ce matériel, il ne me reste rien pour faire vivre ma famille. »

Muhammad Hassan n'avait pas non plus les moyens de se payer tout cela. Tandis qu'il gisait, agonisant dans les hauteurs du K2 en ce 27 juillet 2023, les dizaines d'alpinistes qui le contournèrent ou l'enjambèrent pendant trois bonnes heures en revenant ou en allant au sommet, remarquèrent qu'il était mal équipé. La priorité de Muhammad, ce n'était pas de posséder une combinaison d'altitude ou une paire de bons gants, c'était de gagner de l'argent pour payer les soins médicaux de sa mère. À la honte générale, personne ne manifesta le moindre signe de respect ou de compassion pour cet homme, personne ne l'aida à perdre de l'altitude, ce qui aurait pu le sauver. La première fois que Muhammad Hassan participa à l'équipement du Bottleneck fut aussi la dernière.

◆

Ali Raza Sadpara, le montagnard considéré par Little Hussain comme un des meilleurs du Pakistan, s'était hissé sur un 8000 un nombre impressionnant de fois, soit dix-sept, c'est-à-dire plus qu'aucun de ses compatriotes, décédé ou vivant. Son visage, souligné par une barbe prodigieuse et par les quelques mèches de son épaisse chevelure de jais qui dépassaient de son couvre-chef, était adouci par un large sourire.

Fils unique, Ali Raza fut poussé par son père à aller à l'école dans l'espoir qu'il se détournerait des montagnes. Le bâtiment fut détruit par un incendie quand il était en CP, interrompant brutalement sa scolarité. Ali Raza retrouva ses amis dans les collines. « Enfants, nous étions bergers, ce qui nous aiderait à nous acclimater plus tard, expliqua-t-il. Il y a des sommets de 4 000 à 6 000 mètres, que nous gravissions régulièrement à la journée en gardant nos troupeaux. » De fil en aiguille, il se retrouva à seize ans à travailler comme porteur de basse catégorie sur le glacier de Concordia. « En voyant le K2 et le Broad Peak, je me suis dit que j'étais capable de gravir ces colosses », confia-t-il. L'année suivante, il transporta des charges au Gasherbrum II, et deux années plus tard, la chance lui sourit.

« En 1986, je travaillais comme *high altitude porter* au K2. [...] Je ne savais même pas chausser des crampons ni utiliser le matériel. » Mais il continua ensuite à grimper avec des gens du monde entier. « Quand on travaille ensemble, les étrangers voient bien qu'on est aussi bons que les Népalais », dit-il.

Mais il y a un domaine de l'himalayisme dont l'expérience lui apprit à se méfier : les hivernales. « Je suis parti en expédition en hiver au Broad Peak avec Muhammad Ali Sadpara, l'alpiniste le plus connu du village. Nous avons tenté le sommet trois fois mais sans succès. Même sur les cordes fixes, on était emportés par le vent qui nous soulevait. Heureusement, elles n'ont pas cédé. On est restés là deux heures avant que le vent ne tombe et qu'on puisse rejoindre le camp 2. » La rudesse des conditions qu'il avait endurées au Broad Peak en hiver incita Ali Raza à décliner toute invitation future à pareil plaisir. Sinon, comme il le dit laconiquement, « la mort deviendrait inévitable ».

Ali Raza est optimiste quant à l'avenir de l'alpinisme et il a encouragé trois de ses fils à grimper en Himalaya. À cinquante ans, son seul regret est de ne pas avoir de sponsors. « Si j'en avais eu, j'aurais gravi les quatorze 8000. Rien que sur ceux du Pakistan, j'ai fait dix-sept ascensions », dit-il. Dans une conversation datant de 2021, il remarquait qu'il lui restait trois ou quatre années de grimpe, et il savait exactement à quoi elles seraient consacrées. « Si j'ai un sponsor, je pense réussir à gravir tous les sommets de mon pays en une seule saison. » Puis il ajouta que si lui n'y parvenait pas, il serait heureux de voir d'autres alpinistes de son village y arriver. « Faire place à la nouvelle génération est essentiel », déclara-t-il.

L'été qui suivit, tandis que Ali Raza s'entraînait pour une expédition au K2, il fut grièvement blessé au cours d'une chute. Il mourut à l'hôpital de Skardu quelques semaines après. La mort prématurée d'un des meilleurs grimpeurs du pays, dédié à la formation de la génération suivante, mit la communauté alpine pakistanaise en état de choc.

Sirbaz Khan, l'étoile montante pakistanaise, fut ébranlé par la nouvelle d'avoir perdu l'ami qu'il surnommait affectueusement *ustaadon ka ustaad*, le maître des maîtres.

◆

Lorsque l'on pense au nombre d'alpinistes de premier rang qui sont originaires de petits villages comme Sadpara, et à l'énorme expérience accumulée par Ali Raza et tant d'autres, il apparaît terriblement injuste que des Pakistanais soient obligés de quasiment tout apprendre sur le tas. Et pourtant, c'est bien le cas, puisque les programmes de formation ne bénéficient d'aucun soutien financier ou logistique.

Murtaza Sadpara a commencé à grimper en 2021. « Je n'avais absolument aucune formation, avoua-t-il. Tout ce que je voulais, c'était entrer dans l'arène. C'est pourquoi j'ai gravi le Gasherbrum II avec Ali Raza. Il m'a formé pendant l'ascension. L'année prochaine, je ferai le K2. J'essayerai d'apprendre quelques techniques d'ici là. Pour garder la forme et gagner ma vie, je casse des cailloux. »

Imtiaz Hussain Sadpara, le neveu de Muhammad Ali Sadpara, commença lui aussi à travailler comme cantonnier, un métier extrêmement dur et mal payé. La première fois qu'il fut embauché comme *high altitude climber*, il avait vingt-neuf ans, c'était en 2017 au Broad Peak. Il arriva au sommet avec son oncle. De retour au camp de base, des clients qui n'avaient pas encore tenté le sommet lui demandèrent de les accompagner. Ali Sadpara lui donna le conseil suivant : « Si tu penses que tu peux le faire, vas-y. » Imtiaz gravit donc deux fois le Broad Peak lors de sa première expédition.

À sa grande surprise, Imtiaz trouva l'ascension du K2 qu'il fit en 2018 plus facile que son travail au Broad Peak. « Je faisais partie de l'équipe, composée d'un Sherpa et de deux Pakistanais, qui installait les cordes fixes. Au Broad Peak, j'avais de nombreuses provisions à transporter. Mais au K2, en tant qu'équipeurs, nous ne portions que des cordes », expliqua-t-il.

À ce jour, Imtiaz en est à sa troisième ascension du Broad Peak, et il a gravi le K2 une fois, le tout sans oxygène. Mais quand on lui demande ce qu'il aime vraiment, il répond : « Je veux faire des voies comportant de l'escalade rocheuse. » Au Pakistan, les possibilités de faire des premières ou d'ouvrir des voies techniques sur des montagnes escarpées de 6 000 et 7 000 mètres sont infinies, mais les premières sur les sommets de moins de 8 000 mètres, même difficiles, ne payent pas. On ne trouve aucun sponsor. C'est pourquoi, malgré la passion qui l'anime, Imtiaz travaille sur les voies normales des 8000.

◆

Muhammad Sharif Sadpara est un autre neveu de Ali Sadpara. Il a passé sa jeunesse dans l'armée pakistanaise au glacier du Siachen. Au bout de quinze ans, lorsqu'il songea à changer d'orientation, son oncle lui suggéra d'essayer l'alpinisme. C'est ainsi qu'en 2021 il réussit le K2 dès sa première tentative.

« Comme j'avais entendu parler du Bottleneck, j'ai demandé au Sherpa : “Qu'est-ce que c'est que ce fameux Bottleneck ? Où est-il ?”, raconte Muhammad Sharif. Il me répondit : “On l'a passé, il est à une heure et demie derrière nous.” »

Il est regrettable que des dizaines de grimpeurs de premier rang, originaires de vallées comme Hushe, Machulu, Shimshal, Sadpara, soient inconnus de tous. Ce sont des montagnards robustes, motivés et ambitieux, qui n'ont reçu qu'une formation rudimentaire, utilisent du vieux matériel d'occasion, et viennent de familles pauvres. Ils envient leurs collègues sherpas du Népal. Que ne feraient-ils pas pour accéder à leur niveau d'instruction et au même éventail de formations et de sponsors qu'eux. Bref, à un terrain de jeu équivalent.

Exténué, Pasang Kikuli est escorté au camp de base du Nanga Parbat après la débâcle consécutive de l'assaut sommital de 1934. © Peter Müllritter

Gyalzen Norbu Sherpa au sommet du Manaslu en 1956 lors de la première ascension. © Toshio Imanishi

Les quatre Sherpas qui survécurent à l'expédition au Nanga Parbat de 1934. De gauche à droite : Da Thundu, Pasang Kikuli, Kitar et Pasang.
© Peter Müllritter

Mingma G et ses sœurs, Nima Jangmu Sherpa, Dawa Futi Sherpa et Tshering Namgya Sherpa, au sommet du Lobuche en 2021, peu de temps avant leur réussite à l'Everest. © Gao Li

Debout au sommet du K2 en 2014 : Maya Sherpa, Dawa Yangzum Sherpa et Pasang Lhamu Sherpa Akita. © Al Hancock

Ali Sadpara et son jeune fils Sajid. © Collection Sajid Sadpara

Sajid Sadpara au camp 3 du K2. © Collection Sajid Sadpara

Mingma G, figure de proue de l'alpinisme népalais, originaire de la vallée de Rolwaling. © Collection Mingma G

Nisar Sadpara au Nanga Parbat en 2009. © Louis Rousseau

Sajid Sadpara et Samina Baig dans le Karakoram. © Collection Sajid Sadpara

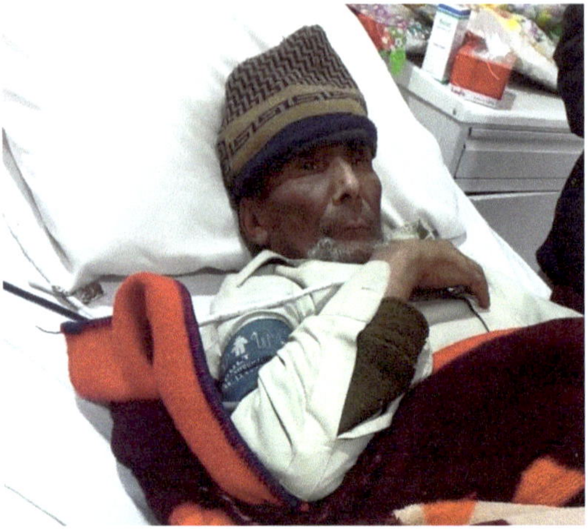

L'alpiniste pakistanais Little Karim à l'hôpital en 2022, peu de temps avant qu'il ne s'éteigne.

© Saqlain Muhammad

Jeunes gens au centre de formation à l'alpinisme de Shimshal, dirigé par Qudrat Ali et Shaheen Baig, avec le soutien de Simone Moro.

© Simone Moro

Le légendaire alpiniste pakistanais Ali Raza Sadpara accompagné de deux compatriotes de la génération future : Sirbaz Khan et Shehroze Kashif.

© Collection Sirbaz Khan

Le jeune guide de montagne népalais Vinayak Malla dans une voie du site d'escalade de Bhratang, dans la région de Manang.

Avec l'aimable autorisation de Vinayak Malla

L'équipe népalaise qui réussit la première ascension hivernale du K2 le 16 janvier 2021. De gauche à droite ; dernier rang : Pem Chhiri, Mingma David, Gelje, Dawa Temba. Rang intermédiaire : Mingma G. Premier rang : Dawa Tenzing, Nimsdai, Mingma Tenzing, Sona, Kili. © Collection Mingma G

Cette photo prise au drone par Jackson Groves a révélé au public le vrai sommet du Manaslu en 2021. On y voit Mingma G, en tête de son équipe, passer l'antécime et progresser en direction du point culminant. © Jackson Groves

CHAPITRE 11

Alpinistes de Sadpara — Les seigneurs de l'hiver

À présent, mon père est auprès d'Allah. Il est hors de danger. J'y vais uniquement pour trouver des réponses ; pour retracer ses derniers pas, découvrir les dernières visions qui furent les siennes. Pour voir s'il m'a laissé des indices. S'il y a quelque chose qu'il aurait voulu me transmettre avant de s'en aller.

Sajid Sadpara, *Explorersweb.com*, 25 juin 2021

Sadpara, comme nous l'avons vu, est le berceau de *high altitude climbers* talentueux aux grandes d'ambitions. Est-ce dû à l'altitude ? À la rudesse des conditions de vie ? À la fierté d'appartenir à une tradition montagnarde illustre ? Ou à la combinaison de tous ces facteurs ? Nonobstant, un personnage se distinguait parmi tous ces alpinistes remarquables : Muhammad Ali Sadpara. La notoriété de Ali Sadpara, comme il se faisait appeler en toute simplicité, dépassait son village et sa région ; il était un héros, et pas seulement au Pakistan. Si bien que lorsqu'il disparut au K2 en février 2021, la tragédie de sa mort retentit bien au-delà des frontières de son pays, et endeuilla la communauté alpine internationale dans son ensemble.

Ali Sadpara naquit le 2 février 1976 dans une fratrie qui comptait déjà dix enfants, et dont huit ne passèrent pas le cap de l'âge adulte. Petit, il travaillait avec son père, Haji Asad, et son grand frère Nemat Ali, dans les pâturages en amont du village, à surveiller les troupeaux. Il étudiait le Coran avec sa sœur Malika et sa mère Fiza. Il fréquenta d'abord l'école primaire de Sadpara, mais comme le système éducatif local n'allait pas plus loin, son père décida de s'installer au village de Sundus, près de Skardu, avec sa petite famille pour que les enfants poursuivent leur scolarité.

Après un cursus court post-bac, Ali Sadpara ouvrit une petite boutique de matériel de montagne d'occasion. Matériel dont il fit très rapidement un usage personnel. En 1996, sa première expédition l'amena à Snow Lake sur le glacier de Biafo avec Ali Raza, une figure tutélaire de Sadpara, qui détecta immédiatement les dons du jeune homme. L'année suivante, Ali Sadpara épousa Fatima, fille de Haji Muhammad Hussain, un autre alpiniste de Sadpara.

Les capacités physiques de Ali Sadpara et son intelligence s'accordaient avec un tempérament curieux et une personnalité sincère. Il aimait le contact avec les autres, qui le lui rendaient bien. Son sourire radieux illuminait tout une tente.

Après avoir appris de Ali Raza les rudiments du métier, Ali Sadpara décrocha son premier travail en altitude dans une expédition coréenne partie pour ramasser les déchets et les vieilles cordes fixes au K2. Il enchaîna avec des opérations de secours au Latok et au Nanga Parbat. En 2006, il hissa le drapeau au croissant vert sur son premier sommet, le Spantik Peak, qui culmine à 7 029 mètres. La même année, il gravit le Gasherbrum II : son avenir était assuré. Puis ce fut le tour du Nanga Parbat, une des montagnes les plus meurtrières au monde, et du Mustagh Ata en Chine, le Nanga Parbat une deuxième fois, et le Gasherbrum I en 2010.

En 2011, il décida de braver le froid et le manque d'oxygène sur un 8000 en hiver. Des décennies plus tôt, l'alpiniste polonais Andrzej Zawada avait lancé l'idée des hivernales sur les géants himalayens. Au cours des années 1980, ses compatriotes s'y étaient essayés, armés de leur force, de leur technique et de la résistance acquise de la dureté des conditions de vie dans la Pologne de l'après-guerre. Ils réussirent les premières hivernales de nombreux 8000. Le Karakoram, cependant, c'était une autre affaire : plus au nord, plus froid, il subit le courroux des vents terribles.

Les Polonais, comme toutes les équipes qui leur avaient emboîté le pas, avaient été décontenancés par l'hiver du Karakoram. Après que le Russe Denis Urubko et l'Italien Simone Moro raflèrent le dernier 8000 népalais au cours de l'hiver 2009, les montagnes du Pakistan attisèrent les convoitises. Les expéditions polonaises fréquentaient le Karakoram depuis 1987, mais ce n'est qu'au XXIe siècle que la région devint une destination « courue » en hiver, du moins pour ceux que ne rebutaient pas des températures oscillant autour de – 60 °C.

En mars 2011, une expédition polonaise conduite par Artur Hajzer se rendit au Broad Peak et inaugura une longue série de triomphes des « guerriers des glaces » polonais sur l'hiver. Deux alpinistes de Sadpara voyageaient avec eux: Ali Raza et Ali Sadpara.

Le témoignage de Robert Szymczak, alpiniste et médecin polonais spécialiste de la haute altitude, nous révèle leur quotidien : « Nous restions entassés pendant des heures à trois dans deux petites tentes d'assaut conçues pour deux personnes, et qui de surcroît ne nous protégeaient pas de l'humidité. Se faire à manger nous aurait pris un temps infini, de toute façon, nous étions trop à l'étroit et trop fatigués. Tout cela nous pompait notre énergie et notre motivation. C'est par des nuits pareilles que l'on se met à réciter ses mantras. Point de "Om mani padme um", mais "Bon Dieu qu'est-ce que je f... ici[105] ?" »

Le premier assaut débuta le 7 mars. Arrivés au camp 2, Artur, Robert, Krzysztof Starek et Ali Sadpara découvrirent que les deux tentes avaient été emportées. « Nous avons dormi dans ce qu'il en restait[106] », raconta Artur. Rafał Fronia surveillait la situation depuis le camp de base: « En ce moment, il y a des vents de 100 kilomètres par heure au camp 2... Une longue nuit les attend... mais la devise de l'expédition c'est "L'espoir sera le dernier à geler". »

Ils passèrent une nuit agitée, assis sous les vestiges d'une tente abandonnée par les expéditions précédentes où

105 Robert Szymczak, « Broad Peak 18.02.2011 », Karakorumclimb.com, 20 février 2011.
106 Szymczak.

s'engouffrait la neige, sans toile de sol, par des températures de – 45 °C, et sans même pouvoir se glisser dans leurs sacs de couchage.

Ali Raza, atteint de gelures aux orteils, fut le premier à rebrousser chemin. À 3 heures, tandis que le froid s'attaquait à ses extrémités, Ali Sadpara le suivit. Autour de 5 heures, les deux Polonais tentèrent vaillamment de poursuivre en direction du sommet, mais ils firent vite demi-tour.

Puis ce fut l'attente, le pain ô combien quotidien des hivernales ; ils furent cloués au camp de base par une salve de tempêtes. Le 14 mars, une amélioration leur permit de se hasarder à nouveau vers le sommet. À l'approche du camp 3, les trois Polonais et les deux Pakistanais furent accueillis par des vents de 50 kilomètres par heure et un gigantesque nuage lenticulaire qui annonçait sans ambiguïté des vents encore plus puissants à 8 000 mètres.

L'expédition de l'hiver 2011 au Broad Peak échoua. Pour Ali Sadpara, ce fut un rude baptême du feu, dont les dommages physiques l'accompagneront dans toutes ses expéditions ultérieures, mais sans le décourager pour autant. La fascination qu'exerçait sur lui « l'art de souffrir » propre aux hivernales n'en fut que plus intense.

En février de l'année suivante, il fut embauché par l'équipe de Artur Hajzer pour le Gasherbrum I composée de trois alpinistes. Il y avait également Shaheen Baig. Bien que recrutés comme travailleurs d'altitude, Ali Sadpara et Shaheen étaient de fait des membres de l'équipe polonaise à part entière. Les premières expéditions polonaises à s'aventurer dans l'Himalaya dans les années 1980 comportaient une armée d'alpinistes ; c'était eux qui faisaient la trace, installaient les cordes fixes, montaient les camps et lançaient les assauts sommitaux. Les temps avaient changé. Le chômage avait baissé en Pologne et les gens étaient moins enclins à sacrifier leur carrière pour partir dans le Karakoram pendant les deux mois les plus froids de l'hiver. Aussi, Ali et Shaheen venaient-ils à point nommé renforcer l'équipe polonaise de deux membres supplémentaires.

Un autre grimpeur de Sadpara se trouvait au Gasherbrum I cet hiver-là : Nisar Hussain. Ami de Ali Sadpara, il avait été embauché par l'équipe internationale dirigée par l'alpiniste autrichien Gerfried Göschl. Bien que chaque groupe attaquât la montagne par des versants opposés, ils faisaient camp de base commun. Pendant les trois premières semaines, les Polonais poussèrent jusqu'au pied du couloir des Japonais où ils déployèrent le camp 3, opération au cours de laquelle Ali Sadpara souffrit une nouvelle fois de gelures sévères aux orteils.

« Ali, je suis désolé, mais c'est fini pour toi, déclara Artur en examinant ses pieds.

— Non, ça va. Les gelures, je connais, j'en ai déjà eu.

— Écoute, Ali, tu as des gelures au deuxième degré. »

Ali resta muet. Il ne voulait pas descendre, car il avait ses propres objectifs, dont celui de gravir le Gasherbrum I en hiver. Artur était inflexible. Après quelques jours, ce fut Ali qui céda. Pour lui, l'expédition était terminée. Adam Bielecki, l'un des deux alpinistes polonais à qui l'on doit cette première hivernale, se souvint de la scène : « Ali était effondré. C'était un alpiniste hors du commun. Il était des nôtres. Sa détermination était totale. C'est pour son bien qu'Artur l'a obligé à descendre. »

Les deux équipes présentes au Gasherbrum I cette année-là bénéficiaient de l'expérience accumulée par les trois Pakistanais en haute altitude. Il n'empêche, la tempête qui s'abattit à la mi-février 2012 dépassa en violence toutes celles qu'ils avaient pu endurer. Au camp de base, la vitesse des vents atteignit 120 kilomètres par heure. Les tentes se déchirèrent, les bidons remplis de matériel lourd furent projetés dans les airs, et au camp militaire voisin, une rafale titanesque traîna un hélicoptère de 7,5 tonnes sur une distance de vingt mètres. « Ce que j'ai vécu au Karakoram dépasse l'entendement. En Pologne, on peut concevoir du – 40, mais – 60, ça reste abstrait[107] », se souvint Adam. Si on ne la protège pas, la peau gèle en moins de deux minutes.

Le 25 février, les Polonais repartirent, mais sans Ali Sadpara. Ils prévoyaient de gravir le sommet lors d'une fenêtre météo de vingt-quatre heures annoncée pour le 27. Lorsqu'ils arrivèrent à l'emplacement du camp 2, il avait tout bonnement disparu. Ils se replièrent sur le camp 1 pour y passer la nuit ; Shaheen se mit à vomir. Les Polonais pensèrent qu'il souffrait d'ulcères à l'estomac. Le jour suivant pourtant, Shaheen sortit avec Adam. Les tourbillons de neige portée par le vent étaient si denses qu'ils étaient complètement désorientés. À leur grand désarroi, après une demi-heure d'ascension, ils retombèrent sur leurs propres traces ; ils avaient tourné en rond.

107 Adam Bielecki et Dominik Szczepanski, *Spod Zamarznietych Powiek* [*Le gel ne me fermera pas les yeux*], traduction anglaise de Julia Pulwicki pour Bernadette McDonald.

Ils se fièrent alors à leur GPS pour retrouver l'emplacement du camp 2 qui avait disparu, puis continuer jusqu'au camp 3. Avec l'altitude, le déchaînement des vents se faisait plus brutal.

Dans le couloir des Japonais, les bourrasques étaient si fortes qu'elles les propulsaient vers le haut. Ballottés par le puissant Éole, ils rebroussèrent chemin en titubant. Dans la descente, ils retrouvèrent le matériel du camp 2 à quelques centaines de mètres de l'emplacement d'origine. Ils récupérèrent le tout et l'arrimèrent à la montagne avec des broches à glace en prévision du prochain assaut sommital. Adam éprouvait un immense respect pour Shaheen, son compagnon. « Sa force était inouïe. Il était modeste et peu expansif… tout ce dont notre équipe avait besoin », se rappela-t-il.

Une deuxième fenêtre météo fugace, annoncée pour le 8 mars, poussa les Polonais à reprendre leur ascension. Adam, Janusz Gołąb, Artur et Shaheen atteignirent le camp 1 dans l'après-midi du 6. Ils avaient prévu de sauter le camp 2 le 7, pour aller directement au camp 3, mais c'était compter sans le vent qui les fit battre en retraite au camp 2 où ils trouvèrent refuge pour la nuit. Ce soir-là, lorsqu'ils apprirent qu'il y avait une petite chance que le beau temps se maintienne jusqu'au 9, Artur proposa de changer de tactique. Lui se mettrait en réserve au camp 2 ; les trois autres partiraient tôt le matin suivant pour le camp 3, mais seuls Adam et Janusz y séjourneraient. Shaheen, après les avoir aidés à s'y installer, regagnerait seul le camp 2, où il patienterait avec Artur. Adam et

Janusz se lanceraient à l'assaut du sommet pendant la nuit du 8 mars. Étant donné les températures nocturnes, c'était de la pure folie.

Ainsi en avait décidé Artur, et l'on comprend donc qu'il ait souhaité demeurer au camp 2, ce qui n'était sans doute pas le cas de Shaheen. Il avait déployé les mêmes efforts que tous. De surcroît, c'est lui qui avait acheminé les charges les plus lourdes au camp 3. Et il devrait à présent s'en retourner à Shimshal sans le sommet ?! Adam, pourtant, est convaincu qu'en son for intérieur, Shaheen n'aspirait qu'à rentrer chez lui : « [Il] était certes l'alpiniste le plus fort présent sur la montagne, mais ses pensées n'étaient pas pour le sommet. Il pensait à sa famille. »

Le 9 mars à 8 heures, Adam se trouvait sur la cime du Gasherbrum I, et Janusz, vingt minutes plus tard. Au cours d'une liaison radio avec le camp de base, Adam apprit qu'on était sans nouvelles de l'équipe internationale. Dix minutes après, une communication leur parvint depuis le versant opposé, les informant qu'elle se trouvait dans un camp trois cents mètres sous le sommet et que Gerfried, Cedric Hählen et Nisar s'apprêtaient à continuer.

Les deux équipes avaient espéré se retrouver sur la cime, mais Adam et Janusz n'étaient pas en état d'attendre les autres. Ils redescendirent au camp 3 pour se reposer et se réhydrater avec un peu de thé. Lorsqu'ils s'extirpèrent de la tente deux heures plus tard, ils se trouvèrent sur le front d'une perturbation d'une force telle qu'ils se sentirent complètement isolés du reste du monde. À 17 heures, les Polonais étaient au camp 2 avec Artur et Shaheen.

Constatant que la tempête s'intensifiait, ils craignirent pour leurs amis qui devaient être encore bien haut de l'autre côté.

L'équipe polonaise de retour au camp de base ne reçut plus aucune nouvelle de Gerfried, Cedric et Nisar.

◆

Nisar Hussain était l'aîné d'une fratrie de sept. Son père souffrant de maladie chronique, Nisar s'occupa de la famille dès son plus jeune âge. Adolescent, il était cantonnier, puis il gravit progressivement les échelons comme porteur. Ce qui payait le mieux, c'était le travail en haute altitude ; c'était aussi le plus risqué.

Muhammad Ali, dont l'entreprise Adventure Pakistan s'occupait de la logistique de l'expédition dirigée par Gerfried Göschl au Gasherbrum I en 2012, connaissait bien Nisar. « Nisar était un type très costaud, très professionnel, et modeste. En montagne, c'était une vraie machine de guerre, que ce soit pour installer les cordes fixes, faire la trace ou préparer le thé. Au camp de base, il aidait le cuisinier autant que les clients, s'occupait de leurs tentes et reprisait leurs vêtements. Sa passion, c'était l'alpinisme, et il s'y adonnait de tout son cœur. »

Muhammad avait présenté Nisar à Gerfried en 2003. « Dès la première rencontre, confia Gerfried, Nisar et moi nous sommes liés d'amitié. Nisar avait gravi tous les 8000 pakistanais, et à plusieurs reprises, sans oxygène. [...] Il est sans conteste le meilleur alpiniste du Pakistan. » Dans un entretien accordé au *Pakistan Explorer*, Gerfried confirma la passion désintéressée de Nisar pour l'alpinisme décrite par Muhammad. « C'est vrai qu'il grimpe pour l'argent. C'est d'ailleurs le cas de tous les HAPs… mais il le fait aussi par passion. Cet hiver, pour la première fois, Nisar se joindra à une expédition non pas pour la paye, mais parce qu'il partage notre projet. Il connaît bien, très bien même, le GI[108] ! »

Malgré sa bonne connaissance de la montagne, l'équipe internationale dont faisait partie Nisar n'eut pas beaucoup de chance. Tandis que sur la montagne se déchaînait un ouragan, ils se préparaient à faire face à une tâche des plus ardues : attendre. Après l'annonce par trois météorologues différents qu'une fenêtre de beau était prévue pour le 8 mars, le rappel fut battu pour se trouver à portée du sommet dès la première éclaircie. L'équipe de Nisar attaquerait par le versant sud et rejoindrait l'autre équipe au sommet pour s'en partager la première hivernale. Cela nécessitait une bonne coordination.

Nisar, Gerfried et Cedric montèrent au camp 1 le 6 mars. Le 7, ils traversaient l'éperon du Hidden Sud avant de rejoindre le bassin supérieur du Gasherbrum I où ils bivouaquèrent à environ 7 100 mètres d'altitude. Le soir, lors d'une communication satellite avec le camp de base, Gerfried indiqua qu'il faisait atrocement froid et que la visibilité était mauvaise, mais que fort heureusement, il n'y avait que peu de vent. « On lèvera l'ancre à 3 heures pour arriver au sommet dans l'après-midi[109] », expliqua-t-il.

108 « Nisar Hussain », Altitudepakistan.blogspot.com, 31 décembre 2012.

109 Jochen Hemmleb et Gerfried Göschl, *Spuren für die Ewigkeit* [Gerfried Göschl: Les chemins éternels], traduction anglaise de Hemmleb pour Bernadette McDonald.

Puis le temps changea brusquement. Tandis que les Polonais détalaient devant les éléments déchaînés, Nisar, Gerfried et Cedric furent murés dans le silence. Leurs corps ne furent jamais retrouvés.

◆

Le gouvernement pakistanais décerna à Nisar Hussain, à titre posthume, la médaille *Sitara e Imtiaz*, que son jeune frère Kazim reçut en son nom. « Il a gravi quatre fois le Gasherbrum I, deux fois le Broad Peak, quatre fois le Gasherbrum II, et une fois le Nanga Parbat et le K2, rappela Kazim. Il a gravi des 7000 et a fondé le Club d'alpinisme du Baltistan en 2006 pour que les jeunes alpinistes prennent en main leur destin. » Le Club alpin du Pakistan fit montre du respect qu'il lui portait : « Avec sa disparition, nous avons perdu un grand montagnard, un mari et un père exemplaires, et par-dessus tout, un être humain généreux. [...] Que Dieu accorde à son âme la paix éternelle au royaume des Cieux, et donne à ses proches la force de supporter cette irréparable perte. »

Étant donné tout ce que Nisar avait accompli, il est surprenant qu'il n'ait pas reçu de son vivant un soutien financier plus appuyé du gouvernement de son pays ou de sponsors étrangers.

L'alpiniste canadien Louis Rousseau, qui partagea le sommet du Gasherbrum II avec Nisar durant l'été 2011, le considérait comme un alpiniste hors du commun. « Il n'était vraiment pas très grand, mais il était doté d'une force colossale. C'est grâce à lui que beaucoup ont réussi à atteindre le sommet du Gasherbrum II cette saison-là, confia Louis. Lorsque nous avons parlé de sa participation à l'hivernale au Gasherbrum I, il m'a confié qu'il "était de son devoir de s'occuper de l'équipe". C'était son pays, c'était son métier. »

Muhammad Ali, qui avait embauché Nisar de nombreuses fois, éprouvait un grand respect pour lui. « S'il était encore parmi nous, je suis sûr qu'il aurait réussi à gravir les quatorze 8000, déclara Muhammad. Il était l'un des seuls assez fort techniquement et assez endurant pour installer des cordes fixes dans des endroits comme le Bottleneck au K2. Les montagnards disaient souvent qu'au-dessus de 7 000 mètres, on ne l'arrêtait plus. Nisar lui-même ne confiait-il pas que l'altitude lui donnait des ailes, que c'était son élément ? »

Nissa, la veuve de Nisar, finit par se consoler et accepter sa mort. « Dieu a décidé de sa mort ; mais il a attiré l'attention sur le Pakistan. Nisar ne manquait jamais une prière, il était honnête et imperméable à la jalousie. Il eut une vie simple. Il n'était pas orgueilleux. » Nisar ne se rendait pas compte qu'il était un alpiniste hors pair. Ou alors, s'il le savait, cela n'avait aucun impact sur lui. Et tandis que cet alpiniste légendaire tirait sa révérence, son histoire combla le vide qu'il laissait. Un récit ponctué de doute, de tristesse et de résignation.

CHAPITRE 12

Les guerriers des glaces

C'est une passion, et je ne peux vivre sans.
Ali Sadpara

Le dénouement tragique de l'hiver 2012 n'avait pas entamé l'attractivité des 8000 restés vierges de toute ascension hivernale. Lorsque les Polonais retournèrent au Broad Peak en 2013, ils avaient embauché trois alpinistes pakistanais : Shaheen Baig, Amin Ullah et Karim Hayat. Le groupe dressa les tentes et approvisionna les camps jusqu'au camp 4, puis les quatre Polonais partirent pour l'ultime assaut sommital début mars. Leur chef, Krzysztof Wielicki, qui coordonnait l'expédition depuis le camp de base, demanda à Karim de monter de l'oxygène jusqu'au camp 2, au cas où.

Les Polonais atteignirent le sommet tard dans l'après-midi du 5 mars 2013. Deux d'entre eux, Adam Bielecki et

Artur Małek, survécurent à une descente épique dans l'obscurité pour regagner leur dernier camp. Lors d'une éprouvante transmission radio qui dura toute la nuit, Krzysztof et Adam tentèrent de convaincre Tomasz Kowalski de redescendre. Puis Tomasz cessa de répondre. Et le silence se fit.

Maciej Berbeka, le quatrième membre de l'équipe polonaise et vieil habitué des hivernales, n'avait donné aucun signe de vie depuis que les alpinistes avaient commencé à descendre. Personne ne savait où il se trouvait, ni s'il était en danger et luttait pour rester en vie, ou s'il était tombé au fond d'une crevasse.

À l'aube, un cuisinier du camp de base pensa apercevoir un mouvement fugace à l'aplomb du départ de l'arête sommitale, ce qui offrit une lueur d'espoir. Krzysztof demanda à Karim de monter de l'oxygène au camp 2, et à Adam et Artur de lancer les recherches pour localiser Maciej.

Les deux alpinistes se mirent en route, mais firent demi-tour peu de temps après avoir quitté la tente, expliquant qu'ils étaient épuisés. Karim les rejoignit, battant ainsi son record d'altitude, et ils le persuadèrent de pousser plus haut en utilisant de l'oxygène. Il s'exécuta à son corps défendant. « Je partis du camp 4. En arrivant au cirque sous le dernier sérac, je me sentis vraiment seul. Une foule de questions se pressaient dans ma tête. Et si je tombais dans une crevasse, si je dévissais ? À une pareille altitude, personne ne viendrait me porter secours. J'ai pourtant continué aussi haut que je le pouvais. Arrivé à 7 700 mètres, ou juste un peu en dessous, il n'y avait personne en vue[110]. » Il fit demi-tour. Le corps de Maciej Berbeka n'a toujours pas été retrouvé à ce jour.

Karim gravira le Broad Peak une année plus tard, mais en été. Il reste que durant l'hiver 2013, l'opération de secours qu'il accepta, seul, dans des conditions effroyables, et en sachant qu'il devrait pousser au-delà de son record d'altitude, est incontestablement un acte de bravoure.

◆

Une fois le Broad Peak gravi en hiver, seuls deux 8000 pakistanais restaient en lice, dont le Nanga Parbat. Malgré la détérioration de l'état de ses pieds, Ali Sadpara n'avait pas abandonné les hivernales ; le Nanga Parbat l'attendait. Son compagnon, cette fois, serait Alex Txikon, un alpiniste basque, un baroudeur de la haute altitude. Les deux hommes brûlaient de réaliser une première hivernale.

À l'instar de Ali Sadpara, Alex était issu d'une famille nombreuse ; il était le benjamin d'une fratrie de treize enfants. Il avait une chevelure noire et rebelle, un visage tanné par les éléments, et la circonférence de ses bras était aussi impressionnante que les troncs qu'il pulvérisait lors des concours de bûcheronnage auxquels il participait de retour au pays. Ali Sadpara et lui auraient pu être frères.

Durant l'hiver 2014-2015, Alex et Ali retrouvèrent Muhammad Khan, de Hushe, pour une tentative au

110 Bernadette McDonald, *Les quatorze 8000 en hiver*, Éditions du Mont-Blanc, 2021.

Nanga Parbat. Ali Sadpara connaissait bien cette montagne, qu'il avait gravie à deux reprises. Mais depuis, les choses avaient quelque peu changé. En effet, suite au massacre qui avait lieu au camp de base en 2013, ils étaient escortés par des policiers armés de mitraillettes. Les malheureux officiers n'en revenaient pas d'avoir tiré le mauvais numéro et d'être envoyés au Nanga Parbat en hiver avec une poignée d'alpinistes.

Ali et Alex attaquèrent la Kinshofer. Bien que considérée comme la voie normale de ce versant de la montagne, elle n'a rien d'une promenade de santé. « Ali a déployé un effort surhumain, écrivit Alex dans ses mémoires. Nous progressions mètre par mètre, toujours aux aguets. Dans cette solitude et ce silence lourds de menaces, un profond lien fraternel grandissait entre nous[111]. » L'alpiniste italien Daniele Nardi, qui se trouvait aussi sur les lieux pour tenter la première de l'éperon Mummery, se joignit à Ali et Alex après avoir perdu le contact avec son compagnon. Mais la météo jouait contre eux. Ils se languirent au camp de base dans l'espoir d'une accalmie entre deux épisodes de violentes tempêtes jusqu'au 8 mars.

Lorsque le temps se calma enfin, l'équipe, démoralisée, empoigna ses lourds sacs à dos et attaqua péniblement la montée. Dès qu'ils quittèrent le camp de base, ils eurent de la neige jusqu'aux cuisses ; après dix heures d'une marche exténuante, ils atteignirent le camp 1.

111 Alex Txikon, *La Montaña Desnuda: Primera Ascensión Invernal al Nanga Parba* [La montagne nue : première ascension hivernale du Nanga Parbat], traduction anglaise de Larry Lilue pour Bernadette McDonald.

Le lendemain fut dédié au séchage. Tout avait été détrempé par la neige : Alex bichonnait ses chaussettes favorites, un cadeau de Ali, que lui-même avait reçu de Artur Hajzer. L'entretien du linge terminé, le reste de la journée fut consacré à faire la trace en direction du camp 2. La neige était si profonde qu'ils se relayaient tous les dix mètres. L'effort déployé les minait psychologiquement.

Au milieu du couloir Kinshofer[112], la couche de neige était moindre à cause de la raideur de la pente. Les alpinistes trouvèrent une glace vive qui fit crisser les crampons et chauffer les mollets. Ils avançaient prudemment et gagnèrent le camp 2, puis le camp 3. Les nuits étaient rudes, mais les journées se faisant de plus en plus clémentes, le moral des troupes remontait. Finalement, à environ 7 000 mètres, il y eut un brin de soleil. Le 12 mars, ils installèrent le camp 4 à 7 200 mètres et se préparèrent à partir pour le sommet le lendemain.

Le réveil sonna à 2 h 30. Il faisait autour de – 45 °C, et il n'y avait pas un souffle de vent. Personne ne pipait mot. Tous savaient ce qu'ils avaient à faire. À 4 heures, trois petits points lumineux commencèrent leur ascension. Chacun était dans sa bulle, à faire face à ses peurs et une agitation grandissante. À 8 heures, ils se trouvaient cinq cents mètres sous le sommet. La confusion s'installa. Ils loupèrent l'itinéraire, montèrent trop haut et furent contraints de redescendre, puis de remonter, pour finalement reconnaître que leurs capacités décisionnelles étaient brouillées par l'altitude.

112 Bien que moins connu, le véritable nom en est le couloir Löw, en hommage à Sigi Löw, qui en fit la première ascension en 1962 et mourut à la descente.

Exténués, ils regagnèrent péniblement leur tente. Un rayon du soleil levant les embrassa. Ils venaient de prendre un but alors que les conditions étaient parfaites.

◆

Ali Sadpara et Alex revinrent l'année suivante. Et ils n'étaient pas seuls. Le Nanga Parbat était assailli d'alpinistes qui convoitaient tous la même chose : la première hivernale. C'était le cas par exemple des Italiens Daniele Nardi, Simone Moro et Tamara Lunger, ainsi que la cordée polonaise composée de Adam Bielecki et Jacek Czech. Ces derniers partaient pour une ascension éclair en style alpin de la voie Kinshofer. Le Polonais Tomasz « Tomek » Mackiewicz s'y trouvait aussi, accompagné de l'alpiniste française Élisabeth Revol. Ils en étaient respectivement à leurs septième et quatrième tentatives. Dès lors, il n'est pas surprenant qu'une certaine rivalité fût perceptible entre les équipes cet hiver-là.

À l'époque, Ali Sadpara était considéré par l'élite des alpinistes comme un compagnon robuste et fiable. Daniele Nardi, Alex et lui repartaient dans la voie Kinshofer installer les cordes fixes ainsi qu'une main courante jusqu'au sommet ; du moins, telle était leur intention. Les deux autres équipes grimpaient séparément sur le versant Diamir, autrement dit la face nord-nord-ouest. La saison avançait et les hommes s'usaient. Suite à un conflit avec Alex, Daniele s'en retourna. Adam et Jacek quittèrent la montagne après que Adam se fut blessé lors d'une chute.

Élisabeth et Tomek abandonnèrent, et peu de temps après, Simone et Tamara se joignirent à Alex et Ali pour former une seule équipe de quatre.

« Apo, la corde est installée », cria Ali à Alex – *Apo* signifiant « grand-père » en balti. Ali était le travailleur d'altitude de l'équipe : soixante-cinq pour cent des cordes furent installées par ses soins. Il s'était attendu à devoir assumer cette responsabilité, mais il caressait aussi l'objectif de fouler le sommet.

Le jour J, Ali filait devant. Non loin de la cime, il attendit les autres, se frappant les bras et piétinant pour se réchauffer. « À l'approche de ce moment fatidique, chacun luttait pour sauver sa peau, se souvint Alex. On avait du mal à résister au froid mordant et au vent hurlant qui nous transperçaient les os[113]. » Alex finit par rejoindre Ali, et ils tombèrent à genoux dans les bras l'un de l'autre, cinq mètres sous le sommet en attendant Simone et Tamara.

« À peine quelques minutes plus tôt, tandis que nous étions à deux doigts du sommet, il m'avait crié : “Alex ! Cette fois c'est la bonne, l'insaisissable hivernale du Nanga Parbat est à nous[114]” », écrira plus tard Alex. Arriva Simone, mais Tamara avait déjà fait demi-tour. C'est un trio international d'alpinistes, composé d'un Basque, d'un Pakistanais et d'un Italien, qui foula le point culminant du Nanga Parbat en ce 26 février 2016, lors de sa première ascension hivernale.

113 Txikon.
114 Txikon.

Dans les jours qui suivirent, le Pakistan tout entier partagea leur liesse, et ce fut probablement la première fois qu'on entendit les foules hurler : « Ali Sadpara, notre héros national ! » C'était comme si tous, politiciens, officiers, présentateurs de télévision, rivalisaient pour rendre hommage à Ali Sadpara et lui passer une couronne de fleurs autour du cou.

◆

Ali n'en avait pas encore fini avec le Nanga Parbat. Il y retourna l'année suivante et le gravit pour la quatrième fois. Il fit également l'ascension hivernale du Pumori au Népal, et une tentative avortée à l'Everest. En 2018, il gravit le K2. Puis, le 1er mars 2019, il apprit que deux hommes avaient disparu au Nanga Parbat : l'Italien Daniele Nardi et le Britannique Tom Ballard. Ils s'étaient engagés sur l'éperon Mummery, une arête caractéristique de la montagne qui n'avait jamais été parcourue en été, et encore moins en hiver. La dernière communication qu'ils avaient eue avec le camp de base datait du 24 février. Il leur était donc arrivé quelque chose.

Ali et ses neveux Imtiaz et Dilawar rejoignirent au camp de base Alex Txikon et son équipe qui arrivaient du K2. Avec l'appui de l'armée pakistanaise, ils organisèrent une reconnaissance de la voie avec des hélicoptères militaires. Malheureusement, quelques jours avant le lancement de l'opération, l'armée pakistanaise abattait deux avions de chasse indiens, créant un énième incident dans la guerre à laquelle se livraient les deux pays depuis des années. La traversée de l'espace aérien pakistanais fut soumise à un contrôle renforcé.

À force de jouer des coudes avec diplomatie, ils obtinrent l'autorisation d'effectuer une reconnaissance. Ils ratissèrent maintes fois la voie, tournoyant à 7 000 mètres d'altitude avant de fondre sur le moindre indice suspect : un point de couleur, un déplacement ou une forme bizarre. Ils ne détectèrent rien et en conclurent qu'il fallait envoyer quelqu'un dans l'itinéraire pour savoir ce qui était arrivé aux deux disparus.

Comme Ali et ses neveux avaient parcouru une partie de la voie en éclaireurs la veille, Alex le mitrailla de questions.

« Ali, comment c'était ?

— Comme d'habitude, pas de problème majeur.

— Des signes d'activité avalancheuse ? Et les séracs ? Ils ont bougé ?

— Non, c'était relativement calme. Il y a eu deux ou trois petites avalanches, mais rien d'alarmant.

— Tu as vu des chutes de pierres ? poursuivit Alex.

— Non, tout était normal, je crois qu'on est prêts à partir. »

Alex, Ali et Dilawar se mirent donc en route. Ils avançaient assez vite sur la voie de l'éperon Mummery et n'avaient emporté qu'un petit drone pour visualiser la partie haute de la montagne.

Ils conversaient en grimpant. Et Ali finit par lâcher ce qui s'était passé le jour précédent : ses neveux et lui avaient échappé de justesse à une avalanche. Alex était sous le choc. « Bon sang Ali, il y a vingt minutes, quand je t'ai demandé si vous aviez vu des avalanches, tu m'as répondu sereinement qu'il n'y avait quasiment rien, et voilà que maintenant tu me racontes que vous avez été pris dans une coulée et que l'un de vous l'a échappé belle[115]. »

La tension était si forte et le danger si imminent qu'ils éclatèrent de rire.

Au camp 2, ils découvrirent une tente à moitié détruite. Mais détruite par quoi ? Une avalanche ? Une chute de pierres ? Le vent ? Y avait-il quelqu'un dedans ? Le cœur au bord des lèvres, Ali commença à déblayer l'abri à demi enfoui sous la neige. Ce fut un soulagement que de constater qu'il contenait uniquement des sacs de couchage et du matériel d'escalade.

Ils sortirent le drone. Les bouts de glace et de neige qui canardaient rendaient son maniement difficile et menaçaient sans cesse de faire tomber la caméra. Les trois alpinistes se recroquevillèrent sous un sérac déversant pour se protéger de l'impact des glaçons. La disparition de la lumière du jour entraîna une chute de la température. Ils rangèrent dans leurs sacs le drone et les affaires trouvées dans la tente, et se dépêchèrent de désescalader les pentes de glace aussi dures que le diamant qui menaient au camp 1. Un jour de plus. Les chances de retrouver autre chose que des corps inanimés s'amenuisaient d'heure en heure.

115 Txikon.

Les recherches se poursuivirent. Le lendemain, la visibilité s'étant améliorée, le drone permit d'identifier un point coloré au-dessus du camp 2, mais ce n'était pas concluant. Les secouristes descendirent au camp de base, puis repartirent le jour suivant, mais des avalanches labouraient la voie. Ce n'est qu'en focalisant la longue-vue sur l'endroit où le point de couleur avait été repéré qu'ils comprirent que c'était fini : l'image montrait deux corps inertes pendus sur la corde fixe. Les recherches étaient terminées.

◆

À l'instar de nombreux alpinistes pakistanais, Ali Sadpara ne disait pas tout à sa famille, en particulier pour ce qui était de l'alpinisme hivernal. « Au début, je ne leur disais pas toute la vérité, et ça a marché un temps, avoua-t-il à l'écrivain pakistanais Raheel Adnan. Je leur disais que le risque de chute de pierres et d'avalanche était moindre en hiver. Et ils comprenaient. Après la disparition de Nisar Hussain au GI, cependant, ils ont cessé de me croire. Mes beaux-parents font pression sur ma femme. [...] Mes enfants me demandent parfois d'abandonner ma carrière. Je leur réponds que c'est une passion, et que je ne peux vivre sans. Mes amis disent parfois que je fais cela pour l'argent. Je leur rétorque que si je voulais m'enrichir, j'aurais choisi une occupation moins dangereuse, et ailleurs. Il y a beaucoup d'opportunités au Pakistan[116]. »

116 Raheel Adnan, « Interview with Muhammad Ali Sadpara (Part-2): Winter Climbing and First Winter Ascent of Nanga Parbat », Explorersweb.com, 8 mars 2016.

Ali étant devenu un héros national, il bénéficia de soutiens pour financer ses projets alpins. Les fonds lui permirent de se rendre au Népal où, en 2019, il devint le premier Pakistanais à porter le drapeau au croissant vert au sommet du Lhotse et du Makalu.

Inévitablement, Sajid, son fils aîné, voulut embrasser la même vie d'aventure que son père. Ali tenta de l'en dissuader, le poussant à faire de bonnes études. Sajid insista. Et Ali fit ce que Sajid avait espéré : il l'emmena en montagne. Le premier sommet que gravit Sajid fut le Nanga Parbat, c'était en 2017. Il tenta le K2 avec son père en 2018 et atteignit le camp 4 avant de faire demi-tour. Puis, en 2019, il accéda au sommet du point culminant du Pakistan.

Sajid fut embauché rapidement par Seven Summit Treks (SST), l'agence népalaise en pleine expansion. Ali, Sajid et SST se retrouveraient liés à jamais, et encore au K2, mais au moment où nous en sommes de leurs vies, cette histoire n'avait pas encore eu lieu.

◆

Les alpinistes pakistanais se sont surpassés pour gravir en hiver les sommets de leur pays. Dans certains cas, ils y sont parvenus. Parfois, comme l'avait expliqué Nisar Hussain, ils ont pris soin des autres. Ils sont nombreux à avoir souffert de gelures invalidantes ; nombreux aussi à y être restés. Tous, à peu d'exceptions près, sont totalement inconnus à l'étranger, et peu de leurs compatriotes connaissent leurs noms : leur notoriété ne dépasse pas leurs villages natals. Leurs réalisations et leur travail sont restés dans l'ombre, sous les radars des sponsors ; ils n'ont donné lieu à aucune célébration et n'ont été gratifiés d'aucune pension de retraite. Les plus chanceux regagnèrent leurs villages, leurs familles et leur cheptel jusqu'à la prochaine saison, jusqu'aux beaux jours de l'été.

Ceux qui comprennent mieux que quiconque la dimension de leurs exploits et les dangers de l'himalayisme hivernal, ce sont leurs mères et leurs épouses, leurs sœurs et leurs filles, leurs pères et leurs fils. Deux ans plus tard, lorsque Sajid Sadpara demanda à sa mère la permission de continuer l'alpinisme après la mort de son père au K2, sa réponse fut claire : « Oui, mon garçon. Mais pas en hiver. »

CHAPITRE 13

L'Everest comme gagne-pain

Ils nous trouvent sympas, mais ce que je veux,
moi, c'est être un caïd!
Gelje Sherpa

Durant les vingt premières années du XXIe siècle, tandis que les alpinistes pakistanais étaient occupés par les expéditions hivernales, les Népalais couraient après leurs propres records, notamment à l'Everest, ce qui n'est pas surprenant puisque c'est leur montagne tutélaire. La réputation de nombreux alpinistes népalais est d'ailleurs fondée sur la relation qu'ils entretiennent avec le toit du monde : répétitions, records de vitesse, secours héroïques, ou premières sans oxygène. De plus, comme cette montagne exerce une véritable fascination sur le reste du monde, les Népalais en tirent une certaine publicité.

C'est le cas de Ang Dorjee Sherpa. Né en 1970 à Pangboche, il grandit entouré d'himalayistes. Son père, Nima Tenzing Sherpa, se rendit à l'Everest à trente reprises, sans pourtant atteindre le sommet.

À douze ans, Ang Dorjee s'engagea dans les pas de son père et commença comme porteur. Sa mère tenta de l'en dissuader, mais en vain. Bel homme aux méplats des joues accusés, il monta les échelons : porteur, *climbing porter*, puis *climbing Sherpa* et enfin sirdar. Il travailla pendant trente ans pour Adventure Consultants, l'agence néo-zélandaise créée par ses compagnons Rob Hall et Gary Ball.

En l'an fatidique de 1996, lorsque Rob fut piégé sur les hauteurs de l'Everest dans un orage qui fit huit victimes, Ang Dorjee et Lhakpa Chhiri firent tout pour le sauver. Ils avaient gravi le sommet la veille et en redescendaient quand une tempête s'abattit sur la montagne.

Toute la nuit, Rob s'était trouvé en mauvaise posture. Au sommet sud, son détendeur à oxygène avait gelé. Il passa une nuit dehors exposé au froid et, à en juger par les phrases qu'il mâchonnait lors de ses vacations radio, avait l'esprit confus, ce qui laisse penser qu'il souffrait d'hypothermie et d'œdème cérébral de haute altitude (OCHA).

Le lendemain matin, Ang Dorjee et Lhakpa quittèrent leur tente du camp 4 pour monter apporter une Thermos de thé et de l'oxygène à Rob, un acte de bravoure de leur part, car la tempête n'avait pas molli et il leur faudrait huit à neuf heures pour arriver jusqu'à lui. Il avait en effet été aperçu plus de mille mètres au-dessus. Dans le meilleur des cas, ils le rejoindraient en fin d'après-midi, et resterait ensuite le plus dur : le redescendre.

À 15 heures, ils se trouvaient encore deux cents mètres sous le sommet sud, et ils durent rendre les armes. Quelques heures plus tard, alors qu'ils arrivaient au camp 4 pour la seconde fois en deux jours, Rob eut une dernière conversation téléphonique avec Jan Arnold, sa compagne restée en Nouvelle-Zélande. Il la rassura et lui souhaita une bonne nuit au chaud. Son cadavre gelé fut découvert douze jours plus tard par une équipe qui tournait un film IMAX de l'ascension du sommet.

En 2023, Ang Dorjee avait à son actif vingt-huit 8000, dont vingt-deux ascensions de l'Everest. L'Ama Dablam, situé au-dessus de son village, a pareillement marqué sa carrière de guide. « Un jour, du sommet de l'Ama Dablam, j'ai pris les jumelles et j'ai vu mon père dans le jardin familial à Pangboche », dit-il en riant.

Il épousa une Américaine en 2002 et émigra aux États-Unis où il habite aujourd'hui lorsqu'il ne travaille pas comme guide. « Dans quelques années, je prendrai certainement ma retraite », déclara-t-il lors d'un entretien organisé pour l'écriture du présent livre, sans que personne ne soit dupe. « J'aimerais retourner au Karakoram et, qui sait, gravir le K2 », ajouta-t-il avec un peu plus de conviction.

◆

Ang Dorjee n'est pas le seul dont la célébrité repose sur un nombre incalculable d'ascensions de l'Everest. Apa Sherpa, personnage discret aux lignes graciles, et timide dans sa manière d'être, en est à sa vingt et unième ascension. Né en 1960 à Thame, au cœur de la région népalaise du Khumbu, il n'avait que douze ans lorsqu'il perdit son père. Il dut quitter l'école pour s'engager comme porteur et subvenir aux besoins de la famille, composée de sa mère, de ses deux sœurs et ses trois jeunes frères. Après sa vingt et unième ascension de l'Everest en 2011, il promit à sa femme que c'était la dernière.

« Tout le monde dit que vingt et un, c'est un bon nombre, dit-il. Il faut que je fasse plaisir à ma famille. » Non seulement il n'y est plus retourné, mais il a aussi émigré aux États-Unis avec toute sa famille. Il s'est reconverti dans le domaine de la mécanique de précision et du moulage par injection. Beaucoup moins dangereux que la grimpe. Cette activité finance la scolarité de ses enfants ainsi que la fondation qu'il a créée et qui œuvre pour le développement économique et pour des projets éducatifs au Népal.

◆

En 2018, Kami Rita Sherpa décrocha, à son insu, le record d'ascensions de l'Everest en le gravissant pour la vingt-deuxième fois. Ce fut l'entreprise Guinness World Records qui l'en informa. Puis, il battit son *propre* record une première fois. Puis une deuxième. En mai 2021, il en était à sa vingt-cinquième ascension. « [La vingt-cinquième fois], c'était cool. Dieu était avec nous, expliqua-t-il sur un ton blasé. Avant, j'avais la possibilité de faire l'Everest deux fois par an, mais par flemmardise, je rentrais chez moi après la première ascension. Cela m'est arrivé à plusieurs reprises[117]. »

117 Entretien réalisé par Bhusan Dahal pour *Legends Talk*, Épisode 5, 12 août 2021, vidéo.

Il y retourna en mai 2022, mais resta sur sa faim et ajouta deux nouvelles ascensions à son tableau de chasse, établissant un nouveau record de vingt-huit ascensions de l'Everest.

Né en 1970, Kami Rita Sherpa passa sa jeunesse à Thame, dans une maison dotée d'une pièce unique. Perché à 3750 mètres, ce minuscule village a enfanté un contingent de jeunes hommes entretenant de profonds liens avec l'Everest.

Fils de Mingma Tsiri Sherpa, un des premiers guides sherpas professionnels après l'ouverture du Népal en 1950, Kami Rita prit naturellement sa place dans les rangs du métier. À la cinquantaine, rien ne laisse penser qu'il pourrait raccrocher les crampons. « Si la volonté est là et que le corps suit, on peut grimper jusqu'à soixante, voire soixante-dix ans », affirme-t-il. Ce faisant, Kami Rita s'efforce de ne pas céder aux suppliques familiales. « Quand on pratique l'alpinisme, il ne faut pas penser à sa famille ou à son chez-soi, sous peine de tout lâcher. » Son épouse, Lakpa Jangmu, a tout essayé. « Je lui répète qu'il pourrait trouver du travail ailleurs, ou monter une petite entreprise. Mais il m'ignore complètement. »

Kami Rita décrit le métier de guide à l'Everest avec lucidité. « On ne peut pas vraiment les [les clients] porter jusqu'en haut, mais il arrive qu'on les tire à hue et à dia. Ce qu'on peut transporter, par contre, ce sont leurs bouteilles d'oxygène, qu'on remplace quand elles sont vides… On se sert aussi de la corde pour les tracter. »

Tracter des clients sur le toit du monde à vingt-huit reprises, c'est beaucoup, même pour la deuxième génération de *climbing Sherpas* du village de Thame. Mais ce qui anime

Kami Rita avant tout, ce n'est ni l'argent, ni la gloire, mais l'escalade. « Pour être honnête, je suis ensorcelé. Pour nous qui faisons ce travail, s'arrêter serait… trop bizarre. » Tout en admettant sa passion dévorante pour l'alpinisme, Kami Rita, comme c'est le cas de tant d'autres Sherpas, ne souhaite pas que ses enfants suivent ses traces. Son plus grand désir, c'est de leur offrir une bonne éducation pour qu'ils puissent choisir ensuite un métier moins dangereux que le sien.

◆

Kami Rita fut précédé de Ang Rita, considéré comme le grand-père de tous les conquérants de l'Everest. Né à Thame en 1948, Ang Rita passa son enfance à faire paître les yacks. Il ne fut jamais scolarisé et ne reçut aucune formation alpine. À l'âge de quinze ans, il fut embauché pour la première fois comme porteur. Cinq ans plus tard, il était au sommet du Cho Oyu. Sa carrière compte probablement pas moins de dix-huit ascensions de sommets de plus de 8 000 mètres. Le nombre exact est inconnu. Cet homme menu au visage ridé, au regard interrogateur et au sourire de guingois était unique en son genre. Il gravit l'Everest dix fois entre 1983 et 1996 sans jamais utiliser d'oxygène, et une fois en hiver, en 1987.

Ang Rita avait trois fils et une fille. Son aîné, Karsang, se hissa sur le sommet de l'Everest neuf fois et périt en 2012 lors d'une expédition.

Durant les dernières années de sa vie, Ang Rita souffrait d'une affection hépatique, aggravée par un accident vasculaire cérébral en 2015, des problèmes de santé probablement dus à son penchant pour la bouteille, qu'il justifiait ainsi : « Aucun étranger ne se plaint de ma consommation d'alcool. Ils savent que quand vient le moment de se mettre au boulot, je suis opérationnel[118]. » Il s'éteignit chez sa fille à Katmandou à l'âge de soixante-douze ans.

Dans un article de 1996 consacré à Ang Rita, l'auteur népalais Deepak Thapa écrivit : « S'il avait parlé l'anglais, s'il avait été blanc, s'il s'était occupé de sa propre promotion au lieu de garder des yacks, Ang Rita Sherpa serait devenu célèbre dans le monde entier[119]. » Comme de nombreux alpinistes grimpeurs dont il est question dans les pages de ce livre, l'accès à l'éducation lui aurait certainement permis de faire mieux connaître ses exploits. Mais ne sachant ni lire ni écrire, Ang Rita dépendait inexorablement d'autrui pour vendre ses services.

◆

Lakpa Rita Sherpa vit le jour à Thame en 1966, quasiment vingt ans après Ang Rita. Son père était alpiniste et, comme Ang Rita, il était illettré pour la bonne raison qu'il n'y avait pas d'école au village. Par chance, lorsque Lakpa fut en âge d'être scolarisé, il eut accès à l'école construite par la fondation de sir Edmund Hillary.

Aîné d'une fratrie de onze enfants, dont seulement huit ont survécu, Lakpa remplaça son père comme soutien de

118 Deepak Thapa, « Upwardly Mobile Ang Rita », Himalmag.com, 1er septembre 1996.
119 Thapa.

famille après que ce dernier, guide himalayen, fut atteint de gelures invalidantes. Lakpa cultivait des pommes de terre, des épinards et de la ciboulette, puis faisait trois heures de route le samedi pour vendre sa récolte au marché de Namche Bazaar. Il s'occupait également des yacks que possédait sa famille, et en vendait le lait et la viande de l'autre côté de la frontière tibétaine contre d'autres denrées essentielles.

Chaque année, Edmund Hillary se rendait à l'école de Lakpa, visite qui nourrit la fascination du garçon pour l'Everest dès son plus jeune âge. Lorsqu'en 1984, son cousin lui proposa de porter des charges pour une expédition, il sauta sur l'occasion. « Les expéditions commerciales étaient rares, expliqua-t-il dans un podcast de Mark Pattison. Mais j'étais toujours prêt à travailler dur, à faire de mon mieux, et comme j'avais été un peu à l'école, je parlais quelques mots d'anglais… cela m'a aidé[120]. »

En 1990, la chance lui sourit avec l'expédition yougoslave à l'Everest au cours de laquelle il fut chargé non seulement du portage, mais aussi du traçage de la voie et de l'installation des cordes fixes. Après quinze ascensions de l'Everest, et d'innombrables sommets népalais, il devint le premier Sherpa à gravir les sept points culminants de chaque continent. Après quoi on lui fit une offre qu'il lui était impossible de refuser : partir aux États-Unis et travailler à plein temps pour Alpine Ascents International, l'agence de guides de l'Américain Todd Burleson. Deux de ses rêves se réalisaient : être payé pour grimper et vivre aux États-Unis.

120 Mark Pattison, « Lakpa Rita Sherpa », épisode 189 de *Finding Your Summit* (podcast), 5 février 2021.

Son avenir assuré financièrement, Lakpa put lâcher la bride, avec la certitude que ses enfants auraient accès à l'éducation, tout en continuant à s'adonner à sa passion : l'alpinisme. Lakpa jouit d'une grande renommée dans le milieu des guides népalais, et il est la figure de proue de Alpine Ascents.

◆

Pasang Dawa Sherpa est un alpiniste népalais un peu moins connu, mais tout aussi aguerri que Lakpa. Padawa, comme on le surnomme souvent, est d'origine encore plus humble que la majorité des Sherpas de sa génération. Il vint au monde en 1976 dans un abri à yacks des hauts pâturages dominant Chhuking dans le Khumbu. Ses parents souhaitaient qu'il devienne moine, mais Padawa avait d'autres ambitions. Étant né à 4800 mètres environ, il était fait pour l'alpinisme. Il commença comme commis de cuisine, puis gravit les échelons de porteur jusqu'à celui de *climber*. Il eut ensuite la chance de servir de guide à Bear Grylls, personnalité de la télévision britannique, sur le point culminant de sa région natale : l'Everest. Après cela, Padawa n'eut aucune difficulté à trouver du travail ; il a gravi l'Everest tant de fois qu'il n'est pas sûr du nombre exact. Dans un entretien récent, il déclare qu'il en serait au moins à sa vingt-troisième ascension ; certaines années, il a participé à deux expéditions, mais il ne se souvient plus combien de fois cela s'est produit. Une année, il est allé au sommet deux fois en une semaine. Aujourd'hui, lorsqu'un guide très connu réalise un tel exploit, cela fait rapidement le tour des réseaux sociaux. Mais tel n'était pas le cas à l'époque de Padawa. Deux fois en une semaine, pour lui, cela voulait juste dire qu'il avait une semaine chargée (et qu'il doublerait ses pourboires).

Il a gravi l'Ama Dablam à trente reprises au moins, dont une fois à la journée en partant directement de chez lui, et s'est hissé sur d'autres géants himalayens au moins cinquante fois. Pourtant, personne n'a entendu parler de lui en dehors de la communauté alpine. Pourquoi ? Parce qu'il n'a pas émigré aux États-Unis, qu'il n'est pas présent sur les réseaux sociaux, et qu'il ne se produit pas en conférences. Jusqu'à récemment, lorsqu'il n'accompagnait pas des clients sur les sommets du Khumbu, il labourait les champs qu'il possède au-dessus de Pangboche ou faisait de menus travaux au village.

En 2021, la vie de Padawa bascula lors d'un incident tragique qui emporta sa mère et son fils. Il sombra dans l'alcool et la dépression au point qu'il faillit perdre la vie. Des villageois, accompagnés de Jon Gupta, le client qui l'avait embauché cette année-là, firent ce que lui avait fait bien des fois pour autrui : ils vinrent à son secours. Les deux mois d'humiliation qu'il passa dans un centre de désintoxication lui laissèrent un souvenir cuisant, mais il en sortit miraculeusement indemne. D'après son ami Suraj Paudyal, « les légendes himalayennes comme Padawa n'ont rien à faire dans un centre de désintoxication, leur place est dans les montagnes et dans les livres d'histoire. [...] Il a fait son travail... sans rien demander en échange ni de la société, ni de la nation… À présent, son rôle est de donner des conférences et de signer des autographes dans les écoles. C'est à nous d'œuvrer en son honneur pour la reconnaissance de ses exploits ».

Padawa s'installa avec sa femme Pasang Jamu dans un appartement à Katmandou. La chaleur et la pollution contrastaient nettement avec sa vie au Khumbu : retourner chaque saison dans la zone de la mort, rencontrer des clients venus du monde entier, respirer l'oxygène rare. Ses amis se demandaient s'il reprendrait un jour son bâton de guide, ou s'il comptait prendre définitivement sa retraite. En mai 2022, il emmena des clients à l'Everest pour la vingt-quatrième fois, puis il rempila au cours de la même saison, et encore deux fois en 2023. Il battit le record du monde de vitesse de l'ascension de cinq 8000 : l'Everest, le K2, le Kangchenjunga, le Lhotse et le Makalu. Puis, Kristin Harila, la jeune Norvégienne qui s'était lancée dans la course aux quatorze 8000, l'embaucha comme guide avec Dawa Ongju Sherpa. Malgré tout cela, Padawa ne deviendra probablement jamais ni célèbre, ni riche, et ne saura jamais exactement combien de fois il a gravi l'Everest. Et pourtant, il aura survécu à une vie d'immenses dangers.

◆

Au sein de la communauté sherpa, tous n'ont pas l'occasion de battre des records. Certaines histoires sont plus dures et plus tristes que d'autres. Lorsqu'ils sont dans la force de l'âge, au sommet de leurs capacités, qu'ils rencontrent des alpinistes du monde entier et qu'ils deviennent des stars dans leur village, les *high altitude climbers* et les guides semblent invincibles. Mais comme le savent tous les athlètes de haut niveau, vient un moment où l'on atteint un plateau, puis c'est la déchéance. Pour ceux qui passent leur vie à braver les dures conditions qui règnent sur les plus hauts sommets de la terre, s'ajoutent souvent les conséquences durables des gelures et des blessures. La réaction rationnelle est de réduire la voilure et de se reconvertir dans le trekking, la formation, ou d'ouvrir une maison de thé. De nombreux Sherpas ont du mal à passer le cap et puisent parfois dans l'alcool la force qui leur manque.

Sungdare Sherpa était un alpiniste illustre de Pangboche qui s'était rendu à l'Everest pour la première fois en 1975 avec Chris Bonington et son expédition sur la face sud-ouest. Novice à l'époque, Sungdare avait porté des charges sur ce versant austère jusqu'au camp 5, situé à 7 772 mètres d'altitude. L'alpiniste canadien Roger Marshall récolta après coup son témoignage sur l'ascension :

« Ça t'avait plu ?

— Oui, bien sûr que ça m'avait plu.

— Pourquoi ?

— Parce qu'on m'avait donné du matériel neuf[121]. »

En 1979, la décision de rester auprès de sa cliente, Hannelore Schmatz, qui agonisait sur les hauteurs de l'Everest, lui coûta presque tous ses doigts et orteils. À Roger qui lui demandait

121 Roger Marshall, « The King of Everest », *Backpacker Magazine*, mai 1986.

pourquoi il avait continué à grimper après cet épisode, il répondit : « Parce que je n'ai aucune éducation, que je ne sais ni bien parler ni bien écrire. Voilà pourquoi je grimpe[122]. » Il fut l'un des premiers à collectionner les ascensions de l'Everest, en comptant cinq à son actif, mais il avait du mal à résister au *rakshi*, le puissant alcool local.

Les propositions d'embauche se raréfièrent à mesure qu'augmentait sa dépendance à l'alcool, et arriva un moment où il n'eut plus les moyens de s'en acheter ni de subvenir aux besoins de sa famille. À trente-neuf ans, Sungdare se noya dans la rivière en amont du village, probablement intentionnellement, laissant à sa veuve, Bhing Phuti, la charge du foyer.

◆

L'histoire de Babu Chhiri Sherpa se termine mal, même si elle présageait de l'avenir des alpinistes sherpas. En 1989, à l'âge de vingt-trois ans, il gravit sans oxygène son premier 8000, le Kangchenjunga, au sein d'une expédition russe qui l'avait embauché comme *climbing Sherpa*. « C'était comme un examen d'entrée[123] », confia-t-il au journaliste britannique Ed Douglas, un examen qu'il réussit haut la main.

Fort et carré, Babu Chhiri respirait la joie et l'optimisme, qui lui valaient instantanément la sympathie de tous ceux qu'il rencontrait. Il n'avait jamais été scolarisé mais parlait quatre langues : le sherpali, le hindi, le népalais et l'anglais.

122 Marshall.
123 Ed Douglas, « Babu Chhiri Sherpa », *Guardian*, 3 mai 2001.

Grâce à son caractère affable et ses talents linguistiques, il convainquit son sponsor, l'entreprise californienne de matériel d'activités de plein air Mountain Hardwear, de lui fabriquer une tente pour passer une nuit sur le sommet de l'Everest. Le designer Martin Zemitis décrivit leur rencontre en ces termes : « Je me souviens de ce type au poitrail et à la capacité pulmonaire énormes, qui affirmait vouloir dormir sur le toit du monde. C'était un peu dément, mais bon, à Berkeley, on a l'habitude des projets de ce genre[124]. » Aussi lunaire que fut son idée, Babu Chhiri la mena à bien et passa vingt et une heures au sommet sans oxygène, à chanter et à parler pour ne pas s'endormir, se taillant ainsi une place dans l'histoire alpine. Il fit ensuite une ascension éclair de la montagne en seize heures et cinquante-six minutes.

Il était plus connu que d'autres Sherpas car il était un habile connaisseur de la valeur médiatique de ses exploits. La chance l'abandonna néanmoins en 2001 au cours de sa onzième expédition à l'Everest où il tomba dans une crevasse près du camp 2 alors qu'il prenait des photos. Il avait trente-cinq ans et apparemment, tout l'avenir devant lui, lorsqu'il disparut à jamais.

Comme il était tenu en haute estime dans son pays, son corps fut rapatrié à Katmandou, couvert de fleurs et d'écharpes votives. De nombreux dignitaires du Népal, dont le Premier ministre, lui rendirent hommage. Ce fut un concert d'éloges, dont ceux de Sa Majesté le roi Birendra. Mais au terme de tout cela, sa femme, Puti, se retrouva seule à élever leurs six filles.

---

124 Josh Sens, « Tent-Makers Remember 'King' Climber », SFgate.com, 11 mai 2001.

Babu Chhiri était un précurseur. La génération qui suivit tira les leçons des mécanismes qui font la une des médias et apprit à les instrumentaliser. Cette nouvelle vague d'alpinistes népalais affina ainsi l'outil, collectionnant les records, et gagnant les cœurs et les esprits partout dans le monde à coup de tweets. En refusant d'opérer dans l'ombre pour des salaires de misère et sans système de prévoyance, comme l'avaient fait leurs prédécesseurs, tandis que des alpinistes occidentaux surmédiatisés faisaient les coqs sur les montagnes du Népal, elle changea la donne à jamais. Mais au prix de grands remous.

CHAPITRE 14

Montagnes de profits

De là-haut, la vue est magnifique. Mais je fais cela pour l'argent. Il n'y a pas au monde de boulot plus dangereux.

Ang Dorjee Sherpa

Vingt-sept avril 2013 à l'Everest. Un groupe de Sherpas installait les cordes fixes entre les camps 2 et 3, qui seraient utilisées le lendemain par leurs clients. La veille, lors d'une réunion au camp 2, clients et Sherpas avaient convenu que personne n'approcherait des équipeurs pendant qu'ils travailleraient. « Arrimer les cordes est un énorme travail, c'est très délicat, On a donc exigé que personne ne monte trop haut[125] », expliqua plus tard Tashi Sherpa, l'un des équipeurs, au journaliste Deepak Adhikari.

À 6700 mètres, ils virent s'approcher trois personnes. Tashi appela le camp 2 par radio pour demander de qui il s'agissait.

125 Deepak Adhikari, « The Everest Brawl: A Sherpa's Tale », Outsideonline.com, 13 août 2013.

On lui répondit que c'était des Russes détenteurs d'un permis pour la montagne voisine, le Lhotse. Ils avançaient en direction des équipeurs sherpas, car la section de la voie dans laquelle ils se trouvaient est commune aux deux sommets.

Sauf qu'ils n'étaient pas russes. Le groupe d'alpinistes était composé du Suisse Ueli Steck, de l'Italien Simone Moro et du Britannique Jonathan Griffith, également photographe. Ces trois personnalités bien connues du public poursuivaient un objectif ambitieux: la difficile traversée Everest–Lhotse. Ils rejoignaient leur tente au camp 3 sur la face du Lhotse pour s'acclimater. Les Sherpas au camp 2 avaient prié Ueli de s'abstenir de grimper ce jour-là, mais il leur avait assuré qu'ils ne toucheraient pas aux cordes et feraient très attention de ne pas décocher des bouts de glace sur les équipeurs.

Ils progressaient tous les trois bien plus rapidement que les Sherpas puisqu'ils se contentaient de grimper et n'avaient pas de cordes à installer. Les équipeurs n'étaient pas enchantés. « Je pense que celui qui était en tête a eu le sentiment de perdre la face, confia plus tard Ueli à l'écrivain Tim Neville. Cela faisait quatre ou cinq heures qu'ils travaillaient et nous avons grimpé le long des cordes sans les toucher en une heure et demie[126]. »

Lorsque, ayant rattrapé les Sherpas, ils enjambèrent les cordes fixes, cela mit le feu aux poudres. Les détails sont un peu confus, mais Tashi soutint que lorsque les Européens traversèrent au-dessus de Mingma Tenzing, l'équipeur qui se trouvait en tête, il y eut une chute de glaçons et qu'un des Sherpas en aval fut touché. Ueli

126 Tim Neville, « Brawl on Everest: Ueli Steck's Story », Outsideonline.com, 2 mai 2013.

démentit l'accusation, mettant en avant qu'ils avaient fait preuve d'une extrême prudence. Il avança aussi qu'il était impossible d'arrimer des cordes sans décocher des morceaux de glace, et que, partant, Mingma était peut-être responsable de l'accident.

Quoi qu'il en fût, Mingma, furieux, décida de s'arrêter là. Après avoir installé un relais, il commença à descendre en rappel. Les insultes fusèrent. On en vint aux mains, sans qu'il y eût à déplorer de blessés.

Simone n'était pas loin derrière Ueli, mais lorsqu'il arriva sur les lieux, la situation avait déjà dégénéré. Hors de lui, Simone hurla à Mingma en népalais : « Qu'est-ce que tu fous, fils de pute ?! »

Les équipeurs descendirent, écœurés, et les trois Européens les relayèrent pour se faire pardonner. Ils savaient que la dizaine de clients alors au camp 2 comptait utiliser les cordes dès l'aube le lendemain ; si elles n'étaient pas en place, ils seraient montrés du doigt.

Avant de regagner le campement, les trois alpinistes prévinrent Greg Vernovage, un des guides étrangers resté au camp 2, de leur intention de s'expliquer avec les Sherpas à leur arrivée. « Greg savait que la situation était explosive, raconta Ueli. Il disait que ça allait se gâter… Les Sherpas étaient remontés contre Simone qui les avait insultés[127]. » À leur arrivée, Ueli et ses compagnons se retrouvèrent face à plusieurs dizaines, voire une centaine de Sherpas droit debout. D'après Ueli, l'atmosphère était menaçante car

127 Neville.

certains s'étaient caché le visage, une interprétation que Tashi jugea ridicule. « Les Sherpas ont l'habitude de se protéger le visage contre le froid avec une écharpe. Moi aussi j'en portais une[128]. »

Écharpes ou pas, une bagarre éclata sur les pentes de l'Everest: cailloux, empoignades, coups de pied et de poing fusèrent. La guide Melissa Arnot s'interposa entre les Sherpas et les Européens. Il y eut un retour au calme relatif, et on ne déplora aucun blessé, mais la tension était toujours perceptible.

Ueli et son équipe se réfugièrent dans leurs tentes, l'alpiniste suisse considérant que sa vie était en danger. « Ce n'était pas le cas, déclara Tashi. Si les Sherpas avaient eu l'intention de les tuer, ils n'en auraient pas réchappé[129]. » Et il n'a pas tort. Ils étaient cent contre trois, et seule Melissa les séparait. Simone sortit de la tente pour s'excuser, mais cela ne fit que jeter de l'huile sur le feu. Finalement, les Européens s'éclipsèrent au camp de base et quittèrent définitivement les lieux peu de temps après.

Ueli était traumatisé. « J'ai perdu quelque chose qui m'était précieux, expliqua-t-il à Tim. Le mal est fait. Je ne dis pas que je n'y retournerai jamais, mais il me faut un peu de temps pour digérer tout cela[130]. » La couverture médiatique de l'événement laissa Tashi bien amer. Pourquoi avait-on interrogé tout le monde *sauf* les Sherpas impliqués dans l'affaire ? « Pas un seul journaliste ou bloggeur ne nous a contactés. Ce qu'on avait à dire, cela ne

---

128 Adhikari.
129 Adhikari.
130 Neville.

les intéressait pas. Même l'officier de liaison payé par le gouvernement n'a pas daigné venir nous parler[131]. » Si Tashi ne fut pas contacté personnellement, les rédactions de plusieurs organes de presse outdoor tentèrent de recueillir le témoignage de Népalais présents lors des incidents, mais mirent du temps à y parvenir.

Aussi choquants que furent ces événements, toutes les parties admirent que d'une manière ou d'une autre, la confrontation était devenue inévitable. Une certaine rancœur réciproque s'était accumulée au cours des dernières décennies entre les alpinistes étrangers et les Népalais. D'ordinaire, ces derniers prenaient sur eux, réprimaient leur amertume, reconnaissants d'avoir du travail, et épanchaient leur ressentiment en vidant une bouteille de *rakshi* une fois leur mission accomplie. Mais en ce 27 avril 2013, le sens de l'hospitalité des Sherpas fut éclipsé par l'irrespect manifesté à l'égard des équipeurs, faisant place à la violence.

La colère n'empêchait pas Tashi d'envisager l'avenir avec optimisme. « Je pense que la relation entre les Sherpas et les alpinistes étrangers reste bonne. Le lien est fort et s'est construit au fil des années, dans la poursuite des mêmes objectifs. Mais cet incident couvait depuis longtemps, et il se répétera chaque fois que les Sherpas seront humiliés[132]. » Ueli partageait cette analyse. « Ce n'est pas fini. Les expéditions commerciales auront à gérer ce problème à l'avenir... La tension est toujours là[133]. »

131 Adhikari.
132 Adhikari.
133 Neville.

Au cours de l'été 2014, le magazine *Alpinist* publia un article d'un dénommé Tashi Sherpa, homonyme de celui auquel il est fait référence plus haut, qui présentait une interprétation nuancée de l'affaire dépassant les stéréotypes.

> « *Beaucoup de choses ont été écrites au sujet de la bagarre pitoyable qui opposa les Sherpas aux Européens à l'Everest au printemps dernier, et dans l'emballement propre à l'Internet, ce sont ceux qui ont parlé les premiers et qui ont crié le plus fort qui ont été écoutés et crus. Tout d'un coup, le piédestal sur lequel les* Mikaru *(les Occidentaux) avaient placé les Sherpas s'est mis à chanceler. Donner un coup de poing ou de pied à quelqu'un est un acte que tout bouddhiste condamne sans hésitation, mais ni la violence, ni la non-violence n'appartiennent en propre à aucune religion ni nationalité. Je ne sais pas quel accueil m'aurait réservé un étranger un peu excité de la gâchette si je m'étais pointé dans son jardin et avais accusé ses ancêtres d'être des dépravés sexuels. […] On n'a jamais exigé d'être traités en preux chevaliers. Il est donc injuste de nous couvrir d'opprobre lorsqu'il nous arrive de ne pas correspondre à l'image d'Épinal que vous avez de nous*[134]. »

Bien des années plus tard, la plupart des professionnels népalais de haute altitude étaient encore réticents à dire franchement ce qu'ils pensaient de ce qui s'est passé ce jour-là au camp 2.

---

134 Tashi Sherpa, « Everest Interrupted », *Alpinist*, vol. 47 (été 2014), p. 90.

Sareena Rai, qui travaille à Katmandou pour l'Himalayan Database, les archives himalayennes officielles, les comprend. « Ces gars peuvent perdre beaucoup plus gros que les alpinistes étrangers à parler ouvertement et franchement de cet incident », fit-elle remarquer avec à-propos.

Pemba Sharwa Sherpa avait assisté à la scène. Il vient de Phortse, le village du Khumbu qui compte le plus grand nombre de vainqueurs de l'Everest, soit plus de quatre-vingts personnes parmi la population actuelle. Dans ce milieu, il est de haute extraction : son père, Lhakpa Dorje, atteignit le sommet de l'Everest en 1987 et travailla pour plus de trente expéditions ; un de ses grands-pères fournit des yacks à l'expédition de 1953 à l'Everest ; un autre de ses grands-pères participa à près de vingt expéditions himalayennes. Pemba a sa propre opinion de la bagarre de l'Everest. « Les médias sont partiaux. L'incident de 2013, c'est de leur [celle des Occidentaux] faute. Ils essayaient de passer devant, sans concertation. Ensuite, ils ont livré leur version de l'histoire aux médias. Qu'est-ce qu'on peut dire ? Tout ça c'est une histoire de respect mutuel. En montagne, c'est ça qui compte. »

Il y a plus de vingt ans, l'anthropologue Sherry Ortner avait fait le même constat : « À ses débuts, et encore aujourd'hui, ce sont les alpinistes internationaux qui définissent les règles de l'himalayisme. C'est leur sport, leur jeu, et il incarne leurs aspirations[135]. » Mais elle ajoutait que pour comprendre l'attitude des alpinistes népalais dans un conflit quel qu'il soit, il faut se souvenir qu'ils aspirent avant tout au *respect*.

135 Sherry Ortner, *Life and Death on Mt. Everest*.

Prakash Gurung, qui a travaillé comme guide sur de nombreux géants himalayens, fut d'une pareille circonspection dans ses déclarations. « Ils se sont mal conduits, dit-il des Européens présents à l'Everest ce jour-là. Les équipeurs sont au service de centaines de personnes. Les autres auraient pu attendre. » Il ajouta : « Peut-être qu'il y a eu un problème de communication. Mais bon, on est au Népal. On fait les choses à notre façon. Il y aurait dû avoir une discussion, puis une décision collective ; mais tel ne fut pas le cas. Ils ont juste considéré qu'ils avaient la priorité. [...] Si nous avions été dans leur pays, et qu'une de leurs équipes avait été chargée d'installer les cordes fixes, ils ne nous auraient jamais permis d'agir comme ils l'ont fait ici. » Et il est à nouveau question de respect. « C'est une question de *respect* des mœurs de l'autre. [...] Soit nous aurions demandé poliment la permission, soit nous aurions attendu notre tour. »

Une fois encore, la vérité a du mal à émerger des différentes interprétations des événements. On ne saurait cependant faire abstraction des ressentiments accumulés et refoulés au fil des années. Des alpinistes népalais vivant dans le dénuement ou dans des conditions modestes voient défiler des Occidentaux dépensiers qui voyagent, grimpent, sont soutenus par leurs sponsors, et deviennent célèbres. Ueli, qui fut un alpiniste professionnel accompli malgré une carrière écourtée, a finement résumé la situation, et son commentaire peut s'appliquer à d'autres sommets que l'Everest : « Il y a un tel business autour de l'Everest de nos jours, et tellement d'argent à gagner... Les Sherpas sont loin d'être stupides. Ils voient tout cela, et se disent qu'ils vont prendre les choses en main et se débarrasser des Occidentaux[136]. »

◆

Les autochtones ne se sont pas « débarrassés » d'eux, mais ils grignotent du terrain. Il y a vingt ou trente ans, les entreprises étrangères pesaient beaucoup plus que maintenant dans l'organisation des expéditions, et la contribution népalaise était réduite. Aujourd'hui, la situation n'a pas seulement changé, elle s'est renversée. Au départ, la montée en puissance d'agences cent pour cent népalaises pouvait s'expliquer par une meilleure connaissance de l'environnement et un accès privilégié aux rouages bureaucratiques du pays, inaccessibles aux étrangers, qui en ignoraient jusqu'à l'existence. Nombre de ces entreprises coupèrent l'herbe sous le pied des opérateurs étrangers, au bénéfice des clients : pourquoi payer 60 000 dollars pour l'Everest quand vous pouvez y aller pour seulement 40 000 dollars ?

Il n'est pas à la portée de l'apprenti alpiniste lambda d'éplucher les mentions en petits caractères, ni de comprendre à quoi correspond le prix d'une prestation. Quel que soit le propriétaire de l'agence, il y a des différences de taille entre une ascension à 40 000 dollars et une ascension à 60 000 dollars, comme le nombre de bouteilles d'oxygène et la qualité des tentes, sans compter la formation et

136 Neville.

l'expérience des guides. Il est normal qu'un client qui prend un guide pour faire un 8000 veuille être encadré par une équipe composée des guides les meilleurs et les plus expérimentés qui soient, et bénéficier d'un ratio élevé d'encadrement des clients par les guides, car sa vie en dépend. Et il n'est pas moins important de posséder l'équipement adéquat si les choses tournent mal, comme du matériel de secours spécifique, des médicaments, et des dispositifs de communication fiables, ainsi que d'un personnel qualifié pour les utiliser.

Et avec deux mille agences présentes au Népal proposant des expéditions, le choix est difficile. Certains guides népalais dotés d'un sens aigu des affaires ont commencé comme porteurs, puis *Icefall Doctors*, avant de passer à guides de haute altitude et propriétaires d'agences. La facilité d'accès à des infrastructures de premier choix, à du matériel, à des hélicoptères et des guides qualifiés donne l'avantage aux agences népalaises sur les opérateurs occidentaux. Rodolphe Popier, membre de l'équipe de l'Himalayan Database, témoigne de cette évolution. « Aujourd'hui, les Sherpas ont parfaitement conscience d'être les artisans des grands sommets », expliqua-t-il. Ils sont en train de révolutionner le métier de guide au Népal. Très peu proposent encore du bas de gamme à 40 000 dollars, et la plupart sont assez qualifiés pour satisfaire les besoins des clients actuels.

Sans nul doute, entreprises étrangères et népalaises ne peuvent plus à présent se passer les unes des autres. Les premières rabattent la clientèle, tandis que les secondes fournissent la panoplie de services nécessaires. Pourtant, ce scénario aussi est en pleine évolution, car de plus en plus d'opérateurs népalais trouvent eux-mêmes leur clientèle sans l'intervention d'un tiers. Des célébrités comme Nimsdai, Mingma G ou d'autres, disposent de mille instruments, dont les réseaux sociaux, pour capter leurs propres clients. Il est probable que dans un avenir proche, l'intégralité du secteur des expéditions au Népal soit accaparée par les Népalais.

◆

Seize avril 2021. Pasang Lhamu Sherpa Akita posta la photo d'une procession d'alpinistes ensevelis sous leurs doudounes et leurs bouteilles d'oxygène avançant vers un sommet, une scène ordinaire à l'Everest ; le problème, c'est qu'il ne s'agissait pas de l'Everest, mais de l'Annapurna, le plus meurtrier de tous les 8000 népalais. Que se passait-il ?

Comment en était-on arrivé là ? Il s'avéra que soixante-huit clients et leurs guides avaient gravi le sommet de l'Annapurna deux semaines à peine après avoir été déposés au camp de base en hélicoptère. Quasiment tous utilisaient de l'oxygène. Des cordes fixes étaient en place du pied de la montagne jusqu'au sommet. Lorsque les cordes vinrent à manquer à 7 400 mètres, clients et équipeurs redescendirent au camp 4 dans l'attente de cordes supplémentaires. Mais comment les y acheminer ? Un second hélicoptère apparut dans le ciel, rempli de cordes et de bouteilles d'oxygène pour les clients qui se retrouvaient coincés. Les équipeurs reprirent le travail tandis que les clients patientaient, croisant les doigts pour que le mauvais temps n'arrive pas. La chance leur sourit, et deux jours plus tard, tout le monde fit le sommet.

Bienvenue dans le monde de l'alpinisme de masse. À mille lieues de la première ascension par les Français en 1950, aventure qui leur coûta orteils et doigts, l'ascension de 2021 ne prétendait pas écrire une page de l'histoire de l'himalayisme. C'était une opération purement commerciale, dont clients et organisateurs souhaitaient exclure le risque à tout prix.

Les agences comme SST proposent de plus en plus une « version industrielle » de l'himalayisme. Le terme « escalade » himalayenne est visiblement un peu abusif, même s'il est encore question d'ascension. « Expérience » himalayenne semble mieux correspondre à la réalité. À l'instar de Little Karim qui affirmait que les montagnes du Karakoram étaient « l'or » des Pakistanais, les entreprises népalaises ont conçu un produit lucratif qui met en avant les beautés naturelles du pays. Elles sont contraintes de suivre l'évolution de leur clientèle.

Les montagnards étrangers des années 1930, 1940 et 1950 avaient certes eu besoin du soutien des Sherpas, mais en ces débuts de l'himalayisme, ce furent les Occidentaux qui cherchèrent à gravir les hauts sommets, et qui tracèrent de nouveaux itinéraires. Les clients à présent sont très différents. Certains passent du temps au camp de base à apprendre de leurs guides népalais comment marcher avec des crampons et utiliser un jumar ou un piolet. Ils ne disposent pas de plusieurs mois pour faire la marche d'approche et s'acclimater à l'altitude, mais de quelques semaines seulement, et encore dans le meilleur des cas. En revanche, ils sont fortunés et ambitieux. Se faire déposer au camp de base, respirer de l'oxygène en bouteille, se clipper aux cordes fixes du début à la fin, c'est ce qu'il leur faut ; ajouté à cela un Sherpa qui leur soit attitré, comme une rémanence de temps révolus.

Aux alpinistes qui tentent de grimper de manière indépendante, la scène peut paraître choquante : ballets d'hélicoptères, dépose de matériel, tentes remplies de bouteilles d'oxygène, et stages pour alpinistes débutants au pied de la montagne.

◆

Cette situation a de quoi nourrir un certain cynisme, qui d'ailleurs a atteint de nombreux alpinistes. Mais SST et d'autres agences ne font que répondre à la demande. Elles savent ce que veulent les clients : faire le sommet dans la sérénité, sans dépasser les délais de leurs vacances, avec un minimum de risques et de désagréments. Comme Angela Benavides de Explorersweb a pu l'observer : « Cela ne relève pas du miracle. Il faut juste travailler dur, avoir une armée de Sherpas, des kilomètres de cordes et assez d'oxygène pour installer une colonie sur Mars[137]. »

137 Angela Benavides, « Annapurna, the New 8,000m Business Model », Explorersweb.com, 25 avril 2021.

Mingma David Sherpa, directeur de SST, est le premier Népalais à avoir gravi les quatorze 8000 ; son frère, Chhang Dawa Sherpa, le deuxième ; et le troisième associé de l'entreprise, leur frère Tashi Lakpa Sherpa, a gravi plusieurs 8000 dont huit fois l'Everest, de plus, il travaille pour le ministère de la Culture, du Tourisme et de l'Aviation civile comme expert en matière d'alpinisme.

SST a été créée en 2006, mais son nom n'a été connu en dehors du Népal que durant l'hiver 2020-2021, lorsqu'ils installèrent un magasin au pied du K2. Après une année financièrement désastreuse au Népal, au cours de laquelle aucune expédition ne fut organisée pour cause de pandémie de COVID, SST voulut rattraper le temps perdu. Leur stratégie était de proposer « deux sommets d'un coup », une formule intéressante pour les collectionneurs de 8000. Au printemps 2021, SST offrait la possibilité, aux clients qui étaient prêts à débourser une coquette somme, de gravir l'Annapurna puis d'enchaîner avec le Dhaulagiri.

Pour gagner du temps, SST avait organisé leur transport de Pokhara au camp de base de l'Annapurna dans des hélicoptères de l'entreprise. Le vol, relativement bref, économisait des jours de marche et les coûts de portage afférents. De plus, la durée de l'expédition étant courte, le volume de ravitaillement était réduit. Cette stratégie, cependant, était risquée, car les prétendants au sommet ne pouvaient pas s'acclimater en deux semaines. Guides et clients eurent de la chance avec la météo et les avalanches ; et l'utilisation de l'hélicoptère, qui déposa *in extremis* cordes et oxygène, permit au groupe qui équipait la montagne de finir le travail à temps. Les clients, chaperonnés par le guide sherpa qui leur était attitré, n'avaient plus qu'à suivre les équipeurs, se clipper à la corde, régler le débit d'oxygène, marcher péniblement jusqu'au sommet et prendre des selfies. En 2021, la saison de l'Annapurna ne dura que deux semaines, et tous ceux qui en atteignirent le sommet y parvinrent en deux heures.

Ce ballet d'hélicoptères fit dire à certains que cette saison ne fut qu'un formidable cirque de haute altitude. Mais c'est oublier que l'un d'eux permit de sauver au moins trois, et probablement quatre vies. Lorsque trois alpinistes russes se retrouvèrent coincés sur la montagne, incapables de descendre par leurs propres moyens, un hélicoptère de secours transportant à son bord Gesman Tamang, surnommé « docteur Annapurna », monta les chercher ; dans un numéro digne des meilleurs trapézistes, il déposa le sauveteur au niveau des victimes, sauvant ainsi les hommes, leurs orteils et leurs doigts. Gesman avait travaillé auparavant comme équipeur, et cette année-là, il avait aussi gravi le sommet sans oxygène.

Un client taïwanais, Lu Chung-han, fut pareillement évacué en hélicoptère du camp 3 car il craignait, s'il descendait à pied, d'être pris dans les avalanches dévalant plusieurs fois par jour sur la voie entre le camp 3 et le camp 2. Il fut héliporté à Katmandou pour se reposer et soigner de légères gelures, puis reprit la « navette » pour être déposé sur son prochain 8000, le Dhaulagiri.

Quelques semaines après le Dhaulagiri, les gens de SST partaient à l'Everest et au Lhotse tenter un autre coup double. Pour de telles agences, l'Everest est une ressource inépuisable. Fut un temps où STT vous délestait de 130 000 dollars et vous faisait vivre l'Everest en VVIP, c'est-à-dire *very very important person*. Le service comprenait un guide privé, qualifié par les instances internationales, un cuisinier privé, des escapades à Namche Bazaar et à Dingboche et un approvisionnement régulier en fruits et légumes frais, le tout par transport héliporté. Leur site internet annonçait : « Si vous souhaitez voir le monde depuis son point culminant et que vous avez les moyens financiers de neutraliser votre peur du risque et les effets de l'âge, alors inscrivez-vous au VVIP Mount Everest Expedition Service ».

◆

L'opulence et l'organisation, cependant, ne sont pas des garanties absolues contre les aléas. Le 7 mai 2021, douze Sherpas travaillant pour SST atteignirent le sommet de l'Everest ; parmi eux, Kami Rita Sherpa qui le gravissait pour la vingt-cinquième fois. Ils avaient terminé d'installer les cordes fixes de la base au sommet, et c'était à présent au tour des clients, qui festoyaient et s'acclimataient au camp de base, de tenter l'ascension. C'était comme si la pandémie de COVID n'avait pas encore frappé le Népal. Ou peut-être en était-elle déjà partie. Au cours de soirées où parfois on jouait de la musique, les équipes se mélangeaient. Dawa Yangzum Sherpa posta sur Instagram une photo où elle faisait la fête avec « les frères mythiques »

Mingma G et Nimsdai. Ce dernier partagea une vidéo musicale où on le voyait avec tous ses « potes », « les gros calibres », et le « mec le plus cool de toute la planète » : Mingma G. Ils avaient l'air de bien s'amuser, mais sur seulement trente secondes de vidéo, s'affichaient des comportements irresponsables dans cette boîte de Petri à COVID. Parmi les fêtards se trouvaient des alpinistes arrivés du Dhaulagiri, où avait sévi le virus. Et sans surprise, il avait voyagé avec eux. Dans la plupart des équipes, des clients s'étaient testés et ils étaient positifs ; plusieurs avaient été évacués du camp de base pour se faire soigner.

Il peut paraître étrange qu'une région aussi isolée que celle du Khumbu accueillît des alpinistes et des trekkeurs en temps de pandémie, même si d'un point de vue économique, cela se comprend. Les Népalais travaillant dans le tourisme sont rarement couverts par un système de prévoyance pendant les mois, voire les années où sévissent tremblements de terre, guerres ou épidémies, et qui conduisent les touristes à annuler leurs voyages. « Même s'il n'y a pas de route à Namche Bazaar, c'est l'endroit le plus florissant du pays, écrivit Ed Douglas. Pourtant, pour chaque pilote ou médecin, on compte une centaine de Sherpas qui ne sont pas nés sur le chemin de l'Everest et n'aspirent qu'à accéder au pied de l'échelle des emplois touristiques, même si c'est pour traverser une crevasse[138]. » Pour ceux qui sautent le pas, perdre une saison, c'est remettre en question sa survie.

138 Ed Douglas, *Himalaya*.

L'anthropologue Pasang Yangjee Sherpa a bien expliqué la situation. « Dans les familles, on met dans la balance la peur du COVID-19 et la satisfaction des besoins fondamentaux. Il n'est donc pas surprenant de voir des gens travailler dans l'industrie du tourisme de montagne au risque de tomber malades. Il est notoire que les régions rurales du Népal manquent de vaccins, de matériel médical et de professionnels de santé. Ce dont nous n'avons pas conscience, lorsque nous analysons la situation de notre point de vue d'Occidental, c'est que pour de nombreux Népalais qui vivent dans des régions non desservies par les routes, pour ceux qui, littéralement, portent l'industrie du tourisme alpin du pays sur leur dos, l'accès aux infrastructures de santé est un défi en soi[139]. »

◆

Malgré certaines négligences dans la gestion de la COVID, de nombreux opérateurs ont tenté de faire ce qu'il fallait, isolant leurs clients au camp de base, mettant à leur disposition des tests, et grimpant aussi loin que possible des autres expéditions. Les précautions prises étaient justifiées car la COVID est une maladie pulmonaire. Souffrir des symptômes du virus au camp 3 ou au-dessus aurait pu avoir des conséquences désastreuses, et les hélicoptères ne peuvent intervenir que jusqu'à une certaine altitude. « Je n'aurais pas pu vivre avec l'idée de perdre un client ou un Sherpa à cause

139 Pasang Yangjee Sherpa, « Mountain As Metaphor: A Future of Multiple Worldviews », *Alpinist*, vol. 75 (automne 2021), p. 49.

d'une infection qui aurait dégénéré au cours de l'assaut sommital, expliqua l'opérateur Lukas Furtenbach. Nous savons tous qu'il y a un gros foyer au camp de base. Tous. Les pilotes le savent, les [compagnies] d'assurance le savent, la HRA [Association de secours himalayen] le sait. Continuer d'envoyer des gens en montagne est irresponsable d'un point de vue légal, et inhumain d'un point de vue moral[140]. »

Lhakpa Nuru Sherpa fut évacué du camp de base de l'Everest le 29 mai 2021 en vue d'être hospitalisé à Katmandou pour une suspicion d'œdème pulmonaire de haute altitude (OPHA). Quelques jours plus tard, le Sherpa âgé de quarante-deux ans succomba à un arrêt cardiaque, laissant une épouse et un fils. Beaucoup se demandèrent s'il était mort des complications de la COVID. Lhakpa Nuru était un guide très expérimenté ; il avait à son actif plusieurs ascensions de l'Everest et du Manaslu, une ascension de l'Annapurna et du Lhotse, et une tentative hivernale de l'Everest avec l'alpiniste basque Alex Txikon. Il aurait certainement su détecter les premiers signes d'OPHA avant qu'ils ne deviennent trop graves. Pourtant, son certificat de décès indique qu'il a succombé à l'OPHA. Tandis que le gouvernement népalais persistait à déclarer qu'il n'y avait pas de cas de COVID à l'Everest, les clients rapportaient une « véritable hécatombe ».

La communauté montagnarde népalaise subissait des catastrophes en chaîne depuis plusieurs années. En 2014, une avalanche dans la cascade de séracs du Khumbu avait

140 Angela Benavides, « Everest: COVID Parties and Summit Pushes », Explorersweb.com, 16 mai 2021.

fait seize morts parmi les Népalais, ce qui avait déclenché une grève chez les Sherpas travaillant sur les lieux. Ce fut un moment charnière de la lutte des Sherpas pour faire entendre leur voix, défendre leur sécurité et leurs droits ; néanmoins, ils subirent aussi un gros manque à gagner cette saison-là. Le gigantesque tremblement de terre qui sévit l'année d'après détruisit des villages entiers. Certains guides qui avaient raccroché furent contraints de reprendre du service, malgré les dangers objectifs, pour reconstruire leurs maisons ou payer les réparations. Des familles déscolarisèrent leurs enfants partis à Katmandou. La chute des réservations de clients étrangers suivit l'effondrement des infrastructures causé par le tremblement de terre. Phurba Tashi Sherpa, Sherpa en chef chez Himalayan Experience, est monté plus de trente-quatre fois sur un 8000. Il décrivit l'étendue des pertes subies par la communauté en ces termes : « Tout le fruit de mon travail fut anéanti en une minute », expliqua-t-il en désignant les gravats occupant l'emplacement de sa maison située au village de Khumjung.

Puis la COVID frappa, le Népal ferma ses portes au tourisme, et il n'y eut pas de saison 2020. Face à la pression économique et politique, cependant, personne ne fut surpris de la réouverture complète des frontières en 2021. Les pandémies n'ont cure des décisions politico-économiques, et après leur saison sur les 8000, guides et porteurs rentrèrent au village avec le virus. Qui sait combien de personnes furent ainsi contaminées ? Et que dire des milliers de bouteilles d'oxygène utilisées en haute altitude tandis qu'on en avait cruellement besoin dans les hôpitaux népalais pour soigner malades et mourants ?

◆

Le guide népalais Prakash Gurung considère qu'au Népal, la profession de guide est à la croisée de plusieurs chemins. « Aujourd'hui, l'Everest est à la portée de tous, affirme-t-il. Si tu as de l'argent, même si tu ne sais pas grimper, tu vas au sommet. Ceux qui arrivent en haut raflent la mise et il n'y a aucune reconnaissance pour ceux qui travaillent dur. » Malheureusement, le problème est bien plus compliqué que cela. Prakash travaille à son compte pour différents bureaux de guides. « L'échelle des salaires, c'est vraiment n'importe quoi, dit-il. On a besoin d'une grille officielle. » Et, au-delà des salaires, de règles déontologiques couvrant la sécurité, les modalités de recrutement et les préceptes éthiques.

Ang Tshering Lama est un vétéran de la profession à qui l'on doit, en 2017, le sauvetage, au sommet sud, le plus spectaculaire de toute l'histoire de l'Everest. Il comprend ce qui pousse des entreprises comme SST à fonctionner comme elles le font. « Ce sont les clients qui souhaitent réduire les temps morts entre deux sommets, et les entreprises s'adaptent », explique-t-il. Plus la montagne est haute, plus vite on va au sommet, plus ça rapporte.

◆

Plusieurs facteurs expliquent que le modèle économique népalais est moins vertueux au Pakistan. Tandis qu'il y a deux saisons alpines au Népal, le printemps et l'automne, le Pakistan n'en a qu'une, l'été. En deuxième lieu, le Népal compte huit 8000 au sein de ses frontières, alors que le Pakistan n'en a que cinq, et il est notoire que le travail de guide y est très ardu. En troisième lieu, si le Népal dispose de formations et de dizaines de guides aux qualifications reconnues internationalement, le Pakistan accuse un sérieux retard en la matière et manque cruellement de professionnels. Enfin, il y a officiellement deux mille agences de guides au Népal, et seulement quarante-cinq dans la région pakistanaise du Baltistan. Il existe de nombreux alpinistes pakistanais qui grimpent fort et travaillent en haute altitude, mais les clients leur préfèrent des guides sherpas reconnus au Népal, même pour des expéditions au Pakistan.

Lors de sa tentative au K2 durant l'hiver 2022, l'alpiniste taïwanaise Grace Tseng embaucha sept guides, tous des Sherpas népalais, l'expédition étant organisée par l'agence népalaise SST. Muhammad Ali, fondateur et gérant de l'entreprise Adventure Pakistan, pense que la suprématie des compagnies népalaises est pérenne. « Les guides utilisent beaucoup d'outils marketing et ils ont un bon niveau d'éducation, dit-il. Les Népalais mettent en avant le terme "Sherpa" et leur expertise pour mettre la main sur le secteur. Il y a fort à parier qu'à l'avenir, quatre-vingt-dix-neuf pour cent des expéditions au Pakistan seront encadrées par les Népalais. »

Il n'y a pas plus de dix ans de cela, de nombreux représentants de la communauté montagnarde fronçaient les sourcils à l'idée sacrilège de gravir le K2 avec des guides. Aujourd'hui, c'est pourtant chose commune, en été autant qu'en hiver[141]. Et c'est souvent l'œuvre des Sherpas.

141 Le 22 juillet 2022, plus de 140 personnes atteignirent le sommet du K2, la grande majorité en suivant leur guide sherpa népalais.

CHAPITRE 15

Des rangs qui s'éclaircissent

Quand nous sommes face à des gens en difficulté, nous les aidons, parfois au péril de nos vies.

Azam Baig

Fura Diki sentit sa vie basculer. Lorsqu'en 2013, son père Ang Nima, le célèbre *Icefall Doctor*, succomba à un cancer, elle partit précipitamment pour le petit village de Dingboche, perché à 4 358 mètres d'altitude dans la haute vallée de Chukhung au Népal. Il fallait qu'elle arrive à temps pour assister à la *puja* célébrée en hommage au défunt. Son mari, Mingma, l'y retrouva, avant de repartir pour le camp de base de l'Everest. Comme feu son beau-père, son travail consistait à installer des échelles et des cordes fixes dans le dangereux dédale de glace de la cascade du Khumbu.

Pour l'alpiniste britannique Chris Bonington, cette section de l'ascension « relève à la fois de l'assaut d'une forteresse moyenâgeuse et de la traversée d'un champ de mines. Au premier passage, des pièges sournois vous guettent de toutes parts sous la forme de séracs chancelants et d'abysses dérobés. Mais une fois la trace faite, et les obstacles surmontés par des échelles, on se laisse facilement gagner par un sentiment trompeur de sécurité, alors que le danger est toujours bien présent[142] ». Ainsi décrivait-il le passage de la cascade de séracs, que les alpinistes ne *traversent* qu'un nombre limité de fois au cours d'une expédition. Mais Mingma, lui, partait *séjourner* sur ce terrain perfide dans le cadre de son travail.

À 13 heures, le jour de la *puja*, Mingma partit pour l'Everest. « Il m'a appelée du camp de base à 17 heures pour me dire qu'il était bien arrivé », se souvint Fura Diki.

Le couple possédait six yacks, qu'ils employaient pour acheminer du ravitaillement jusqu'au camp de base de l'Everest. Douze jours plus tard, Mingma lui envoya un message lui demandant d'apporter une charge de pommes de terre. Elle s'exécuta, mais elle ne le croisa pas, car il se trouvait dans la cascade de glace.

Après avoir livré sa commande, elle descendit les yacks au hameau de Gorakshep, à 5 164 mètres. « En chemin, je reçus un appel de mon mari. Je lui ai dit de faire attention, même si ce n'était pas dans mes habitudes. Il m'a répondu que c'était à *moi* de faire attention, car un de nos yacks avait tendance à donner des coups de tête quand il était fatigué. Il m'a dit qu'il lui restait un jour de travail et m'a demandé

142 Chris Bonington, *Everest the Hard Way*.

d'apporter du *chhaang* la prochaine fois. » Cette boisson alcoolisée de couleur pâle, faite à partir de différentes céréales, est très appréciée dans toute la région népalaise du Khumbu.

Fura Diki passa la nuit à Gorakshep avec ses yacks, puis descendit à Dingboche le lendemain, où les bêtes purent se reposer. Après les avoir nourries, elle apprêta un champ de pommes de terre avec un ami. Dans deux jours, elle retournerait au camp de base avec du *chhaang* pour son époux qui aurait terminé sa mission.

« Cette nuit-là, je fis un terrible cauchemar, raconta Fura Diki. J'étais sur l'Ama Dablam, poursuivie par un serpent noir. Quand je me retournai, il se dressa devant moi. Je le suppliai de me laisser tranquille. Je me prosternai trois fois et demandai pardon pour tout le mal que j'avais fait dans ma vie. Il me laissa partir et je me réveillai en sursaut. » Elle brûla de l'encens, fit une *puja* et récita des prières.

À 16 heures, elle reçut un appel de son frère. « Fura Diki, va à l'héliport. Tout de suite. » Elle se mit à courir, puis eut la présence d'esprit de contacter le Sagarmatha Pollution Control Committee (SPCC) à Namche Bazaar, qui pourrait lui donner plus d'informations. « Ils m'ont dit que mon mari avait eu un accident dans une crevasse, se souvint-elle. Ils ne savaient pas s'il était encore en vie mais m'ont dit d'aller à l'héliport. Je leur ai demandé lequel. Quand ils m'ont répondu Dingboche, j'ai su que mon mari était mort. S'ils m'avaient dit d'aller à Pheriche, je l'aurais cru encore en vie, car là-bas, il y a un hôpital. »

Mingma fut incinéré à Dingboche en avril 2013. « La *puja* terminée, je me suis juré de ne plus jamais y remettre les pieds. Je déteste ce village. Depuis que je suis petite, je n'ai eu que des malheurs. Ça devenait difficile de rester ici, où je suis entourée des effets personnels de mon mari. Je vois les endroits que nous fréquentions. Cela me fait beaucoup de mal », expliqua-t-elle en essuyant des larmes. En l'espace de quarante-six jours, elle avait perdu son père et son mari.

◆

Aînée d'une famille de six, Fura Diki est née à Dingboche. L'école la plus proche se trouvait à Khumjung, à cinq heures de marche. « Mes parents n'avaient pas reçu d'éducation, et ils n'avaient pas conscience de son importance, raconta-t-elle. Comme j'étais la plus âgée, j'ai été mise à contribution pour tenir le foyer. Ma mère tombait enceinte chaque année, et c'est moi qui m'occupais de la maison. C'est pour cela que je ne suis jamais allée à l'école. » Fura Diki avait aussi pour charge de faire pâturer les naks (les yacks femelles) et de les rentrer à l'étable. Elle se maria à dix-neuf ans.

« J'ai eu ma première fille à vingt et un ans et, avant la trentaine, j'en avais trois. Je manquais de maturité à l'époque. J'avais l'impression d'être une enfant qui avait des enfants. » Mingma travaillait comme charpentier, mais comme le père de Fura Diki était persuadé que cela ne lui permettrait pas de bien gagner sa vie, il l'a introduit dans le cercle des *Icefall Doctors*. Ils travaillèrent ensemble pendant huit ans.

Après la *puja* de Mingma, Fura Diki s'en retourna à Katmandou auprès de ses deux cadettes ; la troisième faisait des études aux États-Unis. Le chaos émotionnel dans lequel elle se trouvait se répercuta sur sa situation financière. « Quand j'y repense, je crois que j'avais perdu la tête. Je n'avais aucun revenu et je ne savais rien faire », confia-t-elle. Après un an à tirer le diable par la queue, elle demanda à ce que ses deux petites filles fussent placées dans une famille d'adoption. Cela lui paraissait être le meilleur moyen de leur garantir un avenir. « Pendant huit ou neuf mois après le départ de mes filles, j'ai erré sans but. Quand j'étais seule à la maison, j'avais des idées noires, comme avaler de la mort-aux-rats ou me pendre. » Un membre de la famille gardait un œil sur elle et la protégeait.

Puis, en 2015, le Népal fut frappé par un cataclysme sismique. Ceux qui eurent la chance de ne pas perdre leur maison craignaient d'y dormir de peur des répliques. Fura Diki décida qu'il était moins risqué de s'installer dans le champ à côté de l'hôtel Hyatt. Elle vécut un mois ainsi avec des amis, puis sa tante lui offrit du travail comme cuisinière dans un *lodge* au village de Phortse. De retour dans la vallée du Khumbu, elle commença à se reconstruire émotionnellement, à regagner le monde des vivants, à rencontrer des gens, des guides de trekking, et à faire son deuil.

Elle se lia d'amitié avec deux autres veuves de l'Everest, toutes deux dénommées Nima Doma Sherpa. Un des maris était décédé dans la quinzaine qui avait suivi le décès du mari de Fura Diki. L'autre avait été enseveli par une avalanche en 2014 à proximité du camp de base. Un jour, autour d'une tasse de thé, elles en vinrent à parler de gravir l'Everest, pour rigoler ; une idée inconcevable et saugrenue. Fura Diki, elle, parlait sérieusement. Peu de temps après, elle fut conviée à un dîner de famille auquel assistait aussi Ang Tshering Lama, qui était guide à l'Everest. « Je le considère comme un frère qui m'aurait été envoyé par les dieux », avoua Fura Diki. Elle lui exposa ce qui était arrivé à son père et à son mari.

« Qu'est-ce que tu fais maintenant ? lui demanda-t-il.

— Rien. Je ne fais rien. Je ne sais rien faire et je ne suis jamais allée à l'école.

— Bon. Mais qu'est-ce que tu aimerais faire ?

— Je veux gravir l'Everest. Tu peux m'aider ?

— Oui, je peux t'aider, mais il faudra t'entraîner. Et plus important encore, il faudra t'acquitter de tes devoirs envers les tiens une fois le sommet atteint. »

Ang Tshering savait de quoi il parlait. Ses réalisations lui ont valu d'être un porte-parole de la communauté, et depuis, il ne cesse de s'y investir. Lorsqu'il ne guide pas des clients, il travaille dans l'humanitaire au Népal. Lors du tremblement de terre de 2015, son équipe de bénévoles a secouru des personnes enfouies sous les décombres partout dans le pays, et a participé à la reconstruction de villages entiers. Instructeur au Centre d'escalade du Khumbu (KCC), son charisme s'exerce partout où il va. Fura Diki avait bien choisi son interlocuteur lorsqu'elle partagea son rêve d'Everest avec Ang Tshering Lama.

Il indiqua à Fura Diki et à Nima Doma comment se préparer physiquement, et il les inscrivit au KCC de Phortse pour qu'elles y apprennent les rudiments de l'escalade. Il alla jusqu'à payer leur déplacement. Elles empruntèrent du matériel et, gonflées à bloc, s'entraînèrent dur. « Après le KCC, on a fait un 6000, raconta Ang Tshering. Elles n'étaient pas très bonnes, mais elles étaient avantagées car elles vivaient en haute altitude. Fin mars 2019, on est partis pour le Khumbu et on est arrivés au sommet [de l'Everest]. »

Gravir l'Everest ne fait pas bouillir la marmite. Une ascension ne vous ouvre pas directement les portes du métier. Mais c'était un début. Depuis, les deux femmes ont gravi l'Ama Dablam, et Fura Diki projette de gravir les points culminants des sept continents. Elle espère obtenir suffisamment d'aides financières de l'étranger pour atteindre le but qu'elle s'est fixé à long terme : devenir guide. Elle détient déjà une licence de guide de trekking, mais elle veut aller plus loin, et elle est prête à s'entraîner dur. « Ce que nous avons fait ensemble, Nima Doma et moi, c'est énorme, confia-t-elle. Il y a cinq ou six ans, lorsque nous avons perdu nos maris, c'était comme si nous n'existions pas. Aujourd'hui, je veux aider les femmes de mon pays qui veulent travailler dans ce secteur. En général, leurs familles ne les soutiennent pas et elles n'ont aucuns moyens financiers. Si elles pouvaient se lancer et gagner leur indépendance, cela leur donnerait confiance. » Fura Diki a pris de l'assurance, mais la voie qu'elle a choisie est longue et semée d'embûches. Elle a autour de quarante-cinq ans et n'a pas encore fini sa formation. Il lui faut se perfectionner avant de devenir guide. « Je pense que je peux continuer jusqu'à cinquante-cinq ans. »

Ang Tshering constate que ces femmes ont davantage confiance en elles-mêmes qu'auparavant. « Avant l'Everest, elles avaient même peur de descendre à Thamel. Elles avaient peur de prendre la parole en public. » Il veille à ce qu'elles tiennent le serment qu'il avait exigé d'elles avant de les aider, de « remplir leur devoir auprès de la communauté ». L'alpinisme et le métier de guide sont des activités presque exclusivement masculines au Népal. L'ascension de l'Everest a donné du crédit à Nima Doma et Fura Diki dans leur pays, et elles pourront devenir des modèles pour les jeunes Népalaises. Pour Ang Tshering, les portes qui leur furent ainsi ouvertes mènent aussi à un sacerdoce. Il a fondé de grands espoirs sur ces jeunes femmes qu'il a aidées à gravir l'Everest.

◆

Contrairement à Fura Diki, Jangmu Sherpa n'a pas de passion particulière. Native du village de Phortse, elle quitta l'école en CM1 pour aider ses parents. À dix-neuf ans, elle prit pour époux Dawa Tenzing lors d'un mariage arrangé. « Ma mère m'a dit : "Voici ton futur mari". Je ne le connaissais pas », raconta-t-elle.

Dawa Tenzing, comme la plupart des jeunes hommes de Phortse, travaillait aux champs pendant une partie de l'année et en montagne pendant la saison d'alpinisme. Jangmu connaissait les risques associés à la montagne et, jeune mère, cela l'inquiétait beaucoup. « J'avais peur, confia-t-elle. Quand il était absent et que circulaient de mauvaises nouvelles, j'avais peur. S'il neigeait, s'il ventait, ou s'il faisait mauvais temps, j'avais peur. C'était deux mondes différents. Quand il était à la maison, je n'avais jamais peur. Quand il n'était pas là, j'avais peur tout le temps. »

Un jour, elle reçut un appel de son beau-frère ; Dawa Tenzing s'était blessé en montagne et était hospitalisé à Katmandou. Lorsqu'elle parvint à son chevet, il était déjà mort.

Elle toucha une assurance-vie de l'entreprise pour laquelle travaillait son mari, ainsi qu'un peu d'argent récolté par quelques-uns de ses clients et une caisse de compensation sherpa, pour subvenir à ses besoins et à ceux de ses deux jeunes garçons. Après avoir réglé les coûteuses cérémonies de *puja*, sa plus grande préoccupation devint l'éducation de ses fils.

Elle se sentait seule, déprimée et frustrée. Pesaient sur elle les attentes de la communauté villageoise : vivre seule, habiter la maison de son mari et se consacrer entièrement à ses fils. Jangmu connaît la région de Phortse comme sa poche. Après dix ans de veuvage, soutenue par son amie Sareena Rai, elle s'est enfin engagée sur le chemin de l'indépendance en s'inscrivant au KCC pour apprendre les ficelles du métier de guide de trekking. L'alpinisme ne l'intéresse pas, mais elle souhaite partager sa connaissance et son amour des montagnes avec les visiteurs étrangers. « Pour nous, les *bideshis* [étrangers] sont des dieux. Sans eux, pas d'argent, ni dans le trekking, ni dans les montagnes, ni dans les hôtels. Notre survie est entre leurs mains. »

◆

Yangji Doma Sherpa n'a pas perdu un mari, mais dès l'âge de treize ans, elle fut directement touchée par une tragédie. Son père, qui avait survécu à quinze expéditions à l'Everest, perdit la vie en montagne ; et son corps y fut abandonné. « Tout bascule lorsque le soutien de famille disparaît », expliqua-t-elle. Voyant sa mère s'échiner pour subvenir aux besoins de la famille, Yangji prit une décision qui sonna la fin de sa scolarisation et de ses rêves d'une vie meilleure : « Je me suis dit que c'était trop dur, Maman n'avait pas mérité ça... Il faut absolument que mes sœurs aillent à l'école jusqu'au bout... J'ai donc décidé de quitter l'école. »

Lorsque sa mère trouva un nouveau compagnon, Yangji partit habiter chez sa grand-mère et commença à travailler comme guide de trekking. Mais son rêve était de devenir alpiniste comme son père, un homme qu'elle regardait avec amour et admiration. C'est ainsi qu'en 2013, elle devint la première Népalaise à gravir le Manaslu. Elle souhaite se hisser un jour sur l'Everest, une ascension qui lui permettra de se rapprocher de son père.

◆

Sherki Lamu a perdu son époux dans une avalanche en 2007, cinq ans après leur mariage. Son corps n'a jamais été retrouvé. Elle travailla dans les hôtels de la région, dans le secteur du trekking et à la ferme. Mais son intérêt pour l'alpinisme était antérieur à son mariage, et elle embrassa le métier de guide.

En 2021, Sherki fut embauchée pour la première fois par une expédition à l'Everest, pour travailler aux cuisines du camp de base. Elle ne compte pas s'arrêter là, mais elle fait preuve de patience. « Je suis heureuse, dit-elle. L'année dernière à la même époque, j'étais soit aux champs, soit en train de m'occuper de la maison. Ici, je travaille, je vais bien. Je suis payée. »

◆

Le Népal compte de nombreuses veuves d'alpinistes. La première fois que Nima Doma s'installa à Katmandou, soit deux ans après que son mari fut emporté par une avalanche, elle fit la connaissance de près de trente-cinq veuves qui la soutinrent et lui redonnèrent de l'énergie et de l'espoir.

Les communautés montagnardes ont toujours connu de pareils drames. Dans les années 1940 et 1950, les veuves de Darjeeling étaient entièrement absorbées par leur survie et la plupart n'avaient ni le loisir ni l'envie de prendre leur destin en main. C'est à peine si elles avaient le temps de faire leur deuil. Aujourd'hui, les Népalaises sont moins patientes, elles ont plus d'assurance et sont confrontées à d'autres cultures. Elles en ont souvent assez d'être considérées comme des charges. Elles veulent être intégrées à la société, pas en être exclues. Pour certaines, étonnamment, se faire une place dans le milieu qui leur a pris leurs maris semble être la solution. Elles font face au traumatisme du veuvage du mieux qu'elles peuvent.

D'une certaine façon, elles ont de la chance. Leurs sœurs pakistanaises qui vivent le même deuil n'ont ni les moyens ni la liberté de s'en sortir seules, même si les devoirs qui leur incombent sont aussi lourds. Les mœurs sont différentes au Pakistan : obligation est faite aux veuves de s'appuyer sur la famille étendue pour survivre.

Lorsque le mari de Nissa Hussain, Nisar, disparut au Gasherbrum I, elle se retrouva seule avec trois enfants.

Nissa décrivit le lot de femme de travailleur de haute altitude en ces termes : « Mon Dieu ! Nous avions toujours peur qu'il ne revienne pas. » Avec sa belle-famille, elle avait tenté de le convaincre d'abandonner ce métier. Il les repoussa de manière fataliste : « Il nous répondit que de toute façon, chaque personne sur terre meurt, et que donc peu importait où… aller en montagne, ce n'était donc pas un problème. »

Muhammad Kazim, le jeune frère de Nisar, était aussi un *high-altitude climber* expérimenté. Juste avant de partir, ils avaient parlé ensemble de la prochaine ascension de Nisar. Kazim avait conscience de l'importance de l'objectif que s'était fixé l'équipe : une nouvelle voie en hiver. « Je lui ai dit que l'hiver, la montagne était dangereuse », rapporta-t-il. Nisar l'avait rassuré en lui disant qu'ils avaient étudié la voie en détail et que les difficultés techniques n'étaient pas insurmontables. « J'ai demandé à Nisar de ne prendre aucun risque. La santé avant tout », dit Kazim.

Les deux frères restèrent en contact pendant la durée de l'expédition au Gasherbrum I ; ils se parlèrent une dernière fois trois jours avant l'assaut sommital. Kazim essaya ensuite à plusieurs reprises d'établir une communication satellite, mais sans succès. « À partir de là, l'angoisse ne fit que croître. Les autres les ont attendus au camp de base pendant sept jours. Pour nous, c'était dur. Nous savions que ce type de travail était risqué, mais c'était notre frère qui avait la charge du foyer. J'ai du mal à mettre des mots sur ce que nous avons ressenti alors. »

La famille attendit, nourrissant l'espoir qu'il fût encore vivant. « Au bout de deux ans d'attente, nous espérions encore qu'il nous contacte et qu'il revienne, avoua Kazim. J'ai même récupéré son numéro de téléphone sous mon nom, en me disant que, comme il le connaissait par cœur, c'est sur ce numéro qu'il appellerait. » Son cœur s'emballait chaque fois que sonnait son téléphone. « Ma mère était très affectée. Quand une porte s'ouvrait, elle se levait immédiatement, pensant que son fils était revenu. Quand elle entendait passer des véhicules, elle ouvrait la porte pour regarder dehors, espérant que c'était lui. »

Kazim se comporta dignement ; il épousa Nissa et assuma la responsabilité de chef de famille. Après la mort de Nisar, la famille était formelle : Kazim devait dire adieu à l'alpinisme. Il endossa son nouveau rôle tout en regrettant que le gouvernement pakistanais n'aidât pas financièrement les enfants de Nissa. « Il n'y a aucun système de prévoyance digne de ce nom, se plaignit-il. On leur donne 200 000 roupies pakistanaises [environ 1 000 dollars] en cas d'accident, mais c'est dérisoire. » Heureusement, la famille reçut de l'argent de l'agence pour laquelle Nisar travaillait, ainsi que du fonds testamentaire de Gerfried Göschl, le chef de l'expédition malheureuse.

Au Pakistan, la société accepte que la veuve d'un alpiniste se marie en secondes noces avec le jeune frère de feu son époux pour s'en sortir. Pour Nissa et Kazim, cela a bien fonctionné. Mais pour beaucoup d'autres, veuvage rime avec extrême pauvreté, isolement et solitude.

◆

Les épouses ne sont pas les seules à être esseulées lorsqu'un alpiniste ou un porteur perd la vie en montagne. Quand

Azam Baig apprit les circonstances de la mort de son père Jehan au K2 en 2008, il céda à la colère et l'incompréhension. « On m'avait dit que mon père était chargé de porter les cordes pour les clients, puis de redescendre du Bottleneck, dit-il. Une fois sa tâche accomplie, comme un des étrangers avait eu un accident, il est parti avec deux autres personnes à son secours. Au-dessus de 8 000 mètres, c'est très dur d'aider quelqu'un, surtout sur un terrain comme le Bottleneck. Personne n'a beaucoup d'énergie. Comment sauver quelqu'un dans ces conditions ? Mon père a glissé. » Azam n'avait que neuf ans lorsque son père disparut au K2. « À l'époque, personne n'a épilogué sur l'accident », regretta-t-il.

Azam se rappelle qu'il fut vaguement question du financement de sa scolarité, mais cela se révéla une promesse de Gascon ; et aussi qu'après l'accident, sous la pression familiale, son oncle Ijaz Karim quitta le milieu de l'alpinisme. Sa mère lui interdit de sortir pendant des mois, terrorisée qu'il ne se blesse ou ne se tue en montagne. Et il se rappelle aussi qu'il quitta l'école à la fin de la classe de seconde pour aider sa famille.

L'accident qui l'a privé de son père a laissé à Azam un sentiment d'injustice. « Mon père ne travaillait pas au K2 comme sauveteur. Il aurait pu laisser les autres s'occuper du secours et redescendre tout seul. Mais il a décidé d'y aller, et il en est mort. » Azam précise qu'il n'y a rien de personnel dans ce choix, il résulte des us et coutumes de son village natal. « Quand nous sommes face à des gens en difficulté, nous les aidons, parfois au péril de nos vies, expliqua-t-il. Telle est la vie à Shimshal. Ici, si quelqu'un a besoin d'aide, on l'aide. À Shimshal, c'est comme ça, c'est tout. »

◆

Mais retournons au Népal, et à la description bouleversante que fit une jeune écrivaine du Khumbu, Jemima Diki Sherpa, du poids du vide laissé par les disparus :

> *J'imagine, l'année prochaine, le temps des retrouvailles dans différents endroits du Khumbu. Les femmes assises ensemble, les hommes pareillement, les enfants qui folâtrent et grimacent dès que les parents ont le dos tourné, le thé que l'on verse par ordre de préséance dans la tasse des patriarches, des chefs de famille, puis des jeunes pères et des jeunes maris. Chaque rang aura été éclairci, comme une mâchoire édentée. Si seulement nos dents saines pouvaient toutes se serrer au premier rang, comme les adolescents, un peu moins malhabiles que l'an dernier, se rapprochent du feu et comblent les vides laissés par ceux qui ne sont plus*[143] *!*

---

143 Jemima Diki Sherpa, « Three Springs », Alpinist.com, 25 avril 2014.

CHAPITRE 16

L'effet Nimsdai

Que la fête commence !

Nirmal Purja

Les personnes dotées d'une assurance aussi inébranlable que celle de Nirmal Purja ne courent pas les rues. Dans son autobiographie intitulée *Au-delà du possible*, Nirmal, surnommé « Nimsdai », claironne que son métabolisme « d'extraterrestre… lui permet de faire soixante-dix pas là où l'alpiniste moyen n'en fait que cinq[144] ». La plupart des gens, quels que soient leur niveau d'expérience et leur forme physique, ont besoin de récupérer après l'ascension d'un 8000. Pour Nimsdai, ce n'est pas nécessaire. Il en a enchaîné plusieurs en un laps de temps réduit.

---

144 Nirmal Purja, *Beyond Possible*. Sauf mention contraire ci-après, les autres citations du présent chapitre attribuées à Nirmal « Nimsdai » Purja proviennent de cette même source.

Nimsdai lui-même est à court d'explications. « Ben, je sais pas trop, faut faire ça d'un seul élan. Sinon tu n'y arrives pas… Même mes potes des forces spéciales, au retour de l'Everest, ils m'ont dit : "Putain, Nimsdai, ça fait bientôt deux mois et j'ai pas encore complètement récupéré. Comment tu fais pour enchaîner trois pics en quarante-huit heures ?" Donc voilà… la science devrait s'intéresser à mon métabolisme[145]. »

Nimsdai ne se contente pas de grimper. Il fait aussi des fêtes jusqu'à point d'heure qui lui donnent la gueule de bois, se vend sur les réseaux sociaux, et gère une affaire sans que cela ne réduise ses performances en haute altitude. « Rien ne m'arrête, jamais. »

Nimsdai porte bien moins que ses quarante et un ans. Son visage poupin laisserait penser, à tort, qu'il est vulnérable. Il a le parler facile, direct et sans fioritures, mâtiné d'anglais et de népalais. D'ambitieux préceptes, tels « N'aie pas peur de rêver en grand » ou « Il faut être un exemple pour l'humanité », sortent de sa bouche avec autant de naturel que les formules à l'emporte-pièce à résonance militaire, comme « Les gars, soit on s'en sort, soit on crève. »

Mais d'où lui vient donc une telle assurance ? Nimsdai n'est pas né dans la pourpre ; il n'est même pas né en altitude comme de nombreux Sherpas. Il vit le jour en 1983 au village de Dana au Népal occidental. Il a trois frères aînés et une sœur cadette. Son père appartenait au régiment indien des Gurkhas, mais son modeste salaire ne

145 Stephen Potter, « 'I Wanted to Completely Change the Dynamic on 8,000-Meter Peaks': A Q&A with Nims Purja », Climbing.com, 25 novembre 2021.

lui permettait pas de nourrir ses cinq enfants; sa mère était ouvrière agricole, et travaillait aux champs avec son enfant sur le dos. Ils emménagèrent à Chitwan, la région la plus chaude et la plus plate du Népal, quand Nimsdai avait quatre ans.

Ses frères, devenus des Gurkhas, envoyaient à la maison une partie de leurs salaires chaque mois pour les frais de scolarité de Nimsdai. À l'âge de cinq ans, il partit en pension à l'institution anglophone Heaven Higher Secondary. Pour lui, ce fut un cauchemar. Il souffrait de tuberculose et d'asthme, se bastonnait régulièrement avec les autres élèves et flanquait souvent une pagaille épouvantable. « Mon prof me battait tous les jours, raconta Nimsdai. J'étais un sacré garnement. »

Son ambition était simple: marcher dans les pas de son père et de ses frères aînés, et rejoindre les Gurkhas; il avait également un plan B: devenir fonctionnaire. Ainsi, dans les deux cas, il pourrait « voler les riches pour donner aux pauvres », comme il l'expliqua.

Le statut de Gurkha lui procurerait salaire et respectabilité, car les soldats népalais sont réputés pour leur art, leur endurance et leur bravoure. Être un Gurkha, c'était exaltant, prestigieux et rémunérateur.

La première fois qu'il tenta de s'enrôler, Nimsdai fut recalé. Déçu, mais pas vaincu, il s'entraîna encore plus dur et fut finalement pris lors de son second essai en 2003. Il partit s'installer en Angleterre pour suivre des formations, dont le stage commando interarmées, au niveau d'exigence tel que cinquante pour cent des stagiaires abandonnent avant la fin. Nimsdai alla jusqu'au bout de son stage, puis fut déployé en Afghanistan où il patrouillait de maison en maison à la recherche de caches de munitions et de drogue ; et inspectait de vastes étendues de terrain à la recherche d'engins explosifs improvisés (EEI). « Ma vie quotidienne, écrivit-il, c'était les champs de bataille, où les risques étaient clairement identifiés. Implacablement, quelqu'un allait mourir. »

Après son mariage en 2006, sa femme Suchi devint le soutien logistique de ses ambitions, et leur maison, le camp de base d'où il dessina ses aventures. Nimsdai visait des unités militaires ultra spécialisées, comme le Special Boat Service (SBS). Il s'entraîna sans relâche. Dans le film *14 Peaks: Nothing Is Impossible*, Suchi décrivit son quotidien en ces termes : « Il se levait à 2 ou 3 heures du matin, courait vingt kilomètres avec un sac de trente-sept kilos sur le dos, partait au travail, puis filait à la salle de sport pour rentrer à la maison à 11 heures du soir. Ça a duré six mois. »

Le SBS est une unité d'élite de lutte antiterroriste maritime. Ses activités sont ultra secrètes et rarement revendiquées car névralgiques par essence. Nimsdai devint un « homme de l'ombre », dont l'art est de se fondre dans le décor et de faire le nécessaire pour accomplir des missions secrètes et périlleuses. Aujourd'hui, au vu du profil qu'il s'est construit dans les années qui suivirent, il est difficile de l'imaginer en personnalité passe-muraille.

Les premières fois qu'il sortit en haute montagne, ce fut pour se former, dans le cadre de son travail : camp de base de l'Everest en 2012, Dhaulagiri en 2014, puis Everest en 2016. Il n'avait jamais frayé avec la haute altitude, mais il progressa très rapidement.

Nimsdai observa comment les Sherpas faisaient la trace pour leurs clients. Un Sherpa de tête châlait pendant une durée déterminée, puis, sa mission accomplie, il s'écartait et un deuxième Sherpa prenait la relève. Puis un troisième et un quatrième, avant que ne revienne le tour du premier, qui avait eu le temps de récupérer en queue de file. C'est une méthode classique de progression à pied ou à skis dans la neige profonde, mais pour Nimsdai, ce fut une révélation. Épaté par l'efficacité de l'effort collectif, il comprit que là résidait le secret de la réussite en alpinisme.

◆

La première tentative de Nimsdai à l'Everest date de 2016, après que son sergent-major lui eut inopinément octroyé un mois de vacances. Comme il disposait d'un temps et d'un budget limités, il songea tout d'abord à gravir la montagne le plus rapidement possible, c'est-à-dire en solo. L'entreprise tourna court car il développa un OPHA ; il embaucha ensuite Pasang Sherpa, un jeune porteur de la région du Makalu qui se trouvait au camp de base de l'Everest, ce qui lui permit d'atteindre le sommet. L'exploit suivant fut de mener une équipe de Gurkhas sur le toit du monde l'année d'après. Chaque réussite nourrissait un rêve plus grand encore : pourquoi ne pas essayer de gravir trois pics en deux semaines ? L'Everest, le Lhotse et le Makalu étaient les candidats tout trouvés.

Ses camarades des forces spéciales n'étaient pas aussi motivés que lui pour enchaîner ces trois ascensions, et ils furent bien contents de s'éclipser à Katmandou pour fêter leur ascension de l'Everest. Mais Nimsdai, lui, retourna à l'Everest, atteignit son sommet pour la troisième fois, gravit le Lhotse, descendit à Namche Bazaar pour fêter l'événement, avant de partir au Makalu. « Je suis monté au sommet comme une fusée, les huit mille quatre cent quatre-vingt-cinq mètres d'un seul coup. Avec ma petite équipe, on était devant à faire la trace dans une neige profonde sous les assauts du vent ; on a été pris dans une couverture nuageuse où l'on avait du mal à s'orienter, jusqu'à ce que j'arrive au sommet », expliqua-t-il.

Il fut décoré de l'ordre de l'Empire britannique par la reine et s'est gaussé des critiques que lui a adressées la communauté alpine pour avoir utilisé de l'oxygène. « Personne n'est en droit de m'imposer comment ni pourquoi je dois gravir les montagnes, de la même manière que je n'ai pas le droit de dicter leur conduite aux autres », déclara-t-il. De plus, il précisa qu'il ne grimpait ni pour satisfaire son ego, ni pour la notoriété, mais « pour servir » : il créait ainsi le « style Nims » en alpinisme.

Encouragé par son succès, il décida de s'attaquer aux cinq montagnes les plus hautes du monde en quatre-vingts jours. Or, il n'avait pas assez de jours de congé. Lorsque ses supérieurs lui refusèrent la permission qu'il demandait, Nimsdai démissionna. Et il en profita pour étoffer son programme. Pourquoi s'arrêter à cinq ? Pourquoi ne pas gravir *tous* les 8000 en un temps record ? Sept mois, ça paraissait bien, et cela pulvériserait tous les records établis.

« J'ai juste annoncé, “Voilà, on va faire les quatorze 8000. Et on les fait en sept mois, parce que ‘Project Possible, 14/7’, ça sonne bien. Faut que ça sonne bien[146].” »

Nimsdai avait assez de familiarité avec l'histoire de l'alpinisme pour savoir que le Coréen Kim Chang-ho avait gravi les quatorze 8000 en sept ans, dix mois et six jours, et le Polonais Jerzy Kukuczka dans un laps de temps comparable, soit sept ans, onze mois et quatorze jours. Peut-être ignorait-il qu'à une exception près, Jerzy n'avait pas utilisé d'oxygène, que plusieurs de ses ascensions étaient des hivernales ou des ouvertures de voies, et que Chang-ho n'avait jamais utilisé d'oxygène pour ce record. Nimsdai était focalisé sur la durée du projet, et non sur le style ; il voulait battre le record de vitesse. Ce qui l'attirait, c'était de « faire voler en éclats les idées reçues ».

Si s'affranchir des règles est certes un moyen efficace de faire avancer l'histoire, on peut néanmoins reprocher à Nimsdai d'avoir manqué de tact en se comparant aux premiers alpinistes qui s'étaient attaqués aux 8000. Ils disposaient d'un équipement rudimentaire et de moyens financiers réduits pour explorer cet univers pour beaucoup inconnu à l'époque ; de plus, certains avaient grimpé seuls et nombre d'entre eux n'avaient pas utilisé d'oxygène. Nimsdai s'est targué de suivre ses propres règles ; mais de fait il n'a pas changé la donne, il ne joue simplement pas dans la même cour.

Il s'est rapidement heurté à la rigidité de certains règlements. Gravir un 8000 nécessite l'obtention d'un permis délivré par

146 Potter.

les agences de tourisme des pays concernés, qui elles-mêmes dépendent de représentants des gouvernements. Et tout est cher. Dans les années 1990, l'alpiniste polonais Artur Hajzer, protégé et compagnon de cordée régulier de Jerzy Kukuczka, annonça qu'il comptait gravir les quatorze 8000 en un an. En pleine campagne de financement pour trouver les millions de dollars dont ils avaient besoin, son équipe se vit opposer une fin de non-recevoir des autorités pakistanaises qui leur interdisaient de gravir les cinq montagnes situées sur son territoire. Le projet fut tué dans l'œuf.

Dans le cas de Nimsdai, l'obtention des permis n'était qu'un premier obstacle, somme toute assez léger au vu de son problème majeur : l'argent. Comme il avait quitté l'institution militaire, son salaire s'était évaporé. Il avait peu de notoriété publique, et comme il ne jouissait d'aucune crédibilité dans la communauté alpine, il était peu probable qu'elle finance son projet. « Je me suis battu pendant un an pour lever des fonds. [...] Je passais presque tout mon temps à essayer de convaincre les gens en leur disant : "C'est un projet génial, il faut que vous en fassiez partie, est-ce que vous pourriez me financer ?" Et on me répondait : "Mais vous vous prenez pour qui ? Le record est de presque huit ans et vous voulez tenter le coup en sept mois ? Vous êtes shooté à quoi[147] ?" »

Il finit par convaincre Suchi de prendre une deuxième hypothèque sur leur maison pour lancer la première phase de ce qu'il baptisa « Project Possible », un pied de nez à tous ceux qui n'y croyaient pas. Suchi lui apporta un soutien

147 Potter.

indéfectible : « J'avais conscience des risques, mais je savais aussi que c'était un tournant dans sa vie », expliqua-t-elle. Plein de gratitude, Nimsdai lui tira son chapeau : « Suchi est une personne extraordinaire. »

Il échafauda différentes stratégies pour son projet, étudia les particularités climatiques du Népal et du Pakistan, puis les paramètres météorologiques spécifiques à chaque montagne. Il en déduisit que pour augmenter les chances de réussir, il convenait de diviser le projet en trois phases. La Phase I serait dédiée à l'ascension des 8000 népalais, Manaslu et Cho Oyu exceptés ; la Phase II aux cinq 8000 pakistanais, et la Phase III bouclerait le projet avec le Manaslu et le Cho Oyu, ainsi que le Shishapangma au Tibet.

La prochaine étape consistait à réunir une équipe de choc. Nimsdai était assez intelligent pour comprendre que ce fol exploit, il ne le réussirait pas seul. Aussi, il embaucha une équipe d'alpinistes sherpas professionnels qui en seraient les chevilles ouvrières.

Mingma Gyabu Sherpa, surnommé « Mingma David », fut désigné chef de cette équipe, en tant qu'alpiniste le plus expérimenté et sauveteur ayant réalisé plus d'une centaine de secours en très haute altitude. Né en 1989, Mingma David a le physique râblé et musculeux ; son visage respire une détermination paisible. « Je te soutiendrai comme mon frère », dit-il à Nimsdai. À l'instar de la plupart des alpinistes sherpas, il commença comme porteur, mais à l'issue de Project Possible, son nom fut inscrit dans le Guinness des records comme la plus jeune personne à avoir gravi les quatorze 8000 ; il avait trente ans à l'époque.

Lorsque Lakpa Dendi Sherpa rejoignit Project Possible, il avait déjà un record en poche : en mai 2018, il avait été la personne la plus rapide à gravir l'Everest trois fois de suite en dix jours, dix-huit heures et trente minutes, et dans le cadre de son travail d'équipeur et de guide. Si Nimsdai était focalisé sur la vitesse, il ne pouvait se passer de ce partenaire inestimable. De plus, comme le fit remarquer Nimsdai : « Il est doué d'une force herculéenne. »

Halung Dorchi Sherpa, avec plusieurs ascensions de 8000 à son actif, contribua lui aussi au projet à hauteur de sa force et de son ambition. Gelje Sherpa était le plus jeune membre de l'équipe et, au dire de Nimsdai, le « meilleur danseur de la planète ». Il avait réalisé presque autant d'ascensions éclair de 8000 que Mingma David.

Le dernier membre du noyau dur du projet était Gesman Tamang, un ami de Mingma David. Comme lui, il avait gravi l'Everest, le Lhotse et le Makalu, et avait été formé au secours en avalanche et en haute altitude. Il décrira plus tard son rôle dans l'équipe et ses attributions : « J'ai porté une partie du chargement [de Nimsdai], cuisiné, monté les tentes comme je l'aurais fait pour un client quelconque[148]. »

Nimsdai géra le projet comme une opération des forces spéciales, c'est-à-dire que chaque équipe comportait des soldats spécialisés dans des domaines précis. Son travail à lui était d'orchestrer les tâches de cette unité, de résoudre les problèmes et de s'occuper de chacun quand, inévitablement, surviendraient des crises. « Cette forte cohésion devait nous

---

148 Angela Benavides, « Gesman Tamang: The Long, Hard Path from Cook to Elite Guide », Explorersweb.com, 31 août 2022.

permettre de faire la trace malgré la neige profonde et les conditions climatiques les plus dures, déclara-t-il. Je voulais qu'on soit une élite, qu'on nous considère comme les forces spéciales de l'himalayisme. Ensuite, je voulais que cette reconnaissance rejaillisse sur le peuple sherpa tout entier. »

Personne ne douta de la qualité de l'équipe ainsi réunie, mais beaucoup, au sein de la communauté alpine, s'interrogeaient. À quoi bon tout ça ? Nimsdai a toujours prétendu que ce n'était pas un projet personnel, et qu'il s'agissait d'attirer l'attention sur les Sherpas. Mais il se contredisait parfois, comme ici lorsqu'il utilise le terme « individu » : « Je montrais à l'humanité ce qu'un individu peut faire lorsqu'il se donne corps et âme pour atteindre une cible apparemment intouchable. Et ce n'était pas une mince affaire. » Il poursuivit sur un ton plus altruiste : « Il fallait aussi redonner ses lettres de noblesse à l'ensemble des grimpeurs népalais. » En d'autres occasions, il mentionna des motifs différents : le changement climatique, le fait qu'il était un « putain d'agent des forces spéciales ». En dépit de certaines maladresses de forme, Nimsdai a toujours répété que « Project Possible n'a jamais été un projet exclusivement personnel ».

◆

Project Possible fut lancé le 28 mars 2019 avec le choix incongru de l'Annapurna comme premier sommet. Au camp 2, ils échappèrent de justesse aux avalanches dangereuses dont la montagne est coutumière, ce qui ne les empêcha pas, le 23 avril, de se hisser sur le sommet, d'où Nimsdai annonça : « La course contre la montre a commencé. »

Une fois rentrés, ils apprirent que le médecin malaisien Chin Wui Kin était piégé sur la montagne. Trop fatigués pour remonter, ils acceptèrent cependant de partir en reconnaissance en hélicoptère. Après plusieurs passages, ils aperçurent le client égaré à un endroit critique en altitude qui gesticula à leur approche, signe qu'il était encore en vie.

De retour au camp de base, une équipe de secours fut mise sur pied et l'hélicoptère allégé au maximum, y compris du copilote. Nimsdai, Mingma, Gesman et Gyalzen prirent place à bord. Il est difficile d'imaginer l'autodiscipline requise pour retourner sur une montagne que l'on vient tout juste de gravir tout en connaissant les dangers encourus. Mais ils y allèrent de bon gré.

Déposés à 6 500 mètres, ils se mirent immédiatement en route en direction de la victime immobile, mille mètres au-dessus. Le médecin était dans un état critique : il souffrait d'un OCHA et sa bouteille d'oxygène était vide. Ils le harnachèrent, lui posèrent un masque à oxygène et le firent descendre. À l'aube, ils étaient au camp 3. De là, un hélicoptère l'évacua rapidement au camp de base, puis le déposa dans un hôpital de Katmandou où l'attendait sa femme. Malgré tous les efforts déployés, il ne survécut pas.

L'équipe chargée d'installer les cordes fixes sur la prochaine montagne de Project Possible, le Dhaulagiri, s'impatientait car Nimsdai avait pris du retard suite à cet incident ; tout était prêt, mais le projet s'était enrayé. Grâce aux fonds débloqués par l'hypothèque de sa maison, Nimsdai pouvait facilement se payer des rotations d'hélicoptère. Il fit donc ce dont il avait l'habitude en cas de tension : la fête. Pour remonter le moral des troupes, il passa chercher les alpinistes du Dhaulagiri et ramena son monde dans la ville de Pokhara où ils passèrent quelques jours à boire et à danser.

De retour sur la montagne, ils partirent pour le sommet à 21 heures au cœur d'une tempête. Vingt et une heures plus tard, ils étaient au sommet. Nimsdai lui-même avoua que la situation était limite : « Ce fut l'une des choses les plus difficiles que j'aie jamais faites. »

Deux jours plus tard, ils repartaient en hélicoptère pour le Kangchenjunga, non sans avoir fait la fête auparavant. Un peu trop du reste, puisque Nimsdai avoua qu'il avait encore la gueule de bois lorsqu'il arriva au camp de base. Le planning était serré, par conséquent, au lieu de progresser de camp en camp, ils accélérèrent la cadence et montèrent en un jour. « "On va faire ce putain de sommet aussi vite que possible, les gars !" criai-je, surexcité. Pas la peine d'essayer de dormir quand on n'arrive pas à respirer ! » se souvint Nimsdai.

Ils se servirent des cordes fixes installées par les autres équipes présentes sur la montagne. Mingma et lui atteignirent le sommet le 15 mai : « Putain c'est fait ! » cria Nimsdai.

Puis les choses se gâtèrent. Au cours de leur descente nocturne, ils tombèrent sur deux alpinistes rompus d'épuisement n'appartenant pas à leur équipe ; à court d'oxygène, ils souffraient d'OCHA. Nimsdai et Mingma leur cédèrent leurs propres bouteilles et les aidèrent à perdre de l'altitude. Onze heures plus tard, Nimsdai se mit à trébucher ; victime d'hallucinations, il avait du mal à se concentrer. Ils appelèrent le camp 4 pour qu'on leur envoie de l'aide et de l'oxygène, mais personne ne répondit, et les deux rescapés s'éteignirent, dont un dans les bras de Nimsdai.

Anéanti, il appela Suchi. Le désespoir qu'elle perçut dans sa voix la déstabilisa d'abord, puis elle se ressaisit. « Si je commence à me faire du souci pour lui, je vais en pâtir et m'effondrer, expliqua-t-elle. Je ne veux pas le détourner de ses rêves, de ses objectifs. » Elle le supplia calmement de rentrer sain et sauf, et de poursuivre son programme.

◆

Après avoir gravi leur troisième 8000 en un moindre temps, le projet ressemblait plus à une série d'opérations de secours qu'à des ascensions alpines. Nimsdai lui-même se mit à douter de la viabilité de son programme, avoua-t-il plus tard ; il se garda bien, cependant, de partager de telles pensées. Le chronomètre était enclenché. L'Everest les attendait.

Nul doute que Nimsdai réussirait l'Everest ; après tout, il l'avait déjà gravi trois fois. Mais là, le sommet lui rapporterait bien plus qu'un trophée supplémentaire. Il prit une photo d'environ cent cinquante alpinistes cheminant péniblement à pas de fourmi sur les cordes fixes, qui vers le haut, qui vers le bas. Pour les doubler, une concentration extrême était requise, car chaque fois, il était nécessaire qu'il se déclippe, contourne délicatement l'alpiniste, puis se reclippe, avant de recommencer l'opération quelques minutes plus tard.

Il parvint malgré tout à sortir son appareil photo et se retourna vers le sommet pour immortaliser une image troublante qui se propagea comme une traînée de poudre sur les réseaux sociaux. Au grand dam du gouvernement népalais, la vision de cette foule agglutinée sur le chemin de l'Everest tint en émoi le monde entier, et généra des commentaires réprobateurs. Elle n'en devint pas moins la carte de visite de Nimsdai. Il s'était hissé sur son quatrième 8000 en moins de deux mois. Personne n'avait cru en son projet, mais apparemment à tort.

Après l'ascension de l'Everest le 22 mai, l'équipe partit pour le Lhotse, monta au sommet, puis prit un hélicoptère direction le Makalu, qu'ils gravirent deux jours plus tard.

Et voilà ! La Phase I était bouclée.

◆

Nimsdai se heurtait à présent à un sérieux problème. La publication de sa photo de l'Everest avait mis un coup de projecteur sur son projet et sur ses antécédents. Or, sa prochaine étape était le Pakistan, et la présence d'un ancien membre des forces spéciales dans les zones contestées du Karakoram avait de quoi chiffonner le gouvernement du pays. Qu'est-ce qu'il allait bien faire là-bas ? Les alpinistes pakistanais savaient aussi qu'il aimait bien faire la fête, et ils n'étaient pas tranquilles. Ali Sadpara le mit en garde :

« Nims, on m'a parlé de toi… Je sais que tu aimes faire la fête, boire, écouter de la musique à fond. Pas question de tout cela au Pakistan. On n'est pas au Népal. Il faut que tu te tiennes à carreau ! »

Les membres de l'équipe s'introduisirent au Pakistan à bord de différents avions, puis marchèrent silencieusement jusqu'au camp de base du Nanga Parbat. Sans boire d'alcool, sans faire la fête. Ils passèrent inaperçus. Après avoir gravi le sommet le 3 juillet, ils quittèrent la montagne aussi discrètement que des fantômes.

Depuis le Nanga Parbat, le plus occidental et septentrional des géants de la chaîne des Himalayas, ils partirent pour leurs premiers objectifs dans le Karakoram : les Gasherbrums. Son élévation, 8 080 mètres, pourrait faire passer le Gasherbrum I pour un objectif relativement accessible si sa raideur n'était pas impitoyable. Nimsdai décida de le gravir rapidement, avec Mingma et Gelje, sans s'encorder. Ils parvinrent au sommet sans problème ; mais à la descente, si les deux Sherpas bien affûtés désescaladèrent sans difficulté les passages délicats, Nimsdai, lui, avait les jambes qui flageolaient et regrettait de ne pas avoir pris la corde. « Le doute me percuta comme un éclat d'obus », confia-t-il après coup.

Impossible de s'appesantir cependant. Ils partirent pour le Gasherbrum II voisin, qu'ils gravirent le 18 juillet.

La stratégie fonctionnait. Au Pakistan, il ne leur restait plus que le K2 et le Broad Peak, et on était encore tôt dans la saison. Malheureusement, la tempête sévissait depuis des semaines au K2. Les alpinistes déjà sur les lieux étaient immobilisés au camp de base ; l'humeur était maussade et ils avaient perdu tout espoir de voir la météo et les conditions nivologiques s'améliorer. Parmi eux, le Canadien Louis Rousseau avait réchappé à une chute de quarante mètres tandis qu'il installait les cordes fixes juste avant de sortir du Bottleneck.

Ils virent débarquer les membres de Project Possible portés par l'euphorie de leurs succès, impatients de s'attaquer au K2 ; ils étaient radieux, optimistes, et horripilants au plus haut point. « Pas de problème. On est là ! » annonça Nimsdai. Il les encouragea : « Allez les gars, on n'a qu'une vie, non ? » Voyant que tous étaient dubitatifs, Nimsdai leur détailla sa stratégie et sa philosophie : « Quand vous avez l'impression d'être cuits, en réalité, il vous reste plus de la moitié de vos réserves. »

C'est dans cet état d'esprit, et avec un coup de pouce de la météo, que Nimsdai et son équipe filèrent installer les cordes fixes au K2. Ils finirent le travail au-dessus du Bottleneck, puis se hissèrent au sommet le 24 juillet. Après coup, Nimsdai donna l'impression de se targuer d'avoir remobilisé à lui seul les alpinistes du camp de base et d'avoir contribué au succès de leurs ascensions. Mais tous ne virent pas les choses ainsi, et certains firent remarquer que quatre-vingt-quinze pour cent des cordes étaient déjà en place avant son arrivée. Il n'empêche que vingt-quatre personnes gravirent le K2 dans les jours qui suivirent le départ de Nimsdai et de son équipe, ce que l'on peut attribuer autant aux encouragements inconditionnels qu'ils apportèrent qu'à l'amélioration des conditions météorologiques.

Nimsdai prit tranquillement à pied la direction du Broad Peak, escomptant en découdre en un jour. Mais pas si vite. Le Broad Peak faillit les refouler. Ils durent faire la trace dans une neige qui leur arrivait aux cuisses, ne trouvèrent aucune corde dans la dernière section sous le sommet et manquèrent de bouteilles d'oxygène. Ajouté à cela l'épuisement qui gagnait l'équipe. Le rythme était quasiment intenable, mais ils s'en tirèrent. « J'avais bouclé les 8000 du Pakistan en vingt-trois jours. » Le monde à ses pieds, il s'écria : « Je suis le Usain Bolt de l'alpinisme, personne ne peut me surpasser. »

◆

Sa célèbre photo de l'Everest et les victoires qu'il avait remportées jusque-là valurent à Nimsdai beaucoup d'attention et de nombreux financements. Il était temps de passer à la Phase III. Sauf qu'il butait sur un obstacle de taille : la Phase III comprenait l'ascension du Shishapangma, une montagne située intégralement au Tibet. Or, le gouvernement chinois ne manifestait pas un très grand intérêt pour Project Possible.

Nimsdai se démena au téléphone, plaidant sa cause auprès de fonctionnaires de plus en plus haut placés, mais aucun ne débloqua la situation. Pour ne rien arranger, sa mère, gravement malade, était hospitalisée à Katmandou. Il ne savait plus où donner de la tête et sentait qu'il allait craquer. Mais le temps était compté, la Phase III les attendait, avec ou sans autorisation, indifférente à la santé de sa mère.

Il avait prévu de commencer l'ultime étape de son projet par l'ascension du Manaslu avec des clients pour le compte de son agence, Elite Exped. Cependant, lorsque lui parvint la rumeur que les permis pour le Cho Oyu expireraient prématurément le 1er octobre, il quitta le Manaslu et s'envola pour cette nouvelle destination.

Le 23 septembre, il était au sommet du Cho Oyu, puis reprit la navette-hélico pour le Manaslu, qu'il gravit le 27 septembre. Enfin presque. Il se hissa en fait sur une antécime de l'arête sommitale qui avait causé et causera la méprise de nombreux alpinistes avant et après lui. Si certains grimpeurs et historiens de l'himalayisme avaient connaissance de cette équivoque, il faudra attendre les explications de l'alpiniste népalais Mingma G pour que soit rendue publique la localisation exacte du point culminant du Manaslu.

Gesman filma le discours que fit Nimsdai au sommet : « La Terre est notre demeure. Il faut vraiment s'en occuper, y faire plus attention, nous devons prendre soin de notre planète. » Cette déclaration, pourtant portée par de bonnes intentions, fut accueillie avec scepticisme, voire ridiculisée par beaucoup sur les réseaux sociaux. Voilà une personne qui utilisait l'hélicoptère plusieurs fois par semaine, consommait un nombre incalculable de bouteilles d'oxygène alors que les hôpitaux népalais en avaient besoin, faisait le tour du monde pour trouver des sponsors et parlait à présent de prendre soin de la planète ? Il était peu crédible. Simultanément, Project Possible exerçait une fascination sur tous, car son succès était passé de possible à probable. Il ne restait plus que le Shishapangma.

Après moult réunions, coups de fil et manœuvres politiques au plus haut niveau, l'Association chinoise de l'alpinisme autorisa l'équipe de Nims à accéder à la montagne. Tempêtes, neige, vent et avalanches ont concouru à ce que l'ascension du Shishapangma ne fût pas le jeu d'enfant escompté. Mingma David, Geljen Sherpa et Nimsdai finirent par se dresser sur le sommet le 29 octobre après avoir traversé l'immense plateau sommital en rampant sous les assauts des vents approchant 90 kilomètres par heure.

Soulagé, Nimsdai appela sa mère, Purna Kumari Purja, pour lui annoncer la nouvelle.

Project Possible était terminé. Six mois. Six jours. Quatorze 8000.

◆

À Katmandou, l'effervescence rappelait celle de 1953 autour de l'Everest et son lot de défilés, de discours, de récompenses et de réceptions. Les retrouvailles entre les membres de l'équipe et leurs familles étaient touchantes, les fêtes se terminaient à l'aube. Qui aurait pu leur en vouloir ? Soulagée, Suchi avoua : « Je me suis fait tant de cheveux blancs… Ce fut un vrai yo-yo émotionnel[149]. »

La vie de Nimsdai devint plus frénétique qu'elle ne l'avait été les six mois précédents. Il donna des conférences lucratives partout dans le monde, répondit aux innombrables questions des journalistes, purgea l'hypothèque de sa maison, et acheta une maison pour sa mère à

149 Torquil Jones, *14 Peaks: Nothing Is Impossible*.

Katmandou. Malheureusement, elle décéda peu de temps avant la date fixée pour son déménagement. Nims développa l'activité de son agence de guides, écrivit un ouvrage et produisit un film autobiographique.

Dans le tapage des applaudissements, s'élevèrent aussi de nombreuses critiques. « Son côté désinvolte lui attire une certaine clientèle qui le considère comme un héros, écrivit la journaliste Stephanie Geiger. Avec Nirmal Purja, on a l'impression qu'en alpinisme, tout repose sur la détermination. Que tout devient très facile dès qu'on y met toute sa volonté. Un coup de shaka à l'hawaïenne, et tout disparaît : humilité, gratitude et marque de respect pour la montagne… Tout devient cool et facile[150]. »

Contraint de nombreuses fois à se justifier devant la communauté alpine, Nimsdai se lia d'amitié avec des pointures du milieu, dont l'alpiniste italien Reinhold Messner. Par le passé, Messner avait toujours décrié le recours à l'oxygène, promouvant une approche *by fair means* de l'himalayisme. Il défendit pourtant Nimsdai. « J'aime les gens qui agissent plus qu'ils ne parlent, déclara Messner. Je lui tire mon chapeau. »

Que Nimsdai ait les chevilles qui enflent, c'est indéniable, autant que l'effet qu'il eut sur de nombreux citoyens népalais ; il fut pour eux une source d'inspiration et un moteur. Nimsdai a prétendu que Project Possible avait donné aux alpinistes népalais plus de confiance en eux-mêmes, et avait été un tremplin pour leurs carrières. Il dénonça violemment

150 Stephanie Geiger, « Nirmal Purja, the 'Superstar of the Eight-Thousanders': How Cool Is the Nepalese Mountaineer Really? » [en allemand], Nzz.ch, 17 décembre 2021.

la coutume occidentale de désigner ses compagnons d'expédition, non par les noms qui leur sont propres, mais par le terme générique de « Sherpas ». « Ça en fait des fantômes », déclara-t-il. Et sur ce point, il n'avait pas tort.

L'ascension fulgurante de la popularité de Nimsdai entraîna dans son sillon celle d'autres alpinistes népalais. Ils gagnèrent en confiance et parvinrent à se faire de la publicité au travers de photos, de blogs, de vidéos et de posts. « La vérité, c'est que nous [alpinistes népalais], nous ne sommes pas aussi forts que nos amis occidentaux sur les 6000 et les 7000 techniques. En revanche, les 8000, c'est notre environnement naturel, notre terrain de jeu, déclara Nimsdai au journaliste Stephen Potter. Vous savez, nous sommes les meilleurs[151]. »

Reste que, d'après l'alpiniste allemand Billi Bierling, qui travaille pour l'Himalayan Database, la communauté alpine népalaise est plus nuancée. « Certes, ce qui fait la une des journaux internationaux, c'est ce qui se passe sur les hauts sommets. Mais depuis longtemps, le talent des jeunes grimpeurs sherpas est reconnu au sein de l'himalayisme. Il y a aujourd'hui plus de soixante-dix Népalais titulaires d'un diplôme international de guide de montagne et un nombre croissant d'opérateurs népalais dans le secteur des expéditions[152]. » Nimsdai n'était donc pas la seule raison de cette poussée de fierté nationale.

Il y a *participé*, mais il n'en est pas l'*instigateur*.

---

151 Joe Bindloss, « The Nepali Mountaineer Reclaiming the Himalaya », Lonelyplanet.com, 9 avril 2021.

152 Joe Bindloss, « The Nepali Mountaineer Reclaiming the Himalaya », Lonelyplanet.com, 9 avril 2021.

Dans un de ses élans de grandeur, Nimsdai déclara : « Ce n'était pas mon projet, c'est le projet de tous. Il y a tellement de gens qui y ont contribué d'une manière ou d'une autre : ceux qui ont pesé dans la décision politique de nous accorder le permis de gravir le Shishapangma, comme ceux qui nous ont versé dix euros par-ci par-là[153]. » Sans oublier le soutien qu'il reçut de sa femme, de sa mère, de ses coéquipiers, de ses sponsors et de pléthore d'alpinistes dont il utilisa les cordes fixes.

Et après ? Lorsque, dans un entretien, la question lui fut posée, Nimsdai répondit en fixant la caméra : « Vous verrez bien. »

153 Potter.

CHAPITRE 17

Mingma G de Rolwaling

Je tirerai ma révérence quand j'estimerai avoir apporté ma pierre à la transformation de l'alpinisme au Népal!

Mingma G Sherpa

Khang Tagri est le nom officiel d'une montagne cachée dans la haute vallée népalaise de Rolwaling. Plus connue sous le nom de Chobutse, elle culmine à 6686 mètres, et peu d'alpinistes étrangers à la région ont eu l'occasion de la contempler. Des gradins de rochers et de glace en remontent les flancs nord et sud, tandis que son abrupte face ouest se cabre avec défiance et mystère. Cette paroi intrigante et vierge, située à deux heures de marche de la maison de son enfance, piqua la curiosité de Mingma G.

Pendant des années, il observa une lumière dorée caresser sa ligne de crête enneigée qui se découpe sur un ciel indigo. Il rêvait d'en faire l'ascension. D'y ouvrir une nouvelle voie.

En solo. Aucun Népalais ne s'y était osé. Cela serait bien pour le village. « Une fois engagé dans la voie, je ne pensais qu'à une chose, rester en vie[154] », écrivit-il dans le magazine *Alpinist.*

Et quand Mingma G s'attelle à une tâche, c'est magnifique. Sa bonne mine de montagnard, bordée d'une longue toison hirsute, dégage un sentiment de puissance. Et même quand il sort tout pimpant de chez le coiffeur, son regard ne perd rien de cette intensité. Quelles que soient les circonstances, il impose le respect, qu'il avance dans la neige profonde pour installer des cordes fixes, ou qu'il jongle avec les questions lors d'une conférence de presse. Il ne mâche pas ses mots et son sourire se gagne.

Le 27 octobre 2015, Mingma G partit seul. Il n'avait partagé le secret de son dessein qu'avec sa petite sœur. « Je n'ai pas osé le dire à ma mère, expliqua-t-il. Elle m'aurait empêché d'y aller. »

À 3 heures, il fourra un écheveau de corde dans son sac, en enfila un second autour de son épaule, et se mit en route. La lumière nocturne était d'une telle brillance qu'elle faisait ressortir tous les détails de la face. Dans le clair de lune, la moindre fissure et la plus petite prise étaient visibles. C'était une ascension de rêve, baignée des lueurs de l'aube, chaque mouvement exécuté avec fluidité et assurance. Il entendait des cailloux dégringoler dans la face, mais il fut épargné.

De la glace couverte d'une couche de neige succéda au rocher ; ses crampons mordirent dans la surface cristalline. Les mollets

154 Mingma Gyalje Sherpa, « Full Value », *Alpinist*, vol. 53 (printemps 2016), p. 93. Sauf mention contraire ci-après, les autres citations du présent chapitre attribuées à Mingma Gyalje Sherpa proviennent de cette même source.

en feu, il tailla une petite plate-forme pour s'accorder un repos et remarqua alors que l'aurore pointait au-dessus de la crête. Cela prendrait des heures avant qu'un rayon de soleil direct ne l'atteigne sur la face ouest où il se trouvait ; mais quand ce moment advint, il en ressentit la chaleur, et parcourut les cent derniers mètres dans une félicité scandée par le rythme de ses pas. Après treize heures d'ascension, il se trouvait sur le plat sommet du Chobutse. Il savoura la vue : les montagnes environnantes léchées par un soleil de fin d'après-midi.

À peine avait-il amorcé la descente, qu'il fut happé dans un jour blanc. Il jugea trop dangereux de continuer et creusa un trou étroit dans la neige où il s'accroupit en attendant la fin de la tempête. Comme il ne disposait d'aucun matériel de bivouac, il se frictionna le corps pour éviter de geler.

Le mauvais temps persista toute la nuit. Le lendemain matin, Mingma G appela son cousin de Katmandou grâce à son téléphone satellite pour le prévenir qu'il était en piètre posture. Quelques heures plus tard, les nuages se firent moins denses et il reprit son chemin dans une alternance de brume et d'épais brouillard. Après une descente en rappel, il dévala un mur de glace et atterrit dans une petite cavité neigeuse. Puis une avalanche se mit en branle en amont. Il courut chercher un abri, et découvrit une petite grotte cachée sous un sérac où il s'engouffra à quatre pattes. Peu de temps après, un message l'informa qu'un hélicoptère s'était posé dans la vallée de Rolwaling mais qu'il manquait de visibilité pour monter plus haut.

Mingma G agrandit son refuge et s'installa en attendant la levée du brouillard. La nuit tombée, il reçut un appel de sa mère en pleurs qui le suppliait de rentrer sain et sauf.

Au réveil le lendemain matin à 8 heures, le ciel était dégagé. Il tassa la neige pour créer une zone d'atterrissage, scrutant l'horizon et tendant l'oreille, à l'affût du ronronnement de l'hélicoptère. Ce dernier, en vol stationnaire à ras de l'aire de fortune, ne se posa que le temps de permettre à Mingma G de se précipiter dans l'engin, puis s'envola vers le fond de vallée. À son arrivée, ses amis s'empressèrent autour de lui, et lui reprochèrent d'avoir pris des risques inconsidérés.

Pour sa mère, ce fut un grand soulagement. « Pourquoi te faut-il gravir ces montagnes alors que d'autres ont échoué ?... Sans toi... je n'ai plus aucune raison de vivre. » Mingma G assurait la subsistance de sa mère, de sa fratrie et de son cousin. Son père avait succombé à un cancer cette année-là, et Mingma G assumait le rôle de chef de famille.

Le remords au cœur, il ne dit mot. « Ma mère ne voulait pas que je devienne alpiniste, déclara-t-il. Elle s'inquiétait tout le temps... Mon père, lui, était fier de moi. » Mingma G baptisa son itinéraire « la voie Dorjee », en hommage à son père. « Ce fut le premier solo réalisé par un Népalais, donc je sais que mon père en est fier. Il avait toujours souhaité gravir l'Everest mais n'avait jamais eu l'occasion d'aller au sommet. S'il était encore de ce monde, j'aurais été fier de l'y emmener avec son autre fils et ses filles. »

◆

Mingma G naquit et grandit à 4 100 mètres d'altitude dans le village de Na, situé dans la vallée de Rolwaling : quelques maisons de pierre éparpillées dans des prairies alpines dominées par des montagnes étincelantes. Officiellement, il est né le 14 avril 1986, mais cette date est inexacte ; il vint au monde le 28 avril de l'année suivante. La vallée de Rolwaling n'a pratiquement pas changé depuis 1987 ; elle reste reculée, pauvre et sacrée. Située sur le versant sud du Gaurishankar, lieu saint du bouddhisme et de l'hindouisme, son isolement en fait un *beyul* dans la culture tibétaine. D'après l'universitaire Frances Klatzel, « la notion de *beyul* n'est pas seulement géographique. Elle renvoie aussi à un état de l'âme. [...] Les *beyul* nous préparent aux défis qui nous attendent, instillent calme et constance dans notre esprit, une sorte de *beyul* intériorisé qui devient notre refuge intime[155]. » Mesurant à peine deux kilomètres de large et moins de dix de long, flanqué de géants de 6 000 à 7 000 mètres, le *beyul* de Rolwaling s'apparente plus à une faille qu'à une vallée.

Ce berceau de la famille de Mingma G compte trois villages : Ramding, le plus bas, sis à 3 000 mètres ; Beding, en position intermédiaire à 3 600 mètres ; et Na à 4 100 mètres, au-dessus duquel on ne trouve que glace et pâturages à yacks. La partie haute de la vallée abrite le Tsho Rolpa, le lac glaciaire le plus grand et le plus profond du monde. De nos jours, l'élévation du niveau de ses eaux, causée par l'accélération de la fonte glaciaire due aux changements climatiques, occasionne des débordements fréquents et présente un réel danger. Si le lac venait à céder, toute la vallée serait engloutie.

155 Stuart Butler, « The Himalaya's Hidden 'Paradise Valleys' », BBC.com, 30 août 2022.

Les visiteurs sont contraints de laisser leurs véhicules à un jour et demi de marche de Rolwaling et de continuer à pied. Il va sans dire que la population de cet endroit si particulier n'est pas en expansion : quatre-vingt-cinq pour cent des habitants sont partis à Katmandou. D'après l'anthropologue Janice Sacherer, qui étudie la région depuis de longues années, il ne reste plus que « les vieux, les pauvres, les alcooliques, les invalides et ceux qui n'ont aucune famille à Katmandou, soit ceux-là mêmes qui n'ont pas les moyens de perdre le peu qu'ils possèdent[156] ».

Le peuplement de Rolwaling a commencé en 1870 avec l'arrivée de chasseurs en provenance de la ville tibétaine de Kyrong. Progressivement, des familles sherpas venues de Thame les rejoignirent, et s'installèrent d'abord dans des grottes ou des appentis de pierre. Lors de ses entretiens avec les anciens du village dans les années 1970, Sacherer apprit que leurs ancêtres s'étaient réfugiés dans la vallée pour échapper à la vendetta, aux dettes ou aux collecteurs d'impôts. « Les premiers habitants vinrent littéralement se cacher à Rolwaling, et en contrepartie de la protection assurée par cet isolement somptueux, ils devinrent la communauté la plus indigente de tout le peuple sherpa[157] », fit-elle observer.

Les premiers visiteurs occidentaux furent Edmund Hillary et Earle Riddiford. De retour de leur expédition

156 Janice Sacherer, « Tsho Rolpa, GLOFS, and the Sherpas of Rolwaling Valley: A Brief Anthropological Perspective », Mountain Hazards, Mountain Tourism e-conference, 15 novembre 2006.
157 Janice Sacherer, « Rolwaling: A Sacred Buddhist Valley in Nepal », in *Sacredscapes and Pilgrimage Systems*, éd. Rana P. B. Singh, pp.153-174.

de reconnaissance au mont Everest en 1951, ils y arrivèrent par la passe de Tashi Labsta, un dangereux col glaciaire. Dans les années 1950, quelques groupes de voyageurs s'infiltrèrent dans la vallée par ce même col situé à 5 755 mètres d'altitude, puis, en 1959, une expédition japonaise s'aventura dans la vallée et changea le cours de son histoire.

Partis gravir le versant tibétain du Tseringma Khangri, le nom sherpano-tibétain du Gaurishankar, les Japonais traversèrent illégalement le col de Menlung, emprunté traditionnellement par les caravanes de commerces pour entrer au Tibet mais qui, à l'époque, était formellement interdit. Ils furent détroussés en arrivant dans la vallée. « Le gouvernement népalais, incapable d'envoyer des patrouilles à Rolwaling à cause de son isolement extrême, et craignant que de nouvelles violations de sa frontière n'entraînassent des répercussions internationales, décida d'interdire l'accès à toute la vallée[158] », expliqua Sacherer. La réouverture date de 1973, soit peu de temps avant le commencement de son enquête ethnographique sur le terrain. Grâce à ce contexte exceptionnel, il lui a été possible d'étudier une communauté sherpa au mode de vie traditionnel. « C'est aux hommes des familles les plus pauvres qu'il revenait de parcourir des centaines de kilomètres avec des charges sur le dos. Ce sont eux qui ont le plus voyagé et qui ont les histoires les plus fascinantes à raconter, nota Sacherer. En revanche, les habitants les plus aisés, restés sur place, occupés à mener les troupeaux de

158 Sacherer, « Rolwaling: A Sacred Buddhist Valley in Nepal ».

yacks d'un pâturage à l'autre dans un rayon de vingt kilomètres autour de la vallée, avaient une vie plus paisible et leur connaissance du monde extérieur était très limitée[159]. »

Les jeunes porteurs de Rolwaling qui empruntaient la passe de Tashi Labsta devinrent très vite les vecteurs tout désignés d'échanges culturels au service de leur peuple. De rares trekkeurs intrépides pénétrèrent dans la vallée dans les années 1970, puis les portes se refermèrent dans les années 1980 lorsque le gouvernement népalais restreignit les autorisations d'ascension. Partir chercher du travail ailleurs au printemps et à l'automne devint monnaie courante chez les jeunes hommes de Rolwaling et les femmes devinrent les piliers de cette société. Comme dans la majorité des sociétés rurales du Népal, le modèle domestique était matriarcal. Les femmes, cependant, avaient rarement accès à l'éducation, car elles étaient occupées à faire paître les animaux sur les hauteurs.

Mingma G est issu d'une lignée de montagnards accomplis et se situe au milieu d'une fratrie de six enfants, entre une sœur et un frère plus âgés, et ses trois jeunes sœurs. Son oncle gravit l'Everest par différents itinéraires, et en 1997, il devint le premier Népalais à atteindre le sommet du K2. Le père de Mingma G, Dorjee Sherpa, était un des guides de Rolwaling les mieux rémunérés. Mais il en paya le prix : il perdit huit doigts en 1982 à cause de gelures au cours d'une expédition où il mena des Japonais à l'Everest. « La lanière d'un crampon d'un de ses clients se dénoua et mon père enleva ses gants

159 Ruedi Baumgartner, *Farewell to Yak and Yeti ?*

pour l'aider à la resserrer. Ses doigts se refroidirent sérieusement, gelèrent et il en perdit huit. » Malgré cela, Dorjee ne quitta la profession qu'en 2012.

Enfant, Mingma G et ses camarades écoutaient les anciens raconter leurs aventures sur les géants himalayens. « On grimpouillait sur les blocs autour du village en chantant *Hamro Tenzing Sherpale Chadyo Himal Chuchura*, une chanson populaire sur Tenzing Norgay Sherpa et sa première ascension de l'Everest », se souvint-il.

Sa famille l'envoya à onze ans à l'école à Katmandou. « Aujourd'hui encore, il n'y a pas dans la vallée d'écoles dignes de ce nom, ni de moyens de transport, d'hôpitaux, d'électricité, d'Internet et autres équipements modernes[160] », expliqua-t-il. Et sa sœur, Dawa Futi, de renchérir sur la dure réalité à laquelle doivent faire face les élèves de leur village natal : « Les professeurs payés par l'État venaient rarement jusqu'ici. Ils avaient du mal à s'acclimater à l'altitude et n'étaient présents qu'en pointillé. Ils travaillaient pendant un mois ou deux puis s'évaporaient dans les airs. »

L'école de la fondation Hillary à Rolwaling ouvrit ses portes en 1974, mais au départ, les notables du village se défiaient de l'éducation non religieuse. Leur influence s'éroda à la fin des années 1970, et l'école se remplit. Mais lorsque Mingma G était enfant, dans les années 1990, les effectifs s'étaient amenuisés. De plus en plus conscientes de l'importance de recevoir une éducation moderne et de la dégradation de l'enseignement dispensé localement, les

160 Angela Benavides, « Mingma G. Sherpa: The Pawn Who Chose to Be a King », Alpinemag.com, 9 novembre 2021.

familles les plus aisées placèrent leurs enfants dans des écoles privées de Katmandou. L'école d'Hillary périclita, et la construction d'un nouveau bâtiment financé par des Norvégiens n'enraya pas l'hémorragie.

Mingma G ne prit pas un bon départ dans la vie scolaire à Katmandou. « Quand je suis parti de Rolwaling, j'étais en classe V, se rappela-t-il. À Katmandou, comme je ne parlais pas bien anglais, ils me rétrogradèrent en classe I. Mais c'était encore trop dur pour moi. Je me suis donc retrouvé en première année de maternelle puis au jardin d'enfants, où tout le monde se moquait de moi avant même que je n'ouvrisse la bouche[161]. »

◆

Peu de temps après avoir quitté le lycée, Mingma G rejoignit son oncle qui travaillait comme porteur pour une expédition japonaise au Manaslu. « J'y suis allé par pure curiosité, parce que tous les hommes de ma famille faisaient ce boulot, dit-il. Je ne m'imaginais pas en alpiniste. Moi, je rêvais d'être médecin. »

Lors de cette première expérience, il atteignit 7 000 mètres ; la même année, il monta jusqu'à 8 300 mètres dans la face sud du Lhotse ainsi qu'au sommet de l'Everest par le côté tibétain. « Le travail était intéressant et agréable. Cela me permettait de voyager, de me faire des amis, ça me plaisait. » Pour autant, Mingma G n'avait pas complètement

161 Baumgartner.

abandonné les études. Il caressait toujours l'idée d'étudier les sciences, puis bifurqua vers le commerce, et décrocha un diplôme du supérieur. Il changea aussi de nom. Le prénom de Mingma est très répandu au Népal, et les étrangers ont du mal à prononcer « Gyalje », c'est pourquoi il adopta le diminutif « Mingma G ».

L'Everest est visiblement un ticket gagnant pour tout Népalais aspirant à devenir guide : si vous arrivez au sommet, les propositions d'emploi affluent. Mingma G avait vingt et un ans lorsqu'il gravit l'Everest pour la première fois, ce qui lui assurait un avenir radieux. Mais ses ambitions étaient beaucoup plus grandes.

Quelle que soit la nationalité du candidat, obtenir un diplôme de guide de montagne reconnu partout dans le monde est un processus long et ardu. L'Union internationale des associations de guides de montagne, l'UIAGM, chapeaute et régule la profession à l'échelle mondiale. Elle en définit les critères d'exercice, qui sont extrêmement sélectifs. La plupart des prétendants ne les remplissent qu'au terme de plusieurs années de formation. Celle de Mingma G commença en 2010 avec les bases de l'alpinisme, dispensées par l'Association népalaise de l'alpinisme. « J'étais physiquement très fort sur le terrain, mais j'avais peu de connaissances en alpinisme, avoua-t-il. En fait, je ne savais rien des techniques de grimpe, ni utiliser le matériel spécifique. » Deux ans plus tard, il suivit d'autres formations spécialisées, et l'année suivante, après avoir réussi une série d'examens, il décrocha son diplôme d'aspirant guide. Quelque temps après, c'était à la fin novembre, il emmena un groupe faire la première du mont Bamongo, qui culmine à 6400 mètres ; elle reste aujourd'hui l'une des ascensions les plus difficiles qu'il ait jamais réalisées. L'expérience et l'assurance qu'il y gagna dans la conduite d'expéditions à la saison froide furent décisives pour sa carrière.

Il gravit ensuite le K2, puis encadra une équipe composée exclusivement de Sherpas au Chekigo, culminant à 6257 mètres. L'ascension attira peu d'attention médiatique, mais elle était représentative de la tendance des jeunes alpinistes népalais à réaliser de premières dans leur pays.

Après cela, il partit en solo au Chobutse. « Ce fut l'ascension la plus dangereuse de ma vie, et ma plus grande erreur[162] », reconnut-il après coup. L'Himalayan Database confirme qu'il s'agit du « premier solo technique réalisé par un Sherpa népalais ».

Rompu aux épreuves de la dernière phase de formation, Mingma G s'inscrivit en 2016 aux vingt jours de cours de l'UIAGM pour devenir guide. L'intégralité du programme se déroula au-dessus de 4000 mètres dans les régions népalaises de Rolwaling, Langtang et Manang. Il réussit son examen.

Le diplôme de guide en poche, assorti d'un diplôme de commerce et d'un CV impressionnant, la suite logique était que Mingma G crée sa propre agence de guides ; il la baptisa Imagine Nepal. Sa conception du métier n'est pas paternaliste ; ce n'est pas en couvant ses clients comme des enfants gâtés qu'il leur permet d'atteindre le sommet d'un 8000, mais en les guidant avec professionnalisme.

162 Benavides, « Mingma G. Sherpa: The Pawn Who Chose to Be a King ».

◆

Bien qu'ils aiment la montagne, la plupart des guides népalais ne voient pas l'alpinisme comme une activité « cool », ni comme un moyen de « se dépasser », mais comme un gagne-pain. C'est aussi la réalité de la vie de Mingma G, qui a déclaré que ses responsabilités passaient avant son désir d'ascensions extrêmes susceptibles de lui valoir un Piolet d'Or, l'équivalent d'un Oscar en alpinisme. Il a besoin de gagner sa vie. Il reste qu'il est un des rares Népalais à pratiquer l'alpinisme à la fois en individuel et en tant que guide pour des clients.

Ce qui domine chez Mingma G, c'est probablement son patriotisme ; il est déterminé à défendre la cause des alpinistes népalais. Lorsque, avec d'autres membres de l'équipe népalaise, il participa à la première hivernale au K2 en 2021, les rêves qu'il avait nourris de leur assurer la place qu'ils méritaient dans l'histoire se réalisèrent.

Après cette ascension du K2, Mingma G eut peu le loisir de pavaner sous les feux de la rampe. Il avait en effet du pain sur la planche, à commencer par l'ascension de l'Annapurna avec des clients, présentée dans les médias spécialisés comme le sommet himalayen le plus commercial après Everest. Ensuite, il partit pour l'Everest où il eut le bonheur d'emmener ses trois sœurs cadettes le 12 mai 2021. Nima Jangmu, Tshering Namgya et Dawa Futi devinrent le premier trio de sœurs à se hisser sur le toit du monde en même temps. Les enfants dédièrent leur ascension à leur père.

Les trois filles n'étaient pas des débutantes en alpinisme. Nima Jangmu détenait le record féminin de vitesse de l'enchaînement Everest-Lhotse-Kangchenjunga, pour les avoir gravis en vingt-cinq jours. Dawa Futi avait fait l'ascension de l'Ama Dablam, et avait suivi plusieurs formations d'alpinisme et de secours en montagne. Cette saison-là, elles avaient aussi gravi le Lobuche ensemble. Mais trois sœurs sur l'Everest, c'était un record qui allait sans nul doute changer le cours de leurs vies.

◆

Mingma G attache de l'importance à certains détails. Sa présentation de l'expédition commerciale qu'il proposait à l'automne 2021 au Manaslu par exemple, précisait qu'elle avait pour objectif le « vrai » sommet, celui identifié à plusieurs reprises par l'historien de l'himalayisme Eberhard Jurgalski, entre autres, et non pas le sommet secondaire dont se contentent d'ordinaire les alpinistes à cette saison. Nombreux furent ceux, grimpeurs compris, que cette remarque mit mal à l'aise, et on les comprend : le vrai sommet n'étant pas visible du sommet secondaire, une fois juché sur ce dernier, on a faussement l'impression d'être au point culminant.

Jackson Groves était parti au Manaslu avec une autre agence. Au sommet, il voulut immortaliser avec son drone son arrivée avec d'autres alpinistes. Quelle ne fut pas sa surprise lorsqu'il remarqua sur la prise de vue qu'ils n'avaient pas atteint le point culminant ! Le vrai sommet était bien plus haut, au bout d'une fine arête de neige ornée d'une corniche. Sur la séquence, on voyait aussi un petit groupe d'alpinistes faire la trace dans cette traversée exposée, puis s'élever pas à pas jusqu'au véritable sommet du Manaslu. Celui qui marchait en tête n'était autre que Mingma G.

« Une fois que j'eus installé les derniers points d'ancrage, chaque membre de l'équipe atteignit le sommet puis en redescendit [de la même manière], précisa-t-il à Angela Benavides de Explorersweb. Nous n'avions qu'un brin de corde et les ancrages étaient tout neufs, c'est pourquoi je n'ai pas pris le risque de les faire monter tous ensemble. De plus, les derniers points étaient dans la neige et je les ai maintenus en place presque jusqu'à la fin[163]. »

Ce fut un grand moment, mais Mingma G avait ouvert la boîte de Pandore : combien de clients prenaient conscience qu'ils n'avaient pas atteint le vrai sommet du Manaslu ? Combien d'alpinistes prétendant avoir gagné la couronne de l'Himalaya étaient forcés d'admettre qu'il leur manquait un joyau ? Même Nimsdai réalisa que s'il voulait revendiquer l'ascension des quatorze 8000, il lui faudrait retourner au Manaslu et au Dhaulagiri, pour n'avoir pas été aux vrais sommets au cours des six mois de son exploit. Après de longues discussions entre Mingma G et les gérants de l'Himalayan Database, un compromis fut trouvé. Le passé étant révolu, on ne reviendrait pas sur les ascensions du Manaslu déjà déclarées. Mais à l'avenir, pour qu'une ascension soit enregistrée dans la base, la référence en himalayisme, il faudrait être allé au vrai sommet, celui qu'avait gravi Mingma G. « Personne n'aura plus d'excuses à l'avenir[164] », déclara-t-il, comblé.

163 Angela Benavides, « Interview with Mingma G about Manaslu: 'No Excuses in the Future' », Explorersweb.com, 14 octobre 2021.
164 Benavides, « Interview with Mingma G ».

◆

Très peu de choses ont changé à Rolwaling. Aujourd'hui, la vallée est encore moins peuplée que du temps où Mingma G était enfant. La plupart de ceux qui en ont eu l'occasion sont partis à Katmandou ou à l'étranger. Il n'y a plus que cinquante-quatre habitants dans toute la vallée, essentiellement des personnes âgées, dont la mère de Mingma G. Les villages ne sont toujours pas desservis par la route ni par un réseau électrique fiable, ils ne disposent ni d'école proprement dite, ni de dispensaire. L'altitude moyenne étant de 4 000 mètres, la saison agricole est courte et se prête surtout à la culture des pommes de terre. « On rentre au village de temps en temps. Lors du confinement en 2020, on y a passé sept mois, explique sa sœur Dawa Futi. Ce dont je me souviens de la vie au village, c'est qu'on jouait beaucoup, qu'on aidait maman à s'occuper des vaches, des moutons et des chèvres, et qu'on travaillait aux champs. » Il y avait cependant certaines ombres à ce tableau bucolique : ni électricité, ni Internet et aucune vie sociale. « C'est bien pour se ressourcer, mais je préfère vivre ici en ville. »

Pendant le confinement et la pandémie, Mingma G est retourné à Rolwaling passer du temps avec sa mère et grimper. Il est convaincu que c'est une des régions népalaises les plus adaptées à la pratique de l'escalade sur glace et sur rocher. Pour peu qu'elle soit mise en valeur de manière intelligente, elle pourrait devenir un endroit touristique prisé des alpinistes. Contrairement à la région du Khumbu, Rolwaling offrirait de l'escalade technique, plutôt que l'ascension de 8000. Dans la vision qu'il en a, les professionnels du trekking et de l'alpinisme ne se contenteraient pas de travailler dans la vallée, mais ils y vivraient, et feraient prospérer Rolwaling. Il sait que cette transformation se produira et il souhaite en être un acteur.

En attendant, Mingma G réside à Katmandou avec ses sœurs, où il s'occupe de son entreprise, répond aux sollicitations médiatiques et gravit les géants himalayens. Au printemps, il travaille en général à l'Annapurna, au Dhaulagiri, à l'Everest, au Lhotse et au Kangchenjunga ; en été, au K2 et au Broad Peak ; puis à l'automne, au Manaslu.

Sur le plan personnel, son objectif est de gravir le Shishapangma sans oxygène. Il deviendrait ainsi le premier Népalais à avoir gravi les quatorze 8000 sans oxygène. Il a aussi prévu d'ouvrir de nouvelles voies et de gravir des 6000 vierges au Népal. Ses heures perdues sont dédiées à l'écriture.

Pour faire court, Mingma G est un homme très occupé, qui se sent maître de son destin et redevable à la nation à laquelle il appartient autant qu'à sa famille. Il sait exactement quelle place il occupe au sein de l'himalayisme et il souhaite y apporter sa pierre. « Je crois qu'on doit faire son possible pour valoriser le peuple dont on est issu, pour repousser les limites humaines, et pour s'améliorer encore et toujours, a-t-il déclaré. Sherpas et montagnes ne vont pas l'un sans l'autre. » Il regarde l'avenir avec confiance, optimisme et enthousiasme. « La génération qui suit sera bien meilleure que nous. Je tirerai ma révérence quand j'estimerai avoir apporté ma pierre à la transformation de l'alpinisme au Népal. »

Visiblement, c'est déjà le cas.

CHAPITRE 18

L'hiver au K2

Cette fois-là, la déesse K2 a toléré notre présence !

Mingma G

La plus haute montagne du Pakistan, jamais gravie en hiver, se trouva soudain prise dans un maillage de cordes fixes, jouet d'ambitions insatiables, envahie d'alpinistes à l'expérience et aux capacités certes disparates, mais tous armés d'une volonté décuplée, parés pour affronter des vents de la force d'un ouragan et des températures polaires. La perspective de l'ascension hivernale de la « montagne sauvage » avait fixé l'attention non pas seulement de la communauté alpine, mais du monde entier. Attisées par les réseaux sociaux, les conjectures allaient bon train sur les compétences, le style et les motifs de ces soixante individus, ainsi que sur les risques astronomiques auxquels ils s'exposaient de leur plein gré. Le spectacle s'apparentait à la fois à une partie de jeu d'échecs à taille et aux enjeux humains, et à une tragédie grecque.

L'alpiniste islandais John Snorri, qui en était à sa deuxième tentative en hiver, avait été le premier à arriver au camp de base le 6 décembre 2020. Il était accompagné de Ali Sadpara, l'éminent *high altitude climber* pakistanais, et du fils de ce dernier, Sajid, âgé de vingt et un ans. Tous deux avaient gravi le K2 en été. Sans attendre, ils partirent tous les trois équiper la montagne et installèrent les cordes jusqu'au camp 1.

Mingma G arriva ensuite avec son équipe de trois personnes, qu'il avait eu quelque mal à rassembler, dont Dawa Tenjin Sherpa et Kili Pemba Sherpa. « Les épouses de mes deux compagnons s'opposaient à ce qu'ils aillent sur cette montagne, surtout en hiver », avoua-t-il. Les trois alpinistes de Rolwaling, qui avaient à leur actif des dizaines d'expéditions, savaient pertinemment le sérieux de l'entreprise. Leur arrivée le 18 décembre marquait le début d'un phénomène important : une cordée de Sherpas s'attaquant à la première hivernale au K2 non pour le compte de clients, mais en tant qu'alpinistes indépendants.

Le 21 décembre, soit le premier jour de la saison d'hiver officielle, ils remontèrent à vive allure les cordes fixes posées par l'équipe de Sadpara jusqu'au camp 1, puis en installèrent d'autres jusqu'au camp 2.

Les membres du groupe de l'agence Seven Summit Treks (SST) de Katmandou, sous la direction de Chhang Dawa Sherpa, arrivèrent au compte-gouttes à partir du 21. Subissant le contrecoup de l'année de pandémie qui leur avait fait perdre leur clientèle, les dirigeants de SST avaient profité de ce que le Pakistan facilitait l'entrée des alpinistes étrangers sur son territoire pour offrir une occasion en or à ceux qui rêvaient d'une hivernale au K2 : une expédition commerciale à grande échelle, clés en main, avec porteurs, personnel de cuisine et guides sherpas. Les alpinistes Arnold Coster et Sergi Mingote, respectivement néerlandais et catalan, coordonneraient l'organisation de l'ascension. Le projet de SST provoqua des discussions houleuses dans le milieu sur l'avenir de l'himalayisme, notamment parce que certains clients n'avaient quasiment aucune expérience en hiver. L'aventurier controversé Colin O'Brady, par exemple, n'avait que peu d'expérience de la haute altitude, mais il n'avait pas son pareil pour se mettre en avant. La marchandisation de l'alpinisme avait apparemment contaminé le dernier domaine préservé, l'himalayisme hivernal, autrefois chasse gardée de l'élite alpine. On était à mille lieues de la première hivernale à l'Everest en 1980, une aventure unique en *terra incognita*.

Il convient de préciser ici que certains clients de SST ne se reposaient pas sur les guides pour atteindre le sommet. L'alpiniste italienne Tamara Lunger, qui avait manqué de cent mètres le sommet du Nanga Parbat en hiver, et qui avait gravi le K2 en été sans oxygène, était de la partie. Avec son compagnon roumain, l'alpiniste aguerri Alex Gavan, elle comptait utiliser l'infrastructure fournie par SST tout en grimpant de manière indépendante. D'autres, comme la Polonaise Magdalena Gorzkowska, avaient de l'expérience en haute altitude mais pas en hiver.

La mise en garde énoncée froidement par Sergi fut prémonitoire : « Je ne pense pas que l'on puisse gravir le K2 en hiver sans prendre de risques. [...] Je ne me considère pas comme un casse-cou, mais l'ascension de certaines montagnes nécessite de se poser certaines questions. Je reste persuadé que si nous ne sommes pas prêts à prendre des risques, nous n'irons pas au sommet[165]. »

Nimsdai se fit désirer et arriva avec panache le jour de Noël. Présentant l'ascension avec emphase sur son blog comme « un des derniers joyaux de l'alpinisme, une entreprise jugée impossible », il s'était entouré de cinq *high altitude climbing Sherpas* chevronnés : Mingma David, Dawa Temba, Pem Chhiri, Gelje et Mingma Tenzi. Le cinéaste britannique Sandro Gromen-Hayes immortaliserait cette aventure. Avec l'exubérance dont il est coutumier, Nimsdai déclara son intention de réaliser la première ascension hivernale du K2 sans oxygène, puis d'en redescendre en parapente. « Faites vos jeux, les gars », tweeta-t-il. Ils passèrent une journée au camp de base pour organiser les tentes et le système de communication, puis commencèrent l'ascension. En trois jours, ils atteignirent le camp 2.

Ils avaient de la compagnie. Après avoir installé le camp 2 à 6 800 mètres le 28 décembre, Mingma G et son équipe partirent équiper la voie de cordes fixes jusqu'à 7 000 mètres. Le 29, ils déplacèrent leur campement jusqu'à la cote maximale qu'ils avaient atteinte jusque-là pour s'acclimater, mais s'aperçurent qu'il ne leur restait plus que neuf cents mètres de corde, une longueur insuffisante pour équiper la voie jusqu'au camp 3 le lendemain. C'était à la fois une déconvenue et une aubaine : Mingma G contacta Nimsdai, et le 30 décembre, les deux équipes unissaient leurs forces pour équiper jusqu'à 7 300 mètres.

165 Pedro Gil, « Winter Expedition to K2. Day 2. Entretien avec Sergi Mingote: 'I Am a Risk-Taker Mountaineer' », Mundo-geo.es/expediciones-extremas, 20 décembre 2020.

« Cela ne nous prit que quelques minutes, écrivit Mingma G, mais ce fut l'instant qui scella l'union de mon équipe et de celle de Nims dans la réalisation d'un objectif commun, pour la gloire de notre nation[166]. »

« Nous n'avions jamais travaillé ensemble, expliqua Nimsdai à l'écrivaine britannique Natalie Berry, mais je savais que Mingma G était un grand alpiniste, et pour être franc, on se tirait un peu la bourre. » Pour Mingma David, le grimpeur de tête de l'équipe de Nimsdai, cette rivalité était au contraire très forte. Sa première tâche en arrivant au camp de base le jour de Noël avait été de s'entretenir avec Mingma G d'une éventuelle coopération. « Mon premier essai fut un échec, car il y avait entre eux une concurrence exacerbée[167] », avoua Mingma David. « Mais une fois redescendus, nous avons parlé à nouveau, et nous avons réalisé que nous avions la même vision des choses ainsi qu'un objectif commun, expliqua Nimsdai. [Mingma G] voulait faire quelque chose pour les alpinistes népalais et pour les générations futures. Il n'y avait là-dedans aucune forme d'égoïsme ni d'arrière-pensée. C'est pour cela qu'on a décidé d'allier nos forces[168]. »

Le mauvais temps cloua tout ce monde au camp de base pendant plus d'une semaine, puis le 10 janvier, Nimsdai monta au camp 2 et découvrit que les vents avaient subtilisé à jamais tout le matériel, parapente compris. C'était un sérieux revers, mais ils avaient un plan B. « Nous avions prévu le pire tout en priant pour qu'il ne se produise pas. »

166 Mingma Gyalje Sherpa, « When We Unite, Nothing Is Impossible: My Story on K2 », Outdoorjournal.com, 18 février 2021.
167 Angela Benavides, « Mingma David Sherpa on Winter K2 », Explorersweb.com, 29 novembre 2021.
168 Natalie Berry, « An Oral History of Winter K2 », *Himalayan Journal*, vol. 76 (2021), p. 211.

Tous étaient scotchés aux prévisions météo qui, comme d'habitude, différaient d'une source à l'autre. Mingma G se fiait à un bulletin népalais, et les équipes de Nimsdai et de Ali Sadpara à des routeurs européens. Le groupe de Ali Sadpara décida d'attendre une amélioration tandis que Nimsdai et Mingma G se préparèrent à lancer un assaut sommital mobilisant dix alpinistes népalais : trois de l'équipe de Mingma G, six de celle de Nimsdai, ainsi que Sona Sherpa du groupe SST.

Nimsdai et son groupe atteignirent le camp 2 le 12 janvier. Mingma G repoussa le départ de son équipe au 13 janvier pour monter jusqu'à 7 000 mètres. Bien que lourdement chargés du matériel nécessaire à l'équipement de la partie supérieure de la montagne, ils atteignirent le camp 3 à 7 350 mètres le 14, et poursuivirent l'installation des cordes fixes trois cents mètres en amont. Le matin du 15, Mingma G, Mingma David, Mingma Tenzi et Sona continuèrent d'équiper la section les séparant du camp 4.

Mingma G expliqua la suite des événements : « Jusqu'au camp 4, nous avons suivi le même itinéraire qu'en été. » Sauf qu'on était en hiver. Mingma G était le seul à installer le matériel, les autres l'aidaient. Quatre cents mètres plus tard, ils arrivèrent près du mur raide en aval du camp 4 et tombèrent sur un os : « Nous avons buté sur une grosse crevasse infranchissable. [...] Nous avons tenté de la contourner par la droite, mais en vain. Nous sommes donc redescendus un peu, puis avons essayé à gauche. Ça ne passait toujours pas, alors nous sommes redescendus quasiment au camp 3. » La situation devenait critique, car il leur fallait tout recommencer. Profitant du reste de cette journée clémente, ils persévérèrent et équipèrent un tout nouvel itinéraire jusqu'au camp 4. Par chance, un sérac s'était effondré sur une portion de la crevasse béante, faisant office de pont. Épuisé par une journée passée à faire la trace et à équiper la voie, Mingma G céda sa place à Mingma Tenzi à la tête de l'équipe.

À environ 16 heures, ils atteignirent le camp 4 ; toute la voie était équipée jusque-là. « Notre premier sentiment fut la conviction que la première hivernale du K2 était à notre portée. Anticipant notre arrivée au sommet le jour suivant, on s'est embrassés », raconta Mingma G. Ils avaient déployé des efforts titanesques. Il leur avait fallu huit heures entre le camp 3 et le camp 4, là où d'ordinaire deux à trois heures suffisaient. Mais cela n'avait pas entamé l'enthousiasme de Mingma G : « On s'est dit qu'on avait de la chance, qu'on avait bien travaillé, puis nous sommes descendus. Quand on est en montagne, on prie pour qu'elle nous protège et nous accepte. Cette fois-là, la déesse K2 a toléré notre présence. » Ils détalèrent jusqu'au camp 3 où débutèrent les préparatifs pour l'assaut sommital qui aurait lieu quelques heures plus tard. Les prévisions pour le 16 janvier se révélant bien meilleures que ce qu'ils avaient escompté, sans hésitation ils repoussèrent à 1 heure du matin leur départ prévu initialement à 23 heures.

Le camp 3 s'anima à minuit. Passé la corvée rituelle d'allumer les réchauds, de faire bouillir l'eau, de vérifier maintes fois les contenus des sacs, puis enfin de fourrer ses pieds dans les chaussures de haute altitude, ils sortirent des tentes un par un. Nimsdai, Kili, Dawa Tenjin, Sona, Dawa Temba et Mingma Tenzi partirent devant. Mingma G dut se résigner à accepter la triste réalité : exténué par les efforts de la veille, il ne se sentait pas capable de grimper sans oxygène. Déçu, il se débattit un moment avec la valve défectueuse de sa bouteille, finit par en dégoter une autre, mais ce faisant se gela sérieusement les doigts. Quand il fut fin prêt à partir, les autres se trouvaient déjà au voisinage du camp 4. Son arrivée au sommet ce jour-là était compromise.

Il quitta le camp 3 avec Mingma David, Pem Chhiri et Gelje. Deux heures plus tard, ils étaient au camp 4 et se firent surprendre par un ressenti de température glacial, dû à l'effet du vent. Lors d'une courte halte qu'il fit sur la lèvre amont d'une crevasse pour attendre Mingma David, Mingma G eut si froid qu'il faillit faire demi-tour. « J'étais sur le point de jeter l'éponge car j'avais peur de perdre mes orteils. »

Il regarda sa montre. Cinq heures. Dans une heure, le roi des astres se lèverait à l'horizon. Il décida donc de continuer, au moins jusqu'à l'aube. Dès qu'il sentit les premiers rayons du soleil, le vent tomba comme par magie. Les quatre alpinistes s'arrêtèrent pour emmagasiner cette chaleur naissante avant de rejoindre le Bottleneck. Ils repartirent gonflés à bloc.

Le groupe de tête, mené par Mingma Tenzi, installait les cordes dans le couloir. Les alpinistes de l'équipe de Mingma G se rapprochaient et les rattrapèrent avant la traversée. Nimsdai les encourageait : « Nous étions tous fiers, unis dans un but commun. Pour le Népal. » Lorsque tous arrivèrent au plateau situé deux cents mètres sous le sommet, ils s'arrêtèrent pour se préparer du thé. Après un court repos, Mingma Tenzi poursuivit l'équipement de l'itinéraire. Ils étaient encore à quatre heures du sommet.

Ils avaient prévu de faire une pause avant d'y arriver afin de parcourir les dix derniers mètres ensemble. « Nous avions activé notre GoPro 360 et nous avons marché comme un seul homme, raconta Mingma G. Nous nous sommes approchés du sommet en chantant l'hymne national. C'était ma troisième ascension du K2, mais cette fois-ci, c'était une question de fierté nationale. [...] C'était exaltant. J'en avais les larmes aux yeux, je tremblais et j'avais la chair de poule. Aucun de nous ne peut exprimer ce que nous avons ressenti en cet instant. »

Puis les dix Népalais foulèrent le sommet à 16 h 43, en ce 16 janvier, jour de la première hivernale au K2.

La vidéo de leur arrivée au sommet fit le tour du monde et régala des millions de personnes. Quel spectacle ! Le visage éclairé par le soleil rasant, la courbure terrestre en arrière-plan, leurs combinaisons jaune d'or et rouge foncé aussi flamboyantes que des joyaux, sur fond d'un majestueux ciel indigo. Ils gravirent en cadence chaque mètre jusqu'en haut en chantant.

Leur arrivée au sommet avait été quelque peu mise en scène. Mingma David expliqua plus tard à Angela Benavides que ce jour-là, ils avaient coupé les communications avec le camp de base. « Notre politique, c'était qu'aucun appel ne puisse être passé, afin d'éviter que quelqu'un ne diffuse des informations de manière individuelle. Nous voulions annoncer notre victoire par un canal officiel. Nous sommes donc arrivés au sommet, mais [nous n'avons rendu publique la nouvelle] qu'après, et par l'intermédiaire de notre agence de communication britannique[169]. »

169 Benavides, « Mingma David Sherpa on Winter K2 ».

Nimsdai reconnut que ce fut une journée difficile, et que plus d'une fois, les membres de l'équipe furent à deux doigts de renoncer tellement il faisait froid. Sur les dix alpinistes, d'ailleurs, huit souffrirent de gelures plus ou moins sévères. « J'ai du mal à trouver les mots pour décrire ce que nous avons enduré pendant la nuit du samedi, avoua Mingma G. Les Sherpas ont été poussés à la limite de leurs capacités[170]. »

◆

La redescente au camp de base prit deux jours, puis l'équipe s'envola à destination de Skardu pour la première d'une longue tournée de cérémonies officielles. Le monde entier partageait leur joie. Le grand alpiniste Simone Moro, spécialiste des hivernales, apporta sa pierre à l'édifice : « Aujourd'hui, les Sherpas accèdent à la place qu'ils méritent dans l'histoire. Depuis des dizaines d'années, ils aident des centaines d'alpinistes à gravir des sommets. »

Mais l'allégresse de cette victoire cent pour cent népalaise sur le K2 en hiver fut ternie de tristesse, car au moment même où ils faisaient crisser leurs crampons en remontant le Bottleneck, Sergi Mingote chuta en descendant du camp 1. Tamara décrivit l'incident au journaliste italien Alessandro Filippini : « Lorsque Sergi est tombé, je me trouvais à quarante mètres de son point de chute. J'avais peur d'aller voir. Je ne voulais pas qu'il souffre. Mais il continua à respirer encore une heure tandis que nous… faisions tout ce que nous pouvions. […] Nous sommes restés

170 Joe Bindloss, « The Nepali Mountaineer Reclaiming the Himalaya », Lonelyplanet.com, 9 avril 2021.

à ses côtés. Je lui tenais la main. On lui parlait. Puis, pendant les quatre à cinq heures qui suivirent, nous avons conditionné le corps et les Sherpas l'ont descendu au camp de base[171]. » Là, on se regroupa, on se recueillit dans les tentes, et on attendit. Une nouvelle fenêtre météo était annoncée. On était confiant. Elle fut courte, mais arriva fin janvier. Ali Sadpara, son fils Sajid et John Snorri tentèrent le sommet mais rebroussèrent chemin à cause de vents féroces. L'attente se poursuivit. Puis Ali reçut une bonne nouvelle : le gouvernement pakistanais annonçait qu'il le soutiendrait financièrement pour réaliser son rêve de gravir les quatorze 8000. Ali, et avec lui tous les alpinistes pakistanais remportaient ainsi une victoire : leur reconnaissance officielle par le gouvernement de leur pays.

Il y eut début février une nouvelle fenêtre de trois jours. Les alpinistes indépendants ainsi que le groupe de Sadpara partirent pour le sommet. Le soir du 4 février, le camp 3 était en ébullition. Six alpinistes s'entassèrent dans une tente prévue pour trois, espérant se reposer avant la dernière ligne droite. Les conditions étaient mauvaises : – 50 °C, manque de sommeil, déshydratation, et pas de place ni pour cuisiner ni pour manger. Plusieurs personnes, mal en point, redescendirent, d'autres les accompagnèrent car la température était insupportable. Ali, Sajid, John et l'alpiniste chilien Juan Pablo Mohr, eux, continuèrent de s'élever.

Ils prévoyaient d'atteindre le sommet le 5 février depuis camp 3. Le vent devait forcir et atteindre 60 kilomètres par heure l'après-midi du 6, avec des rafales de 100 kilomètres

171 Alessandro Filippini, « Tamara's Emotions and Thoughts » [en italien], Alpinistiemontagne.gazzetta.it, 27 février 2021, traduction de Filippini pour le présent ouvrage.

par heure au-dessus de 7 500 mètres d'altitude. La fenêtre était extrêmement courte et bien moins favorable que celle de la mi-janvier, qui avait été très peu ventée, voire calme.

Sajid raconta la tournure des événements au journaliste espagnol Isaac Fernández :

> *Nous avons commencé l'ascension à environ 23 heures ou minuit.* [...] *Vers 8 200 mètres, au Bottleneck... je me suis senti mal, le manque d'oxygène se faisait sentir* [jusque-là, Sajid et son père n'avaient pas utilisé d'oxygène]. *Mon père m'a dit d'utiliser la bouteille du client* [John Snorri] *car il y en avait suffisamment. En installant le détendeur, de l'oxygène s'échappa car il ne s'emboîtait pas bien. Ça n'allait toujours pas. Mon père me dit de redescendre tandis qu'eux continueraient de s'élever. À midi, j'entamai la descente vers le camp 3, où j'arrivai à 17 heures. Dans une communication avec le camp de base, je leur expliquai que mes compagnons tentaient le sommet et que le lendemain nous redescendrions tous ensemble. Ils n'avaient ni téléphone satellite, ni radio. Je préparai du thé, fis chauffer de l'eau, et laissai une lumière éclairée pour qu'ils puissent retrouver* [la tente]. *Je restai éveillé toute la nuit à les attendre. Le matin, j'appelai le camp de base pour les informer que personne n'était arrivé. Le chef me supplia de descendre car le temps se détériorait, et avec la fatigue, ça pourrait mal tourner pour moi. Il m'annonça qu'il enverrait une équipe de secours du camp de base*[172].

172 Isaac Fernández, « Sajid Ali's Experience on Winter K2 » [en espagnol], Desnivel.com, 25 février 2021.

Sajid attendait, ignorant que l'alpiniste bulgare Atanas Skatov avait fait une chute mortelle en descendant du camp 3.

Sajid était à présent devant un choix cornélien : attendre son père ou descendre. Après de nombreux appels du camp de base lui enjoignant de perdre de l'altitude, il entama une longue descente en solitaire. Deux Sherpas du campement de SST partirent à sa rencontre et deux hélicoptères décollèrent de Skardu pour récupérer le corps de Atanas et quelques alpinistes atteints de gelures au camp de base, ainsi que pour survoler la montagne dans l'espoir de localiser les trois alpinistes qui se trouvaient encore sur ses hauteurs. Ils volèrent à 7 000 mètres sans rien apercevoir. Sajid arriva au camp de base physiquement intègre, mais émotionnellement détruit.

Le lendemain apparurent deux autres hélicoptères. Bien qu'il n'y eût aucun signe des trois alpinistes disparus, l'équipe de secours prit des photos en HD qui seraient examinées au camp de base. Lors du deuxième survol, qui explora des parties plus élevées de la montagne, rien ne fut détecté non plus. Les alpinistes pakistanais Imtiaz Hussain et Akbar Ali, respectivement cousin et neveu de Ali Sadpara, n'avaient pas perdu espoir et partirent à la recherche des disparus. Ils ne dépassèrent pas le camp 2, repoussés par le mauvais temps.

Sajid quitta le K2 et s'envola pour Skardu où il fut assailli par les médias avides de recueillir la version des faits d'un témoin direct, alors qu'il était visiblement en état de choc. « L'accident a dû se produire à la descente, car le vent a commencé à souffler fortement pendant la nuit, déclara Sajid. Cela fait deux jours qu'ils sont à 8 000 mètres. En hiver, à cette altitude, il n'y a aucun espoir qu'ils soient encore en vie[173]. » Puis il ajouta, voulant peut-être y croire : « Je pense qu'ils sont allés au sommet. » Il expliqua qu'il souhaitait que les recherches se poursuivent pour retrouver le corps de son père. Malgré sa peine, il eut la délicatesse de remercier les familles de Juan Pablo Mohr et de John Snorri, l'armée pakistanaise, l'expédition sherpa, les autres alpinistes, ainsi que les médias. Sajid quitta la conférence de presse pour retrouver sa famille endeuillée.

Mingma G livra plus tard son témoignage sur Ali Sadpara. « C'était un homme extraordinaire. [...] Ali était notre frère, il nous rendait visite à notre campement presque tous les jours. Il connaissait nos intentions au K2, mais il était là avec des clients. [...] S'il avait été seul, je suis absolument certain qu'il aurait été des nôtres au sommet du K2. Je suis très triste pour lui. »

◆

Ainsi s'acheva la saison hivernale 2020-2021 au K2, dans un mélange de liesse, de fierté, de vide et d'affliction. Soixante alpinistes se trouvaient sur la montagne dont ils avaient tant rêvé. Certains firent demi-tour. D'autres en sortirent victorieux. Dix atteignirent leur objectif et cinq y perdirent la vie. Une fois encore, les épouses, compagnes, fils et filles qui leur survécurent restaient seuls face à cette question : « Pourquoi ? » Malgré leurs compétences, leur

173 Jerry Kobalenko, « K2: Sajid Speaks », Explorersweb.com, 7 février 2021.

force et leur détermination, malgré les progrès du matériel, de l'organisation et de la précision des bulletins météo, les montagnes n'en sont pas moins hautes et difficiles à gravir. Elles demeurent des ouvrages de roche et de glace d'une incroyable beauté. Symboles de liberté, elles nourrissent l'imagination, mais ne tolèrent la présence humaine que lors de brefs moments.

L'équipe victorieuse fut congratulée partout, de Skardu à Islamabad en passant par Katmandou, lors de réceptions, défilés, cérémonies de remises de récompenses, discours, soirées et conférences de presse. Dans le lot, malheureusement, s'exprimèrent aussi les jalousies des autres alpinistes, et c'est à Mingma G, entre autres, que revint la tâche de justifier le succès de cette première. « La réaction de certains alpinistes qui sont rentrés bredouilles est à la fois triste et étrange. Ils en veulent aux Népalais, insinuent que les Sherpas ont coupé la corde après leur arrivée au sommet, qu'ils ont dissimulé certaines informations, et qu'ils n'ont pas dévoilé leur plan d'attaque. » Comme il n'est pas du genre à mâcher ses mots, il ajouta : « Ce n'est pas un hasard si on surnomme le K2 “la montagne SAUVAGE”, ni si le deuxième essai en hiver a eu lieu trente-quatre ans après la première tentative de 1987/1988 ! »

Pour lui, ces accusations ne sont que le fruit de l'amertume. Il rappelle qu'il était clair pour tout le monde que lorsque les Népalais commencèrent à monter ensemble les 12 et 13 janvier, ils n'avaient pas l'intention de s'arrêter à mi-chemin. Il égratigna plus directement encore ceux qui se plaignaient des cordes fixes. « Nous devons à Apo Ali, Sajid et John l'installation des cordes jusqu'au camp 1. Lorsque nous avons continué le travail jusqu'au sommet, aucun des alpinistes [qui se plaignent aujourd'hui] n'était là pour nous aider… et maintenant, sans vergogne, ils s'expriment comme s'ils nous avaient payés pour le faire. Pour moi, ce sont des "parasites", des gens qui profitent gratuitement du travail des autres, c'est-à-dire des cordes fixes, puis s'en prennent à eux en cas d'échec. »

Et que répondre à certains, présents au K2, qui accusèrent les Népalais d'avoir dissimulé leur projet d'itinéraire, et omis de partager leurs informations avec le camp de base ? Mingma G fit remarquer que Sona demeura au camp de base jusqu'au 9 février après avoir fait le sommet. Quelqu'un est-il venu le voir pour obtenir des informations utiles ? « Tous ceux qui se trouvaient au K2 cet hiver-là voulaient y arriver les premiers, nous aussi, ajouta-t-il. Chaque groupe avait sa stratégie et ne s'en ouvrait pas à nous. De même, nous n'avons dévoilé nos intentions à personne, comme il est d'usage dans n'importe quel sport. » Il expliqua la stratégie qui avait été la leur au regard des prévisions météo : commencer l'ascension par mauvais temps en misant sur le fait qu'il ferait meilleur plus haut, et accepter d'installer des cordes fixes au cours de « l'assaut final ». C'était assez original car la plupart du temps, à ce stade, les cordes sont déjà en place, installées au préalable par des alpinistes payés pour. Dans le cas qui nous occupe, c'étaient *eux* les équipeurs. Mingma G souligna que l'équipe népalaise était la seule capable de faire les deux. « Nous avons pris ce risque et nous avons gagné. […] La coupe du monde de foot est l'événement sportif le plus regardé. Pour gagner, le coach partage sa stratégie et sa tactique avec ses joueurs, mais pas avec ceux de l'équipe adverse, poursuivit-il. Ils sont jaloux de notre victoire car eux n'en ont pas été capables, et ce, malgré la présence des cordes jusqu'au sommet. »

Certains ont même poussé jusqu'à les accuser d'avoir déséquipé les cordes fixes à la descente, pour rendre l'ascension plus difficile aux suivants. Mingma G trouve l'idée saugrenue. « Nous avons atteint le sommet à 16 h 43 précisément, et nous avons allumé les frontales à la descente deux cents mètres sous le sommet, épuisés physiquement. Une seule erreur pouvait nous coûter la vie. Il faisait de plus en plus froid et nous essayions de descendre le plus vite possible. [...] Dans de telles conditions, comment un de nos alpinistes aurait-il pu avoir la force de couper la corde ? »

◆

Un autre débat fit rage autour de l'utilisation de l'oxygène : lors des tentatives hivernales précédentes, toutes faites par des grimpeurs occidentaux, personne n'y avait eu recours ; nous étions au XXIe siècle, et son utilisation pour toute ascension d'envergure était révolue. Dans un entretien qu'il accorda à Explorersweb, le célèbre himalayiste Denis Urubko, qui avait atteint la cote de 7 650 mètres au K2 durant l'hiver 2003, fut particulièrement intransigeant sur ce point, assimilant cette pratique non seulement à du « dopage », mais à un « puissant dopage » : « Passe pour son utilisation lors des premières ascensions des 8000, mais aujourd'hui, c'est impardonnable. Je trouve choquant que d'un côté, les autorités sportives combattent le dopage dans tous les autres sports, et que de l'autre côté, le milieu alpin applaudisse des athlètes dopés à l'oxygène. Pour moi, c'est contraire à l'éthique. L'oxygène est employé aujourd'hui par des gens qui ne sont pas à la hauteur des objectifs qu'ils se fixent. Ils s'en servent pour décupler leurs capacités[174]. »

Mais on doit se poser la question suivante : cet avis ne fait-il pas fi du contexte culturel ? Les alpinistes népalais sont pleinement conscients de la différence entre grimper avec et sans oxygène, et certains, d'ailleurs, précisent dans leurs CV les ascensions réussies sans. Mais ils ont l'habitude d'y recourir au-dessus de 8 000 mètres dans le cadre de leur travail, qui consiste à faire la trace, installer des cordes fixes et des campements, et emmener des clients au sommet. Mingma G et Nimsdai avaient tous les deux prévu de gravir le K2 en hiver sans oxygène, mais comme nous l'avons vu, Mingma G était épuisé par les efforts de la veille. Dans la vidéo, on a l'impression que Nimsdai n'avait pas d'oxygène, mais l'information mit du temps à émerger.

Mingma David, jouant souvent le rôle du premier violon dans une orchestration dirigée par Nimsdai, a fait la lumière sur ce décalage : « Nous avions l'intention d'annoncer la nouvelle de l'ascension [sans oxygène] bien après, dans un film sur le K2. Mais suite à la publication de plusieurs commentaires désobligeants, nous l'avons divulguée dans la foulée[175]. »

---

174 Angela Benavides, « Exclusive Interview: Denis Urubko on Nims, O2, and the Rules of Winter », Explorersweb.com, 18 février 2022.
175 Benavides, « Mingma David Sherpa on Winter K2 ».

« Je pense que j'ai un avantage génétique en altitude, expliqua Nimsdai pour clarifier la situation. Mais l'entraînement y est aussi pour beaucoup. Le programme des forces spéciales britanniques est le plus dur au monde, et j'ai été formé auprès des meilleurs. Ce régime, associé à des capacités physiques et un entraînement permanent, vous permet de faire des prouesses[176]. » Denis Urubko était tout simplement sceptique. « Bon, c'est ce qu'il a dit. J'ai vu les photos et la vidéo du sommet. Sans oxygène, il est impossible d'être dans un tel état au sommet du K2. Et encore moins de marcher au même rythme qu'un groupe d'alpinistes qui en utilise[177]. »

Malgré les points d'ombre, la jalousie, la tristesse et la tragédie de l'hiver 2020-2021 au K2, l'ascension demeure source de fierté pour les Népalais. « Le K2 était le dernier 8000 à gravir en hiver, expliqua Mingma G. Que les Sherpas népalais, ce peuple indissociable des montagnes, n'aient aucune première hivernale à leur actif, était une humiliation. Nous avons eu la chance de réussir, mais il n'en sera pas de même pour les générations futures. Si cela n'avait été nous, les étrangers l'auraient fait. Les générations à venir seront fières de la présence de Népalais sur cette liste. »

Tandis que la fierté qu'éprouve Mingma G pour son pays semble sincère, Nimsdai apparaît imbu de sa personne. Interrogé par le journaliste Thomas Pueyo sur les raisons pour lesquelles aucun alpiniste népalais n'avait gravi le K2 en hiver avant 2021, il répondit : « Parce que je n'y étais pas[178] ! »

---

176 Bindloss.
177 Benavides, « Exclusive Interview: Denis Urubko ».
178 Thomas Pueyo, « Meeting Nirmal Purja, Universal Mountaineer », Alpinemag.com.

◆

Moins d'un an plus tard, Sajid était de retour au K2 à la recherche de la dépouille de son père. Les survols de la montagne en hélicoptère qui avaient suivi la disparition de Ali Sadpara, de John Snorri et de Juan Pablo Mohr n'avaient rien donné. Une mauvaise utilisation de la technologie était probablement responsable de cet échec. D'après le célèbre pilote d'hélicoptère pakistanais Rashid Ullah Baig, qui avait secouru l'alpiniste slovène Tomaž Humar à près de 6000 mètres d'altitude au Nanga Parbat, côté Rupal, le choix de John d'utiliser un appareil satellite Thuraya plutôt qu'un Garmin inReach l'aurait condamné. Avec un inReach, ils auraient pu envoyer leur localisation en appuyant sur une touche, ce qui aurait économisé des heures de vol. Et, qui sait, sauvé des vies. « La différence entre les deux [appareils], c'est un peu la même qu'entre une personne qui appelle et vous dit "Au secours, je suis à Islamabad, j'ai eu une crise cardiaque", et une autre qui vous envoie sa géolocalisation sur Google Maps dans un signal d'urgence », expliqua Rashid. Il est impossible de savoir si cela aurait fait une quelconque différence, mais il hocha la tête, incrédule face à cette perte : « Nous avons perdu un ami au sourire le plus contagieux qui fut. Ali Sadpara nous manquera à jamais. »

Sajid était déterminé à faire la lumière sur ce qui était arrivé, et il savait comment s'y prendre : à pied. « J'ai vécu une expérience des plus traumatisantes et des plus extrêmes, avoua-t-il. Je ne veux pas garder en moi les moments de désespoir et de peur. Je me reconstruis et tente de reconstruire toute la famille. [...] Le temps aidant, je reprends des forces et vois les choses plus posément. J'ai donc décidé de mener l'opération de rapatriement de mon père, Ali Sadpara, de John Snorri et de JP Mohr. [...] Avec ma famille, nous ferons tout pour les retrouver et leur donner les funérailles conformes à l'obédience de chacun[179]. » Il partit accompagné du cinéaste canadien Elia Saikaly et de l'alpiniste népalais Pasang Kaji (PK) Sherpa. « Nous voulons savoir ce qui leur est arrivé et faire tout ce que nous pouvons pour retrouver leurs dépouilles[180]. »

La conférence de presse qui eut lieu avant le départ de Sajid fut poignante. Il y décrivit les derniers moments qu'il passa avec son père, qui lui conseillait de descendre au camp 3. « Ce fut notre dernière conversation, dit Sajid. Je ne sais pas ce qu'ils sont devenus. C'est pour cela que je suis devant vous aujourd'hui. Cela fait quatre mois et demi. Je sais qu'il n'est plus. Et je suis reconnaissant [à ceux] qui ont utilisé des technologies qui me dépassent pour les chercher à distance. À présent, c'est mon tour d'y retourner et de les chercher par mes propres moyens[181]. »

Il échafauda différents scénarios. Peut-être étaient-ils allés au sommet, puis l'un d'eux s'était-il blessé à la descente. Peut-être avaient-ils été pris dans le mauvais temps. Ou avaient-ils succombé d'épuisement. « Mais faire des hypothèses ne m'est d'aucun secours, dit-il. À présent, mon père est auprès d'Allah. Il est hors de danger. J'y vais uniquement pour trouver des

179 Angela Benavides, « Sajid Sadpara on His Return to K2 and What Happened Up There », Explorersweb.com, 25 juin 2021.
180 Benavides.
181 Benavides, « Sajid Sadpara on His Return to K2 ».

réponses ; pour retracer ses derniers pas, découvrir les dernières visions qui furent les siennes. Pour voir s'il m'a laissé des indices. S'il y a quelque chose qu'il aurait voulu me transmettre avant de s'en aller. » Quand on pense au contrôle de soi qu'il a fallu à ce jeune homme pour s'exposer aux médias de la sorte, pour tenir face au traumatisme, à l'angoisse et à la tristesse, et pour trouver le courage de retourner sur la montagne qui lui a ravi son père, cela force l'admiration.

Il termina sa conférence de presse par un hommage : « Si je ne retrouve pas mon père, je serai fier de poser sa plaque au mémorial Art Gilkey. Lui que j'aimais plus que quiconque, lui qui m'a enseigné l'alpinisme, et qui, aujourd'hui encore, est un grand, voire le plus grand alpiniste pakistanais de tous les temps. »

Sajid atteignit le sommet du K2 le 26 juillet 2021 avec Elia et PK Sherpa. Mais avant cela, ils avaient trouvé ce qu'ils étaient venus y chercher. L'alpiniste russe Valentyn Sypavin leur avait indiqué la position de trois corps gisant le long de la voie. Le premier sous le Bottleneck, un corps isolé qui, après examen, est très certainement celui de Juan Pablo Mohr. Valentyn découvrit deux autres corps plus haut : ceux de Ali Sadpara et de John Snorri. La description qu'il fit de leur position suggère qu'ils rencontrèrent un problème à la descente. Un problème qui aurait été rapidement surmonté dans des circonstances ordinaires ; mais de nuit, sous la menace, et dans leur épuisement extrême, il leur fut impossible de le résoudre. Comme les corps se trouvaient trop haut pour être redescendus, Sajid et son équipe les déplacèrent vers des endroits moins fréquentés.

Plus tard au camp de base, Sajid et ses camarades se rendirent au mémorial Art Gilkey. « Haut perché sur une falaise non loin du camp de base du K2 se trouve le miroir des rêves brisés, où l'on se souvient des êtres aimés et où on leur rend hommage », posta Elia sur sa page Facebook. Il regarda Sajid honorer son père. À côté du monument commémoratif de Ali Sadpara se trouvaient ceux des alpinistes tombés l'hiver précédent : Atanas Skatov, Sergi Mingote, Juan Pablo Mohr et John Snorri, tous emportés bien trop tôt.

Après avoir fait son deuil, après avoir fait tout ce qu'il pouvait pour son père et pour aider sa famille à panser ses plaies, Sajid Sadpara, fils de Muhammad Ali Sadpara, commença le long chemin qui le ramènerait chez lui. « Chapeau, Sajid, pour ton courage », lui lança Mingma G.

CHAPITRE 19

L'arrivée des maoïstes

J'ai l'impression qu'aujourd'hui, je n'ai plus peur de rien.

Dawa Futi

Quels que soient la contrée et le massif, le métier de guide est dangereux. Tous les professionnels acceptent cette réalité. Mais alors que dans la plupart des pays la passion pour l'alpinisme l'emporte sur la crainte des risques inhérents, au Népal et au Pakistan, on embrasse encore la profession essentiellement par nécessité. De nombreux alpinistes autochtones envisagent de monter leur agence pour avoir plus de marge de manœuvre dans le choix de leurs clients et de leur période de travail, ainsi que pour la fixation de leur rémunération. Comme tout entrepreneur qui se lance, il faut qu'ils se mettent en conformité avec l'administration, la législation et les assurances, gèrent les aléas financiers et assument une éventuelle faillite.

Certains réussissent brillamment, comme l'entreprise Seven Summit Treks, dont l'envergure et la renommée se sont considérablement développées. Elite Exped, l'agence de Nimsdai, connaît elle aussi un grand succès. Celle de Mingma G, Imagine Nepal, est très connue et a bonne réputation. Et il en existe des dizaines comme celles-là. Aujourd'hui, il y a à peu près deux mille entreprises ou agences du secteur des loisirs d'aventure dont le siège social se situe au Népal. Grâce à une loi népalaise qui interdit aux étrangers de posséder plus de quarante-neuf pour cent d'une entreprise, toutes appartiennent, du moins partiellement, à des acteurs locaux et sont gérées par eux.

Souvent cependant, ils ne sont que des prête-noms. La réalité, il faut la chercher dans le quotidien des jeunes guides qui y travaillent.

◆

La vallée de Rolwaling a vu naître des dizaines d'alpinistes de renommée internationale, et pas seulement des hommes. Dawa Yangzum Sherpa est jeune, forte et déterminée. Depuis 2024, elle est la seule femme népalaise à détenir un diplôme de guide délivré par l'UIAGM. Cette qualification internationale lui permet d'exercer son métier partout dans le monde. Elle a gravi douze 8000, dont le K2, et est une source d'inspiration pour de nombreuses jeunes Népalaises.

Comme beaucoup d'alpinistes de Rolwaling, elle est d'extraction modeste. Née en 1990 dans une famille d'agriculteurs, elle passa les premières années de sa vie dans le village de Na, à porter de l'eau, couper de l'herbe pour les yacks, et ramasser les pommes de terre. Chez elle, il n'y avait ni eau courante, ni électricité.

À six ans, elle partit chez son oncle à Katmandou pour aller à l'école. Quand il divorça, elle retourna à Na, où elle eut du mal à lier des amitiés avec les enfants du village. « Je les intimidais, expliqua-t-elle à l'écrivain suisse Ruedi Baumgartner. J'étais habillée comme à Katmandou. Je ne parlais pas bien la langue sherpa, et eux ne connaissaient quasiment rien du népalais... Au début, on devait me prendre pour une bonne à rien. La plupart du temps, dans l'obscurité des dernières heures de la nuit, je n'arrivais pas à rallumer le feu. J'allais prendre une flamme au foyer d'une maison voisine, mais j'avais honte[182]. »

La scolarité de Dawa s'arrêta là. En lieu d'école, elle observait le rituel des hommes du village qui faisaient leurs sacs, disaient au revoir à leurs familles, quittaient la vallée pour travailler auprès d'expéditions puis revenaient, quasiment tous, deux mois plus tard, avec pléthore de récits d'aventures, de beaux habits et de l'argent. Cela l'intriguait, elle les enviait aussi. Mais loin d'elle l'idée qu'elle aurait pu être des leurs. Car elle était une fille.

À treize ans, lassée de la routine et ayant déjà goûté à la vie citadine, elle fugua, mais « à la mode Rolwaling » : elle s'enrôla comme porteur auprès d'un groupe de trekkeurs qui partait pour le col glaciaire et escarpé de Tashi Labsta

182 Ruedi Baumgartner, *Farewell to Yak and Yeti ?*

situé à 5 755 mètres dans la vallée du Khumbu. Le portage d'une charge de plus de trente kilos pendant six jours lui rapporta assez pour acheter un billet d'avion pour Katmandou.

Sa vie bascula à nouveau à l'âge de quinze ans, avec le décès de sa mère. Dawa retourna dans sa vallée natale pour aider son frère aîné à s'occuper de la fratrie, car leur père noyait son chagrin dans l'alcool. « Quand il rentrait saoul à la maison, on avait peur de se faire battre, expliqua-t-elle. J'étais jalouse de mes amis dont les pères ne buvaient que pendant les fêtes[183] ! » Pour augmenter le revenu familial, elle travailla comme guide de trekking et utilisa une partie de sa paye pour s'inscrire à des stages financés par l'Association népalaise de l'alpinisme. Il y avait quarante-deux stagiaires, dont cinq filles. Âgée de dix-huit ans, Dawa était la plus jeune.

Dawa avait de la force et une bonne condition physique. Elle ambitionna très vite de ne pas se contenter des enseignements locaux, et en 2012, s'inscrivit au premier niveau du programme international de formation des guides. Malgré un entraînement intensif, elle échoua. Découragée, elle demanda conseil à son amie Maya Sherpa.

Légèrement plus âgée que Dawa, Maya avait amassé beaucoup d'expérience en alpinisme, mais elle avait levé le pied quelques années auparavant à la naissance de sa fille. Elle était impatiente de retourner en montagne, et proposa à Dawa de s'entraîner ensemble avec une alpiniste originaire de Khumjung, Pasang Lhamu Sherpa Akita, pour réaliser quelque chose de grand. Et pourquoi pas le K2 ?

183 Baumgartner.

◆

Enfant, Pasang Lhamu savait déjà qu'elle deviendrait alpiniste. Après tout, elle portait le même nom que la première Népalaise qui avait gravi l'Everest. Le 22 avril 1993, une équipe de cinq Sherpas, dont trois de Rolwaling, avaient aidé Pasang Lhamu Sherpa à atteindre le sommet. Lorsqu'un violent orage s'abattit sur le groupe à la descente, le guide, Sonam Tshering, aussi originaire de Rolwaling, resta à ses côtés au sommet sud et envoya son jeune frère quérir de l'aide. Pasang Lhamu et Sonam Tshering périrent. Pasang Lhamu devint un symbole national alors que Sonam Tshering sombra dans l'oubli.

La jeune Pasang Lhamu Sherpa Akita connaissait en détail cette histoire. Mais l'avalanche qui emporta plusieurs de ses amis à l'Everest en 2014 la fit réfléchir sur le bien-fondé de son projet d'ascension du K2. Elle envisagea de tout abandonner, mais Dawa et Maya la consolèrent et l'encouragèrent ; au bout du compte, les trois amies gravirent le K2 le 26 juillet 2014 sous les applaudissements unanimes.

Lorsqu'un séisme détruisit une grande partie du Népal l'année suivante, Pasang Lhamu, qui avait commencé la course aux quatorze 8000, interrompit sa carrière pour participer à la reconstruction de villages reculés. Elle commença aussi à former d'autres jeunes femmes. « Dans la société patriarcale népalaise, les femmes n'ont pratiquement aucune occasion d'entrer dans l'industrie des loisirs de plein air. Bien que sherpani, j'ai souffert de cela… J'ai donc pris à cœur d'organiser un stage de quinze jours pour former et donner de l'expérience à des femmes, et les aider à s'orienter vers les loisirs de plein air comme la grimpe, ou le métier de guide. »

Dawa ne laissa pas sa victoire au K2 la détourner de ses ambitions professionnelles, elle comptait toujours obtenir son certificat de guide de montagne. Elle s'entraîna donc, grimpa, travailla sa technique de glace, pratiqua l'alpinisme sur des montages népalaises moins élevées. Elle réalisa plusieurs premières d'envergure en style alpin, comme le Langdung, culminant à 6 357 mètres, qu'elle gravit en décembre 2018. Ainsi, elle réussit ses examens, et quatre ans plus tard, obtint le diplôme international de guide de montagne, qu'elle estime être ce qu'elle a accompli de plus beau. Venant d'une femme qui a gravi l'Everest et le Makalu, ainsi que le Manaslu et l'Annapurna sans oxygène, qui est l'unique alpiniste de nationalité népalaise à être sponsorisée par la marque The North Face, qui travaille comme guide partout dans le monde et qui est une ambassadrice de la marque de luxe Rolex, cela n'est pas rien. Elle reconnaît que ses mentors ont facilité son parcours. Parmi eux son frère, Dawa Gyalje, David Gottlieb, et l'alpiniste américain Conrad Anker, qui l'a aidée à s'entraîner au centre d'escalade du Khumbu, et l'a présentée à The North Face.

Quant à Maya, elle est reconnaissante à son père de l'avoir encouragée dans ses projets, aussi ambitieux fussent-ils. Elle a gravi sept des quatorze 8000, dont trois fois l'Everest et deux fois le Kangchenjunga, et compte boucler la série. Elle est bien consciente de la dangerosité du projet ; elle connaît en effet nombre de veuves d'alpinistes à Katmandou, mais elle regarde la réalité en face : « S'il m'arrive quelque chose, ma fille aura toujours son père et ma famille pour prendre soin d'elle. […] Les gens ne passent pas leurs vies à pleurer la tête dans les mains. Pendant deux ans, ils portent le deuil, puis, petit à petit, la vie reprend son cours[184]. » En revanche, elle est convaincue qu'en gravissant les quatorze 8000, celle deviendra une source d'inspiration pour les jeunes alpinistes népalaises des générations à venir.

◆

Ce à quoi aspire Maya est admirable, car tout un chacun a besoin d'un modèle. Gelje Sherpa a eu la chance d'être sollicité par Nimsdai pour faire partie de Project Possible. Élevé dans sa région natale du Khumbu, Gelje a commencé en bas de l'échelle des porteurs, puis est passé au rang de *Icefall Doctor*, un emploi particulièrement dangereux, avant d'embrasser une profession qu'il considère beaucoup moins risquée, celle de guide sur les 8000. Il en a gravi huit avec Nimsdai, puis a couronné le tout avec la première hivernale au K2 en 2021.

On peut parfois avoir l'impression que sa proximité avec Nimsdai fait de l'ombre à l'expertise de Gelje et aux efforts acharnés qu'il a déployés. Mais l'intéressé n'est pas de cet

184 Frances Klatzel, *Daring to Dream: Sherpa Women Climbing K2.*

avis. Il voue à Nimsdai une reconnaissance émue d'avoir parlé de lui dans son film *14 Peaks*. Quant au fait qu'il est encore peu connu, il déclare : « Notre défaut, c'est que les discours, c'est pas notre truc. Tout ce qu'on sait faire, c'est gravir des montagnes. » Pour combler cette lacune, Gelje a suivi les conseils de Nimsdai ainsi qu'une formation de prise de parole en public.

L'aisance verbale n'est pourtant pas la première des priorités de Gelje. Pour le moment, il doit gagner sa vie. Il a été embauché comme guide par l'alpiniste britannique Adriana Brownlee, qui souhaite devenir la femme la plus jeune à gravir tous les 8000. Le côté ostentatoire de Nimsdai semble cependant avoir déteint sur Gelje, à en croire un de ses posts récents sur Instagram : « Ils nous trouvent sympas, mais ce que je veux, moi, c'est être un caïd ! »

◆

Si Tenji Sherpa ne compte pas Nimsdai parmi ses bienfaiteurs, il a eu tout de même la chance de s'entraîner avec l'un des meilleurs. Natif du village rai de Gudel, Tenji faisait une heure et demie à pied tous les jours pour aller à l'école. « Les sandales étaient un objet de luxe, et on n'avait jamais entendu parler de baskets », raconta-t-il. Dès qu'il en eut l'âge, il travailla comme porteur pour gagner l'argent qui lui permettrait de poursuivre des études post-secondaires. Au début de sa carrière, il croisa le célèbre alpiniste suisse Ueli Steck. Tenji n'avait que peu d'expérience, mais il grimpait vite. La notoriété de Ueli *reposait* sur sa rapidité, et il trouva en Tenji le compagnon idéal, qui arrivait à le suivre et qu'il pourrait former. Ils grimpèrent ensemble dans les Alpes, puis gravirent l'Everest avant de s'attaquer à la face nord du Cholatse, une voie difficile où Tenji eut l'occasion de perfectionner sa technique.

Tenji se trouvait au camp de base de l'Everest le soir du 29 avril 2017. Avec Ueli, ils avaient prévu de sortir le lendemain jusqu'au col Sud pour s'acclimater en vue de la traversée Everest-Lhotse. Tenji avait souffert d'engelures aux doigts quelques jours auparavant et se reposait. Du camp 2, Ueli lui écrivit un texto : « J'ai décidé de partir demain faire le Nuptse pour m'acclimater. Je rentrerai au camp de base dans la soirée. À demain. »

Un peu surpris, Tenji lui répondit : « Tu montes tout seul ou avec des amis ? » Pas de réponse de Ueli.

Le lendemain matin, Tenji était toujours au camp de base lorsqu'il reçut un appel d'une connaissance qui se trouvait au camp 2. Quelqu'un avait vu une personne seule faire une chute d'environ neuf cents mètres dans la face nord du Nuptse. Tout retourné, Tenji n'eut pas à patienter longtemps pour connaître la suite : Ueli Steck, son ami, son compagnon, son mentor et son professeur, était mort ; il avait dévalé la paroi et avait atterri dans la combe Ouest.

Tenji est aujourd'hui un des plus grands alpinistes népalais. Il a bien réussi, et comme guide UIAGM, et comme alpiniste indépendant. Chaque saison, il organise des expéditions uniquement avec des Sherpas. Il n'aime pas qu'on l'étiquette simplement comme guide ou comme alpiniste indépendant car, dit-il : « Ma spécialité, c'est la légèreté et la rapidité. [...] Ce que j'aime, c'est faire des 8000 en style alpin. » Il ne cache pas l'influence que Ueli a eue sur lui : « C'est incontestablement et principalement grâce à tout ce qu'il m'a appris que j'en suis là aujourd'hui. L'énergie et l'expertise qu'il m'a transmises m'ont permis d'obtenir le diplôme de l'UIAGM. [...] Ueli était un frère pour moi. »

◆

Tenji appartient à un groupe grandissant de jeunes alpinistes népalais qui travaillent comme guides sur les 8000 pour financer leurs propres objectifs en montagne ; son ami Vinayak Malla, surnommé « Vinny », en fait partie. Originaire de la vallée des Annapurnas, il passa son enfance à jouer dans la forêt, à ramasser du bois de chauffage et à couper de l'herbe pour le bétail. « Les terrains de foot, les murs d'escalade, les associations sportives, rien de cela n'existait », expliqua-t-il.

Il fut moins marqué par les histoires de porteurs et de guides de montagne que par les militaires qui passaient dans son village. « Pendant la guerre civile, les guérilleros venaient recruter les adolescents dans chaque famille en soutien à leur révolution. Ma famille m'envoya *in extremis* à Katmandou poursuivre mes études de peur que je ne sois enrôlé. » Après ses études, Vinny devint stagiaire dans une entreprise d'investissement, mais comme cela ne lui plaisait pas, il commença à faire de l'escalade et y prit goût. Puis il s'engagea dans un long cursus pour devenir non seulement guide UIAGM, mais aussi jury, entraîneur, et secouriste spécialisé dans l'hélitreuillage. Son profil est singulier au sein de la communauté alpine népalaise puisqu'il ne vient pas de la région du Khumbu, ce qui lui a valu d'être perçu au départ comme un étranger.

C'est Vinny qui découvrit le corps de Ueli. Parti avec des clients du camp 1, il remontait la combe Ouest. Il faisait grand beau. Le matin, il avait vu un grimpeur sur les pentes du Nuptse, et un peu plus tard, il perçut le bruit caractéristique de quelqu'un qui chute. Mais ce n'est que lorsqu'il s'approcha du corps qu'il sut de qui il s'agissait.

Il reconnut immédiatement Ueli et prit contact avec Tenji qui se trouvait au camp de base. Avec d'autres guides, ils transportèrent le Suisse et ses effets personnels au camp 1 dans l'attente qu'un hélicoptère les évacue. Lorsque Leo Montejo demanda si Ueli aurait pu emporter ce jour-là quelque chose qui lui aurait évité ce tragique accident, Vinny répondit : « Ce dont il aurait eu le plus besoin, probablement, c'est d'un compagnon de cordée[185]. » Quant à la raison pour laquelle un alpiniste si expérimenté avait chuté, il avança : « Si vous fréquentez souvent les Himalayas, vous avez certainement déjà vu des bharals, ces moutons bleus qui vivent en très haute altitude. Leur agilité et leur rapidité leur permettent d'échapper au léopard des neiges. Mais parfois, ils dérochent. Et ce, pour différentes raisons : tantôt à cause d'une chute de pierres, tantôt parce qu'ils ont couru trop vite. Ueli avait quelque

185 Leo Montejo, « What Really Happened on the Day That Ueli Steck Fell from Nuptse ? », Wicis-sports.blogspot.com, 21 juin 2017.

chose du bharal, notre mouton bleu des Himalayas qui fait une chute un jour, mais n'en reste pas moins un maître de ces lieux[186]. »

Vinny grimpe toujours ; avec un compagnon et encordé. S'il travaille comme guide sur les 8000, les voies normales ne l'intéressent pas à titre personnel. « Je ne cours pas après les quatorze 8000. Ce que je préfère, et là où j'excelle, c'est dans l'alpinisme technique », confie-t-il.

◆

C'est dans le même état d'esprit que Dawa Gyalje Sherpa projeta des premières sur les montagnes népalaises. Né à Rolwaling, Dawa Gyalje a plus de quarante-six expéditions à son actif et reconnaît en Mingma G la source de son inspiration et son compagnon de cordée favori, même si ce n'est pas avec lui qu'il s'embarqua dans l'enchaînement de trois premières en trois jours. Dans cette trilogie exceptionnelle, il était accompagné de deux autres guides, Nima Tenji Sherpa et Tashi Sherpa. Ils gravirent le Raungsiyar, le Langdak et le Thakar-Go Est, culminant respectivement à 6 224, 6 220 et 6 152 mètres, le tout en style alpin.

Avant de partir, Dawa Gyalje avait tenté deux hivernales sur la face sud du Lhotse. Il avait dépassé la cote de 8 000 mètres en 2003 ; en 2006, blessé sérieusement à la main par une chute de pierres qui le handicapait pour

186 Montejo.

manipuler son descendeur, il avait été forcé de rebrousser chemin. Il faut souligner que jamais ses tentatives hivernales n'ont été mentionnées dans un quelconque rapport officiel. Nulle trace n'en demeure dans les périodiques *American Alpine Journal*, *Alpine Journal* et *Himalayan Journal*, ni même dans l'Himalayan Database. Il en va de même de son mentor Mingma G, qui était avec lui dans cette impressionnante paroi aux jours les plus froids de l'année. L'époque n'était pas encore à la juste reconnaissance de la contribution, des exploits et de l'engagement des alpinistes sherpas en montagne.

Dawa Gyalje n'en avait cure, et cette trilogie de premières n'était pas censée l'aider à se faire embaucher par des expéditions étrangères ; il s'agissait d'une cordée de Népalais qui grimpaient pour le plaisir. Ils incarnent un tournant dans la culture alpine népalaise, que l'alpiniste américain Conrad Anker a décrit comme le passage « d'une activité professionnelle à une activité non professionnelle ».

Nonobstant, Kami Rita, le célèbre guide sherpa qui compte vingt-huit ascensions de l'Everest, conserve une vision dépassée du potentiel alpin au Népal. Dans un entretien avec le journaliste népalais Bhusan Dahal en 2021, il déclara : « Au Népal, aucune montagne ne peut se gravir en style alpin… Autant que je sache, personne n'a gravi aucun 8000, 5000 ou 6000 népalais en style alpin. Le recours aux cordes fixes est obligatoire. » S'ils prenaient le temps de discuter de l'alpinisme autour d'un café, Dawa Gyalje et Kami Rita auraient certainement beaucoup de choses à se dire.

◆

Le sponsoring demeurant une pratique extrêmement rare au Népal, c'est le travail de guide qui permet de financer les rêves d'ascensions de ceux qui souhaitent grimper pour leur propre compte. Les revenus de deux ou trois expéditions annuelles sont suffisants pour payer les factures, mais pas pour financer un alpinisme de loisir. La plupart des guides ont la charge d'une famille. Et les risques associés à leur profession demeurent, bien que beaucoup d'entre eux affirment que, pour un guide, l'Everest est le moins dangereux de tous les 8000.

Un des grands avantages du diplôme de l'UIAGM est de conférer aux guides népalais assez d'ascendant et d'assurance pour refuser les requêtes de certains clients. D'innombrables accidents et drames ont en effet eu lieu parce que le client s'entêtait à vouloir aller au sommet alors que tout le monde, y compris leur guide, les exhortait à faire demi-tour. L'histoire de Sange Sherpa en est un exemple terrible.

Le 21 mai 2017, Sange, alors âgé de dix-huit ans, se trouvait avec un client de SST à l'Everest, au-dessus du Balcon, coté 8 440 mètres. Plusieurs guides chevronnés avaient refusé de servir de guide au client en question, le qualifiant de « pénible ». Originaire d'un petit village de la même région que son employeur, Sange était un adolescent inexpérimenté mais fort et prometteur : il voulut saisir sa chance. Et son employeur le laissa faire.

« Tout allait bien, mais mon client était très lent et il utilisait beaucoup d'oxygène, raconta-t-il. Nous étions près du sommet. [...] Je me sentais bien, et n'utilisais pas d'oxygène. J'avais décidé de le garder au cas où, pour la descente. » Le temps tourna brusquement, et lorsque le manque de visibilité fut tel qu'il n'y voyait plus rien à travers ses lunettes de glacier, Sange demanda à son client de rebrousser chemin. Le client refusa. Le voyage et le permis lui avaient coûté une petite fortune ; il comptait bien aller au sommet. « Si j'avais voulu, j'aurais pu faire demi-tour seul, mais je suis resté. Sa vie comptait autant que la mienne », expliqua-t-il.

Après leur arrivée au sommet, le client utilisa la bouteille de Sange, le laissant sans oxygène. Tous deux souffraient de l'altitude : la tête leur tournait, leur vision était trouble et ils trébuchaient. Lorsqu'ils firent une halte, Sange réalisa que son client ne répondait plus au son de sa voix. Ne voulant pas l'abandonner, il s'assoupit à 8 700 mètres.

À minuit et demie, le contingent suivant de prétendants à l'Everest passa à côté d'eux. « Heureusement, un autre groupe fit du bruit et je me réveillai, sinon ils m'auraient pris pour mort. J'étais affamé et j'avais très soif, ma gourde avait gelé, et malgré mes efforts, je n'arrivais à faire aucun mouvement, même pas avec les mains, je ne les sentais même plus. [...] Je fermai les yeux et aurais pu facilement me transformer en résident permanent de cette montagne. J'attendais la mort, une mort paisible », expliqua-t-il.

Mais son sort n'était pas de se fondre à jamais dans les hauteurs de l'Everest. Il vit passer quantité d'alpinistes, mais aucun en état de le secourir en raison de leur manque de force. Ang Tshering Lama, lui, s'arrêta, choqué par la scène. « Nous lui avons donné de l'oxygène. Je lui pris le pouls. Ce n'était qu'un gamin, je ne pouvais pas le laisser là. » Non sans s'exposer eux-mêmes à de grands risques, un groupe de Sherpas le traîna jusqu'au Balcon, un gars devant, un derrière. Lorsque les cordes fixes furent moins encombrées, ils le firent descendre. « Au cours du trajet, il émit un son, le *premier* depuis qu'on l'avait récupéré, expliqua Ang Tshering. Quelques plumes s'échappèrent de sa combinaison tandis que nous le portions. » Ils le firent glisser jusqu'au camp 4 où le docteur Ellen Gallant lui injecta une dose de dexaméthasone et fit son possible pour le mettre à son aise. Elle ne pensait pas qu'il survivrait à une telle exposition aux éléments. Il fut finalement évacué du camp 2 par voie aérienne vers un hôpital de Katmandou.

Sange survécut, et il considère que cela relève du miracle. Mais le miracle fut long et douloureux. Il perdit tous ses doigts, ainsi que ses chances de réaliser son rêve de devenir guide de montagne. Il ne reçut aucune aide, ni de son employeur, ni du gouvernement népalais. Son histoire, cependant, attira l'attention d'un Sherpa de Denver, au Colorado, qui l'aida à trouver des financements pour couvrir le lourd traitement médical dont il avait besoin, ainsi que sa convalescence aux États-Unis. Après onze opérations chirurgicales, une infection qui engagea son pronostic vital, et la reconstruction de ses « nouvelles mains », le message qu'adresse Sange du fond du cœur aux clients est simple : « S'il vous plaît, écoutez et respectez les consignes et les décisions de vos guides sherpas quand vous êtes en montagne. [...] Vos vies et vos familles sont plus précieuses et plus importantes que le sommet. L'Everest, lui, ne va pas disparaître du jour au lendemain. »

Ang Tshering, qui sauva la vie à Sange, savait comment cela risquait de se terminer. Il travaille comme guide depuis des années et a rencontré toutes sortes de professionnels et de clients possibles et imaginables. « Les clients n'ont pas tous le même niveau d'expérience, dit-il. Moi, je sais leur dire "Fais demi-tour", mais les jeunes guides n'en ont pas toujours la capacité. » Ce qui l'inquiète le plus, c'est que même les plus expérimentés manquent de compétences en secourisme. « Ils savent bien comment amener un client au sommet, mais pas forcément l'en redescendre. La pression économique est forte d'arriver en haut, même quand il faudrait rebrousser chemin. »

◆

Sanduk Tamang est un guide originaire de Pangboche. Il grandit entouré de nombreux alpinistes, dont son père qui perdit la vie à l'Everest. Âgé de vingt ans, il partit pour sa première expédition sur le toit du monde, piteusement préparé. « J'étais assez costaud, expliqua-t-il. Par neuf fois, je portai des charges du camp 2 au camp 4… [mais] je ne savais pas grimper, ni utiliser le matériel. C'était dingue, je n'avais aucune idée de ce que je faisais. » Sanduk survécut à sa première expédition et continua à grimper et à se former petit à petit sur le terrain. Comme il avait une famille à nourrir et aucune éducation, cette profession lui paraissait le meilleur moyen de pourvoir aux besoins de ses enfants.

En 2014, il en réchappa de peu au camp 1 de l'Everest où une avalanche dévastatrice emporta seize Népalais.

Il s'inscrivit ensuite au Centre d'escalade du Khumbu (KCC) à Phortse pour acquérir les bagages technique et nivologique qui lui manquaient cruellement. Dans les années qui suivirent, il gravit l'Everest à douze reprises, depuis ses deux versants. L'expérience acquise sur le terrain et les formations du KCC lui ont donné assez d'assurance pour reconnaître et éviter les situations périlleuses, et freiner les ambitions démesurées de ses clients.

◆

Prakash Gurung n'appartient pas à l'élite de la communauté sherpa, que la plupart des gens associent à l'alpinisme et aux guides himalayens, car il est d'ethnie gurung et originaire de la région népalaise de Tanahun. Ils y sont peu nombreux à grimper, mais pour Prakash, c'est une passion ; instruit, il sait que pour l'assumer, il lui faut la « professionnaliser ». Il a financé sa formation à l'UIAGM, qu'il a aujourd'hui intégralement terminée, par ses activités de guide sur les 8000, de moniteur d'escalade et de formateur auprès de l'Association népalaise d'instructeurs d'alpinisme. Prakash ne cache pas la hiérarchie de ses priorités. « Tout le monde parle de sommets. L'image que je souhaite donner c'est celle d'un guide prudent, attaché à la sécurité. Je veux qu'on se souvienne de moi comme d'un formateur népalais d'excellence. » On se souviendra certainement de lui comme du premier alpiniste gurung à avoir intégré le cercle des guides népalais, un signe de démocratisation de la profession et de diversification culturelle.

◆

Abiral Rai investit au moins 25 000 dollars pour se former à l'UIAGM. Bien qu'originaire de Solo Khumbu, Abiral n'est pas un Sherpa ; il appartient au groupe ethnolinguistique des Rai. Son enfance au village de Mukli fut violemment interrompue par les maoïstes et la guerre civile qui déchira le Népal de 1996 à 2006, causant la mort de plus de dix-sept mille personnes et le déplacement de plusieurs centaines de milliers d'autres, essentiellement vers les régions rurales tel le village de Mukli. « Tous mes amis devinrent maoïstes, expliqua Abiral. Ils essayèrent de me convaincre de les rejoindre, mais ce n'était pas mon truc. » Abiral s'en tira en volant un kilo de farine de millet et 50 roupies à sa mère avant de s'enfuir à Jiri. Il avait quatorze ans à l'époque.

Les 50 roupies furent vite dépensées et il commença à travailler comme porteur. La première fois, il porta plus d'une quarantaine de kilos de sel, de riz et de lentilles de Jiri à Salleri, un voyage d'une semaine qui lui rapporta 600 roupies, l'équivalent de 5 dollars actuels. Pendant sept mois, il n'eut aucun contact avec ses parents car les maoïstes avaient coupé les lignes téléphoniques du village. Il apprit plus tard que ses parents l'avaient cru embrigadé.

Abiral trouva très vite du travail à acheminer des biens à dos d'homme entre Jiri et Lukla, soit douze jours de voyage pour lesquels il était payé 2 000 roupies. Les charges étaient extrêmement lourdes : l'adolescent en pleine croissance portait entre une quarantaine et une cinquantaine de kilos sur le dos. Abiral croyait qu'il avait touché le jackpot. Et d'une certaine manière, c'était vrai. C'est à Lukla qu'il croisa des étrangers pour la première fois et apprit que faire du portage pour eux était à la fois moins pénible et plus lucratif. « Je me suis dit que c'était de l'argent facile », avoua-t-il.

Sa première saison à arpenter le sentier peu aisé du Mera Peak ne se passa pas très bien cependant. « Je n'avais pas de bonnes chaussures, je portais trente kilos contre 275 roupies par jour. Après quatre jours, on m'a congédié, car physiquement, je n'étais pas assez fort. J'étais trop jeune, trop petit. Ils m'ont dit que je n'arrivais pas à tenir le rythme. »

De retour à Lukla, il jongla entre différents petits boulots, à faire la vaisselle ou le ménage chez les particuliers et comme aide de cuisine. Lorsque l'entrepreneur en herbe ne portait pas des chargements pour les étrangers ou ne coupait pas du bois, il cassait des cailloux dans la jungle et se débrouillait pour les livrer sur des chantiers à Lukla. Il finit par trouver un poste de commis de cuisine au camp de base de l'Island Peak. « Ce fut mon premier contact avec l'alpinisme. C'était fascinant. Un jour, les guides m'ont équipé de leur matériel. J'ai essayé. Ils m'ont encouragé. »

À Island Peak il accéda au rang de « cuisinier », mais il ne pensait qu'à grimper. Finalement, au printemps 2010, les guides l'invitèrent à se joindre à eux lors de leur dernier voyage au camp de base. Ils lui servirent de guides, et surtout le formèrent et lui expliquèrent les ficelles du métier. Neuf ans plus tard, après un investissement de 25 000 dollars, il est devenu un guide certifié.

Abiral a mené des clients à l'Island Peak plus de deux cent cinquante fois, et il a travaillé sur plusieurs 8000. En 2014, il échappa à trois minutes près à l'avalanche à l'Everest. « Il faisait nuit et nous étions partis très chargés du camp de base pour le camp 2. Un pont a cédé, ce qui créa un embouteillage. […] Mes amis s'assirent pour fumer une cigarette. […] Ma charge était toute de guingois, je portais des piquets de tente et je ne pouvais pas m'en délester facilement. Je n'avais aucune envie de m'éterniser. » Il se trouvait à l'endroit le plus dangereux de la cascade de glace, strié de crevasses béantes, sous des séracs menaçants, quand soudain retentit de l'effondrement d'un énorme morceau de glace. Tout le monde se mit à prier autour de lui. Peu de temps après, « une dizaine d'entre nous s'est retrouvée à extirper les corps. Ceux de mes amis qui étaient devant ou derrière moi ont péri ».

L'avalanche de 2014 qui a tué seize Népalais dans la cascade de séracs du Khumbu fait partie des dangers objectifs, elle était probablement imprévisible. Quant aux accidents « subjectifs », Abiral est convaincu qu'ils sont de moins en moins fréquents parce que les gens sont mieux formés.

À l'instar de tant de Népalais et de Pakistanais, ses choix professionnels sont directement déterminés par la conscience qu'il a de l'importance de l'éducation. « Je contribue à présent à la scolarité de mon frère, de mes deux sœurs, de ma femme et de mon fils, car l'éducation est la chose la plus importante qui soit, on ne peut s'en passer. Ni dans le travail, ni dans la vie tout court. Si j'étais instruit, je ne serais probablement pas guide ! C'est dur ! L'éducation, c'est ce qui nous manque et ce qui nous fera justice. »

Pour un homme qui a échappé aux maoïstes à quatorze ans, Abiral Rai s'en tire honorablement. « Ce pour quoi j'aime l'alpinisme, c'est le contact avec la beauté de la nature. Il y a quelque chose de sacré à fréquenter ces lieux. »

◆

Tous les Népalais n'ont pas opté pour ce modèle de survie. Tenzeeng Sherpa, par exemple, possède une qualification internationale de guide, mais il est aussi un entrepreneur avisé. Lorsque la pandémie toucha le Népal en 2020, fermant quasiment le pays aux voyageurs étrangers, il profita de ce qu'il chômait pour monter une entreprise de vêtements techniques de plein air avec un associé, Pasang Gyeljen.

Tous deux étant guides, ils connaissaient parfaitement les besoins des himalayistes. Fin décembre 2020, ils proposaient vingt-cinq produits : survestes, surpantalons doublés, vestes légères, pantalons de trekking. « Nos habits sont plus abordables que ceux des grandes marques, et on les teste ici, dans l'Himalaya », expliqua Tenzeeng. Leur première combinaison en duvet fut portée par Kami Rita Sherpa lors de sa vingt-cinquième ascension de l'Everest, et leur deuxième prototype, au Manaslu et au Dhaulagiri en 2021 par Kami Rita, Phunuru, Pasang Lhamu Sherpa Akita et la princesse du Qatar Asma Al Thani. L'entreprise de Tenzeeng est enregistrée à Katmandou, tandis que d'autres Népalais se sont lancés avec succès à l'étranger. Fruit de la vision de Tendi Sherpa, guide de l'UIAGM, et de Dave Schaeffer, HIMALI compte aujourd'hui parmi ses actionnaires des alpinistes népalais.

Les alpinistes népalais ont inventé d'autres manières de se rendre utiles tout en entretenant le lien avec leurs traditions et leurs montagnes. À trente et un ans, Tenzing Gyalzen Sherpa, originaire de Phortse, est à la fois électricien, guide de montagne et informaticien. Son trajet domicile-travail est des plus originaux : il se rend à la station météo la plus haute de la terre, située sur l'Everest à 8 810 mètres d'altitude, qui fournit des informations exclusives et précieuses sur la vitesse des vents, leur orientation, les variations de température et les niveaux de précipitations. À court terme, cela permet d'améliorer la sécurité des alpinistes sur place. Ces données sont aussi décisives pour aider les scientifiques à réagir aux contraintes climatiques qui pèsent sur cinquante-trois millions d'habitants de l'Himalaya.

◆

Beaucoup souhaitent s'acquitter de leurs devoirs envers leur communauté. C'est le cas de la guide sherpa de renommée internationale Dawa Yangzum, grande figure inspiratrice s'il en est, qui se retrouve naturellement en première ligne. Elle forme régulièrement de jeunes grimpeurs au Centre d'escalade du Khumbu. À l'automne

2021, après les avoir entraînées pendant deux ans, elle encadra un groupe de six jeunes Népalaises lors d'une ascension dans la vallée de Rolwaling dont elle est originaire. Deux semaines plus tard, elle s'exprima sur les réseaux sociaux en ces termes : « J'étais heureuse de voir que mes protégées se débrouillaient bien techniquement. Mais le plus important pour moi, c'est qu'elles sont plus mûres émotionnellement et psychologiquement. Les fillettes réservées sont devenues de jeunes femmes sûres d'elles, prêtes à se lancer dans une vie pleine d'aventures. Cette transformation émotionnelle et psychologique, je ne l'avais pas anticipée, et avec le recul, c'est ce dont je suis le plus fière. C'est une grande satisfaction que de voir mes efforts récompensés de la sorte, d'avoir eu la possibilité de changer les choses ainsi. »

Dawa Yangzum n'est pas la seule à s'engager pour son peuple. Ang Tshering Lama n'a pas seulement sauvé Sange Sherpa sous le sommet de l'Everest, il a transmis à deux femmes qui avaient perdu leurs maris, l'envie et la force de gravir l'Everest pour reprendre confiance en elles ; il fit de même pour un ami toxicomane.

Wangda Sherpa, récemment sorti d'un centre de désintoxication, se sentait complètement perdu et vulnérable lors de sa première rencontre avec Ang Tshering. Il se rappelle leur conversation : « Il m'a dit : "Ce que tu as fait dans le passé, cela n'a pas d'importance. À présent, tu peux devenir une nouvelle version de Wangda". » À l'époque, Ang Tshering assurait l'entraînement de Fura Diki et de Nima Doma. Il invita donc Wangda à se joindre à eux comme porteur lors d'un trek à l'Annapurna. Wangda donna satisfaction, et au terme du voyage, il prit son courage à deux mains pour demander une faveur.

« Ang Tshering, tu crois que je pourrais participer à une de tes expéditions à l'Everest ? »

Ang Tshering n'hésita pas une seconde. « Si tu veux grimper, viens avec nous. Il faudra juste que je dégote une ou deux bouteilles d'oxygène et du matos de grimpe, mais ce n'est pas un problème. »

Aux anges, Wangda promit de rester clean et de s'entraîner dur.

« Mais tu dois me promettre que si tu arrives au sommet, tu en feras quelque chose. Il faudra que tu en tires quelque chose de positif. »

Wangda atteignit le sommet, tout comme les deux veuves, Fura Diki et Nima Doma. Au sommet, il déroula une banderole affichant « Non à la drogue » et depuis, il livre son témoignage dans les écoles et les centres de désintoxication. « Ang Tshering fut pour moi un ange envoyé par le ciel. Il m'a fait grandir. Il a révélé mes capacités et démontré que je n'étais pas un vaurien », confia Wangda.

◆

Le 19 mai 2013 à 7 h 40, Samina Baig mit le pied sur le sommet de l'Everest. Elle avait vingt-deux ans. Première Pakistanaise et première Ismaélienne à gravir cette montagne, Samina devint une figure publique prometteuse. Quand il commença à la préparer pour ce moment historique, son entraîneur et frère aîné, Mirza Ali Baig, avait probablement plus conscience qu'elle des responsabilités qui attendraient sa sœur. Il n'empêche que lorsqu'elle arriva au sommet, ses premières pensées révélèrent qu'elle avait aussi compris son sacerdoce. « Je pensais aux Pakistanaises, à celles qui n'ont pas le droit d'aller à l'école, à celles qui ne peuvent pas mener leur vie comme elles l'entendent[187]. » Née et élevée à Shimshal, Samina est issue d'une communauté montagnarde. Ayant détecté chez elle des dispositions et un intérêt pour l'alpinisme, Mirza Ali l'encouragea. Il se considère comme un militant de la cause des femmes aux Pakistan et voit dans la pratique des sports d'aventure un moyen de promouvoir l'égalité des sexes. Grâce à ses réalisations en montagne, Samina est devenue un modèle.

L'ascension de l'Everest fut suivie de réceptions fastueuses, de discours-fleuves, de remises de prix et même d'une entrevue avec le Premier ministre pakistanais. La même question revenait toujours : « Et maintenant ? » Gravir les points culminants des sept continents, répondit-elle ; ce qu'elle fit dans les deux ans qui suivirent l'Everest. Elle était très lucide sur ses motivations : « Je crois que pour moi, grimper n'est pas simplement un loisir. [...] Je fais cela pour souligner l'importance de l'égalité hommes femmes et y contribuer, pour donner aux femmes des moyens d'agir et... pour promouvoir cette activité sportive au Pakistan, expliqua-t-elle au journaliste

---

187 « Female Ismaili Mountaineer Conquers Everest as an Inspiration to the Women of Pakistan », The.ismaili, 21 juin 2013.

pakistanais Abdulmalik Merchant. Une fois notre but atteint en matière d'égalité hommes femmes et de renforcement du pouvoir des femmes, je ne manquerai pas d'aller grimper avec d'autres filles[188] ! »

Bien qu'il y ait de plus en plus de femmes qui pratiquent ce sport, Samina n'est pas au bout de ses peines pour que la société accepte et soutienne les jeunes Pakistanaises qui aspirent comme elle à devenir alpinistes professionnelles. Elle a tout de même brillamment réussi à faire reconnaître ses accomplissements et accepter son ambition : gravir les quatorze 8000. Elle ne s'épanouit dans l'ombre de personne, pas même celle de son frère.

Il y a de quoi être optimiste, car au Pakistan, l'alpinisme commence à être valorisé et soutenu, bien que, comme au Népal, l'intérêt se focalise sur les 8000. Sirbaz Khan, qui est bien engagé dans la course aux quatorze 8000, est très connu au Pakistan. Le regard droit et l'allure souple, il dégage une sorte de force tranquille. Originaire de Hunza, sa première expérience en montagne remonte à 2004 où il randonna jusqu'au pied du K2 pendant les vacances d'été après son année de troisième. « En arrivant au camp de base, je sus que je ne pourrais plus me passer ni des montagnes, ni de la nature », avoua-t-il. Sirbaz poursuivit sa scolarité tout en retournant au Baltoro chaque été pour travailler comme aide de cuisine auprès des expéditions.

En 2014, il croisa le chemin de Mingma G, qui lui conseilla de changer de travail. « Il était très énergique et marchait

188 Abdulmalik Merchant, « Samina Baig and Mirza Ali in Conversation with Simerg », Simerg.com, 29 avril 2014.

plus vite que tous ses coéquipiers », remarqua le célèbre alpiniste. « En me voyant à l'œuvre, au vu de ma condition physique, il m'a incité à faire de l'alpinisme, expliqua Sirbaz. Quand il est revenu en 2016, il m'a proposé de gravir le K2 avec lui. Je n'avais pas beaucoup d'entraînement à cette époque, mais j'avais travaillé avec Ali Sadpara, Ali Raza Sadpara, Fazal [Ali] et d'autres alpinistes connus, dont des étrangers. Je savais utiliser le matériel, mais je n'avais que peu d'expérience et aucune formation proprement dite. »

Sirbaz fit malgré tout une forte impression sur Mingma G. « Même en très haute altitude, il était plus fort que moi, avoua-t-il. Nous n'avons pas gravi le K2 cette année-là, mais il a gagné sa place dans mon cœur et dans mon esprit. » À l'automne 2017, Sirbaz atteignit le sommet du Nanga Parbat avec Ali Sadpara, Mingma G et d'autres. « C'était mon premier 8000 », déclara-t-il. Sans perdre de temps, il annonça son intention de gravir les treize autres[189]. Il travaille dans l'équipe de Mingma G à installer des cordes fixes, ce qui finance partiellement sa passion. « Sirbaz mon frère, je suis très fier de toi, commenta Mingma G. Ta nation et ton peuple sont fiers de toi. »

Sirbaz ouvre aux alpinistes pakistanais de nouveaux horizons, dans le respect et la connaissance de ses prédécesseurs. Il dédia l'ascension qu'il fit de l'Annapurna au printemps 2021 à Ali Sadpara, l'homme qui lui avait appris à grimper et avec lequel il avait parcouru de nombreuses voies. À l'automne 2021, il dédia son succès au Dhaulagiri à Amir Mehdi, le héros oublié de la première du K2 ; et le

189 Il est devenu le premier Pakistanais à gravir les quatorze 8000 en octobre 2024. (NDT).

Makalu, qu'il gravit en 2022, à Ali Raza Sadpara, le « plus grand des professeurs dans notre activité », celui qui aurait pu « remporter la couronne de l'Himalaya en dix mois sans oxygène ». Quand il apprit son décès, Sirbaz déclara : « Ali Raza, mon ami, merci de m'avoir appris à grimper et plus encore comment vivre. [...] Je n'ai jamais eu autant de respect pour un montagnard que pour Apo Ali Raza. Il était mon *ustaad*, mon ami, mon compagnon. »

Sirbaz est déterminé à tout faire pour que les noms de ses mentors trouvent bonne place dans l'histoire de l'himalayisme. Il commença dans la vie par la poursuite d'un objectif personnel, mais qui porte à présent beaucoup plus loin que son histoire individuelle. « Maintenant, l'enjeu est beaucoup plus grand. Je suis déterminé à faire la gloire de mon pays, et à donner à mon peuple, et en particulier à la communauté montagnarde défavorisée du Pakistan, des raisons d'en être fier », déclara-t-il.

Il se sent responsable des jeunes alpinistes de son pays. « L'ère qui arrive, c'est la nôtre, dit-il. Nous ferons notre possible pour améliorer ce secteur, au bénéfice des générations futures, que ce soit en termes d'assurance, de formation ou de tout autre chose. Notre communauté montagnarde pourra faire de grandes choses si nous travaillons tous ensemble. »

Shehroze Kashif partage cet avis. Lorsqu'il se hissa au sommet du Broad Peak à dix-sept ans, on le baptisa « Broad Boy ». Grand et mince, coiffé d'une tignasse bouclée, il est convaincu qu'il trouvera le bonheur en gravissant les quatorze 8000. Originaire de Lahore, il a escaladé de nombreux

6000 avec son père et, en 2021, il devint le plus jeune Pakistanais à gravir l'Everest et le K2, un record qu'il remporta aussi l'année suivante au Kangchenjunga, au Lhotse et au Makalu. Il est déjà un héros national au Pakistan.

Lorsque Shehroze se hissa sur le sommet de l'Everest, il était fier, bien sûr, mais un autre alpiniste pakistanais occupait son esprit. Dans la vidéo qu'il publia, il eut les mots suivants à l'adresse de Ali Sadpara, qui avait disparu quelques mois auparavant au K2 : « Mon frère, je te dédie cette ascension, pour honorer ton héritage et ta mémoire, ton ambition. [...] Moi, Shehroze Kashif, je ne suis pas seul ici, NOUS, tous les jeunes alpinistes du Pakistan, nous ferons vivre ton œuvre, et nous réaliserons le rêve qui était le tien. [...] In Shaa Allah ! »

◆

Shehroze Kashif. Sirbaz Khan. Samina Baig. Dawa Tenzing. Vinayak Malla. Abiral Rai. Sanduk Tamang. Dawa Gyalje. Tenji Sherpa. Gelje Sherpa. Dawa Yangzum. Tous appartiennent à une génération d'alpinistes pakistanais ou népalais qui ne se contentent pas de pratiquer cette activité par nécessité économique. Ils sont fiers de ce qu'ils font et aiment profondément leurs montagnes. Lorsqu'ils réalisent la première ascension d'un sommet ou qu'ils ouvrent de nouvelles voies, lorsqu'ils travaillent comme guide pour des clients sur les 8000 ou qu'ils grimpent pour susciter des vocations, ils sont prêts à montrer aux yeux du monde tout ce dont ils sont capables.

ÉPILOGUE

Ombre et lumière

Le respect mutuel, c'est de cela dont il s'agit en montagne.

Tashi Sherpa

L'Himalaya est un lieu terriblement beau, à la fois fascinant et effrayant. Ne parler que de la majesté des paysages, c'est négliger la complexité humaine de la région et le point de vue des gens de Shimshal, de Phortse et de Na, ainsi que de bien d'autres endroits, qui vivent dans l'ombre de ces immenses sommets, et dont les vies sont forgées par les citadelles de pierre qui les entourent.

Lorsque l'esprit vaque à la contemplation des géants himalayens, les images qu'il fait surgir et les émotions qui l'animent sont héritées des impressions et des a priori des premiers Occidentaux à y être allés. Nos propres imaginaires sont imprégnés des rêves et des ambitions des explorateurs, des alpinistes et des sportifs étrangers, dont nous célébrons les exploits et admirons le courage et la curiosité.

L'Occident connaît mal les alpinistes pakistanais et népalais, et son appréciation de leur valeur est limitée. « Nous étions là, toujours, depuis les premières expéditions himalayennes, mais les médias ne nous ont jamais donné voix au chapitre, insiste Nims. Nous étions dans l'ombre et personne ne parlait de nous[190]. » Il est vrai que les exploits des alpinistes népalais et pakistanais ont peu d'écho dans les médias occidentaux. Pour autant, des récits existent, qui relatent une parole différente, celle des alpinistes locaux, et qui font partie de l'histoire de l'activité ; ils ont été et sont écrits par des alpinistes, des journalistes et des écrivains du Pakistan, du Népal ou de l'Ouest, et le présent ouvrage s'en fait le relais. L'originalité de ces témoignages réside dans l'écart entre l'image que se fait le grand public des individus dont ils émanent, et la réalité, le ressenti qu'ils ont de leurs vies. Par exemple, de nombreuses personnes ont entendu parler de Lhakpa Sherpa, à qui le Guinness des records consacre un article pour être la femme ayant à son actif le plus grand nombre d'ascensions de l'Everest, soit dix. Mais qui sait que, loin d'être une sportive adulée que les sponsors s'arracheraient, Lhakpa est une femme célibataire avec trois enfants, qu'elle a été victime de violences conjugales, qu'elle travaille au SMIC dans le Connecticut et qu'elle n'a même pas les moyens de s'acheter une voiture ?

Lhakpa, dont la mère avait accouché à la maison, ne connaît pas son âge exact, car à l'époque, aucun certificat de naissance n'était délivré aux enfants de Balakharka, un

190 Joe Bindloss, « The Nepali Mountaineer Reclaiming the Himalaya », Lonelyplanet.com, 9 avril 2021.

village situé dans la région du Makalu. Née dans une fratrie de onze enfants, elle n'a pas eu la chance d'aller à l'école. Comme elle n'a pas été scolarisée et qu'elle est d'une génération antérieure à l'Internet, il eût fallu qu'une bonne fée se penchât sur son cas pour que son histoire perce sur la scène internationale et pour qu'elle bénéficie de l'aisance et de la sécurité matérielle dignes de ses dix victoires à l'Everest.

◆

Et que dire de Gyalzen Norbu Sherpa, un des trois alpinistes qui ont réalisé deux premières de sommets de 8 000 mètres ? Les deux autres, Hermann Buhl et Kurt Diemberger, sont deux légendes de l'alpinisme connues dans le monde entier. Gyalzen Norbu, qui faisait partie de la deuxième cordée qui se hissa sur le Makalu lors de la première de 1955, et qui a réalisé la première du Manaslu en 1956, est pratiquement inconnu.

Personne ne connaît non plus Ghulam Rassul Galwan, un explorateur ladakhi intrépide qui fit partie de nombreuses expéditions européennes majeures et qui apprit l'anglais pour pouvoir écrire ses mémoires, publiées sous le titre *Servant of Sahibs*.

Ang Tharkay et Tenzing Norgay sont deux pionniers népalais de l'himalayisme qui ont rencontré leur public en publiant le récit de leurs vies ; ce qui est intéressant cependant, c'est qu'ils l'ont fait avec l'aide de coauteurs occidentaux. Si leur intention était probablement de s'y livrer sans prisme, certains de leurs propos y apparaissent édulcorés et interprétés. De manière similaire, l'histoire des alpinistes du Pakistan et du Népal présentée dans ce livre n'est qu'une interprétation, celle d'une Canadienne qui vit dans les Rocheuses.

La génération actuelle d'alpinistes népalais et pakistanais bénéficie d'Internet. Leur maîtrise de la langue anglaise leur donne accès à un public international. « Nous arrivons à toucher directement les gens et à leur raconter l'histoire de nos vies, déclara Nimsdai au journaliste Joe Bindloss. Nous ne sommes plus dans l'ombre[191]. » Ils s'adressent au monde entier sans que leurs paroles ne soient filtrées, publient leurs récits sur les réseaux sociaux et dans la presse internationale.

La communauté alpine a parfois tendance à se désespérer du comportement des alpinistes népalais et pakistanais actuels qui se font valoir, collaborent avec des sponsors et ne décrochent pas d'Instagram où ils publient des photos et des vidéos mettant en scène le courage et l'audace dont ils font preuve au cours de leurs exploits. Comment le leur reprocher sans céder à un romantisme suranné, puisque c'est exactement ce que font les Occidentaux depuis longtemps ? Il faut rappeler qu'il est à présent d'usage sur les réseaux sociaux de mentionner le nom de *tous* les alpinistes qui atteignent un sommet, et pas seulement celui des clients. Une autre avancée significative est qu'on commence à voir aussi des posts donnant le nom des *Icefall Doctors* et de ceux qui posent les cordes fixes, noms qui n'étaient jamais mentionnés auparavant.

191 Bindloss.

◆

Dans son éditorial pour le *Times* au sujet de l'expédition de 1953 à l'Everest, Jan Morris s'inquiétait de l'avenir : « Bientôt, j'en ai peur, le Sherpa tel que nous l'avons connu en 1953 deviendra une figure du passé, effacée par la célébrité, la richesse et les innovations étrangères. Je suis content d'avoir pu l'apercevoir avant qu'il ne disparaisse[192]. » Toute crainte d'un tel changement est, à n'en pas douter, un reste de posture colonialiste. Aussi ouverts que se croient les alpinistes et les lecteurs contemporains, il faut reconnaître qu'on a encore tendance à présenter l'alpinisme comme un accomplissement personnel et nombriliste, et à valoriser la « pureté » du style alpin, tout en se hissant sur les géants himalayens emmitouflés dans d'énormes combinaisons en duvet placardées d'énormes logos. Pour les alpinistes du Népal et du Pakistan, l'alpinisme est quelque chose de plus complexe. Même lorsqu'ils se passionnent pour l'activité elle-même, ils restent motivés par des considérations concrètes comme gagner leur vie et aider des membres de leur peuple à le faire. Il est curieux, et quelque peu hypocrite, que d'aucuns jugent cette passion impure et leurs accomplissements de moindre valeur par le simple fait qu'ils sont payés pour faire ce qu'ils aiment. Les alpinistes autochtones, qu'ils viennent de Shimshal ou de Rolwaling, ont tous besoin de la stabilité financière, de la renommée, et par-dessus tout du respect qu'ils gagnent de leur exposition au monde extérieur.

192 Jan Morris, *Coronation Everest*.

Dans les années 1930, Paul Bauer, alors chef de l'expédition allemande, prétendait que les locaux n'étaient pas motivés par l'argent. « Avec ces Bhutias [Tibétains] et ces Sherpas, ces gens merveilleux [...] qui nous suivent jusqu'au dernier dans des endroits extrêmes avec leur enthousiasme et leur confiance inconditionnels et désintéressés, qui reposent sur des motivations purement morales et sur la noblesse de leurs instincts naturels[193]. » Il se trompait. Dans les années 1930, peu d'habitants de Darjeeling auraient accepté d'abandonner leurs familles pendant des mois « pour des motivations purement morales » ou à cause de la « noblesse de leurs instincts naturels ». C'était pour gagner l'argent qui assurerait leur survie. Phurba Tashi Sherpa, un des meilleurs *high-altitude climbers* de tous les temps, ne cachait pas que l'alpinisme était pour lui une source de revenus et non un moyen de battre des records à l'Everest. « Beaucoup me disent que je devrais y retourner pour battre un nouveau record, mais pour moi, cela n'a pas de sens, expliqua-t-il au journaliste britannique Andrew MacAskill. Depuis le tremblement de terre, quand je pense à ma carrière, ce qui m'attriste le plus c'est que j'en suis encore à m'inquiéter de mon avenir[194]. » Mingma G a déclaré récemment qu'il souhaiterait s'engager dans des ascensions qui pourraient lui valoir un Piolet d'Or, mais qu'il doit avant tout gagner sa vie. Et que si cela passe par la publication des photos des exploits des guides de son entreprise sur les 8000, c'est ce qu'il continuera à faire.

---

193 Paul Bauer, *Himalayan Campaign: The German Attack on Kangchenjunga, the Second Highest Mountain in the World*, trad. Sumner Austin.
194 Andrew MacAskill, « Nepal Climbers Face Ruin after Quake, Blockade Hits Everest Industry », Reuters.com, 20 décembre 2015.

◆

Les Sherpas ont beaucoup gagné de l'évolution de leurs relations avec les Occidentaux. Jadis, comme nous l'avons vu, les alpinistes étrangers menaient la danse. Les Sherpas étaient des porteurs qui obéissaient aux ordres et trimballaient des charges ; s'ils apprenaient parfois certaines techniques, ils étaient traités néanmoins comme des tâcherons. Cela peut s'expliquer par le fait qu'à l'époque, les Occidentaux maîtrisaient plus qu'eux les techniques de progression en montagne, et que la volonté de les explorer venait d'eux. Ils découvrirent très vite que les capacités de leurs employés dépassaient le portage de lourdes charges sur des pentes vertigineuses. Non seulement ils s'acclimataient bien plus vite que quiconque, mais ils étaient aussi de précieux intermédiaires entre les différentes cultures, et de valeureux sauveteurs et compagnons de cordée. Une fois qu'ils auraient appris les techniques de grimpe, ils pourraient aller haut en altitude, voire passer en tête.

Aujourd'hui, la situation s'est quasiment retournée. Les uns après les autres, alpinistes pakistanais et népalais sortent de l'ornière. Certains avec une lenteur désespérante. D'autres de manière fulgurante, mais parfois tout aussi éprouvante. Dawa Yangzum est harcelée par les médias qui souhaitent connaître son prochain objectif, et en ressent une énorme pression. Que se passera-t-il si elle décide de prendre une année sabbatique ? Quand on est sur la pente ascendante, il est difficile de faire un pas de côté, non seulement à cause des répercussions que cela pourrait avoir sur sa carrière, mais aussi par peur de décevoir les jeunes Népalaises pour qui elle est une source d'inspiration.

En 1953, la pression qui s'exerçait sur Tenzing Norgay était encore plus forte. Dès la diffusion de sa victoire à l'Everest, il fut poursuivi non pas seulement par la presse, mais aussi par les gouvernements de l'Inde, du Népal et du Tibet. « Pendant les trente-huit premières années de ma vie, tout le monde se fichait de ma nationalité, expliqua-t-il. Indien, népalais, tibétain, quelle différence ? J'étais un Sherpa, un modeste habitant du Grand Himalaya. Puis du jour au lendemain, je ne fus plus un homme, mais une marionnette ballottée à hue et à dia[195]. »

Nimsdai paraît assez solide pour supporter la pression à laquelle le soumet la célébrité mondiale dont il jouit – et qui semble ne pas lui déplaire. Reste qu'il n'a pas vécu ce que Tenzing dut endurer. Pendant quelques années, Tenzing fut l'être humain en vie le plus connu. Quel sacerdoce ! Pareillement, on presse Nimsdai de répondre à la question « Et maintenant ? » Après avoir gravi les quatorze 8000 en un moindre temps, le K2 en hiver, les points culminants de sept continents, et battu de nombreux records en alpinisme, il lui faudra peut-être aller dans l'espace pour relever le défi. Et trouver quelque chose à grimper. Sans oxygène.

Inexorablement, à un moment ou à un autre, tous ces hommes et ces femmes doivent retourner dans leurs communautés et retisser les liens tant avec leurs voisins qu'avec leurs familles. Les *followers* ne font pas la substance d'une vie. La célébrité peut se transformer en un piège et devenir, comme l'alpiniste polonais Voytek Kurtyka l'appelait, un « destin

---

195 Tenzing Norgay, à James Ramsey Ullman, *Man of Everest*.

météorique », qui a le potentiel de vous détruire aussi rapidement qu'il vous a fait briller. Elle peut aussi créer un état de dépendance. Comme l'écrivit la Canadienne Alice Munro : « Il faut chercher la gloire, puis s'excuser d'être célèbre. Qu'on y accède ou pas, on aura toujours quelque chose à se reprocher[196]. » Le guide népalais Abiral Rai cherche à l'éviter. « Je ne cherche pas à être connu de tous, j'aime être en retrait. Devenir célèbre, cela ne m'intéresse pas. »

Ali Sadpara serait certainement d'accord avec lui, alors que son fils Sajid, qui aime avant tout vivre en montagne et être sur les montagnes, se sent obligé de se mettre en avant. Alex Txikon se souvint du temps qu'il passa avec Sajid sur le chemin du camp de base du Nanga Parbat durant l'été 2021 où ils partaient ériger un mémorial à la mémoire de Ali. « Il m'a montré des vidéos bouleversantes où l'on voyait Ali souffrir le martyre. C'était à vous fendre le cœur. J'ai été frappé par le calme et la sérénité dont il fait preuve. [...] Nous sommes restés là, sous la Voie lactée et le scintillement de millions d'étoiles, à parler jusque bien après minuit. Ce fut une conversation merveilleuse, chargée de beaucoup d'émotions[197]. » Apparemment calme, mais intérieurement détruit.

◆

Que penseraient les anciens de ce nouvel ordre des choses ? Amir Mehdi serait-il fier de savoir que les alpinistes de

---

196 Alice Munro, *My Best Stories*.

197 Alex Txikon, *La Montaña Desnuda: Primera Ascensión Invernal al Nanga Parba* [La montagne nue : première ascension hivernale du Nanga Parbat], traduction de Larry Lilue pour l'auteur du présent ouvrage.

Shimshal guident des étrangers jusqu'au sommet de sa montagne, le K2, et qu'ils sont payés pour cela ? Que des jeunes filles et des jeunes gens de Shimshal apprennent ensemble les techniques d'alpinisme ? Que la renommée de Ali Sadpara dépassa sa région et son pays, qu'il devint une légende mondiale ? Que penserait Pasang Lhamu Sherpa de Dawa Yangzum, la première Népalaise détentrice d'un diplôme international de guide de montagne ? Est-ce que Pasang Kikuli se réjouirait qu'une équipe cent pour cent népalaise fût la première à gravir en hiver le K2, cette montagne qui lui a pris la vie ? Que dirait Ang Tharkay des alpinistes processionnaires près du sommet de l'Annapurna au printemps 2021 ?

Ces vétérans de l'himalayisme seraient-ils fiers ? Jaloux ? Ou horrifiés ?

Pem Pem, la fille de Tenzing Norgay, fut une observatrice attentive des évolutions chez les alpinistes locaux. Avec sa sœur Nima, elle avait participé à des ascensions, telle une tentative féminine au Cho Oyu en 1959 ; elle sait ce qu'en aurait pensé son père. Pem Pem a confié ses réflexions quelques jours avant sa disparition en 2022. « Je sais que mon père aurait été scandalisé par le *tamasha* (le bin's) qu'il y a autour de l'Everest aujourd'hui… mais au soir de sa vie, il avait aussi pris conscience que l'Everest pouvait devenir un atout pour son peuple. Tenzing était à la fois ambitieux et humble, jamais docile, ni dominé, mais tout simplement humble. Il serait content de voir que les alpinistes actuels s'en sortent si bien. Ils accèdent enfin au respect qu'ils méritent. »

La gloire et l'argent, comme le feu des projecteurs, ont leurs contreparties, qui n'apparaissent pas immédiatement aux yeux de ceux qui les convoitent. Il n'y a, en revanche, aucune contrepartie négative au respect. Les alpinistes du Népal et du Pakistan méritent tout le respect qui leur est accordé aujourd'hui. Et le respect est une valeur dont on ne peut que se réjouir.

REMERCIEMENTS

Écrire ce livre pendant la pandémie fut à l'image de ce que nous y avons vécu : nouveau, ardu, et parfois solitaire. Je n'aurais jamais pu y arriver sans mes deux fidèles collaborateurs, Saqlain Muhammad et Sareena Rai. Avec Saqlain, nous avons organisé des entrevues avec les alpinistes pakistanais. Ensuite, il prit la route, une route parfois à peine carrossable et dangereuse, vers les villages de montagne dispersés dans le Karakorum. Quels que fussent l'endroit et la météo, il installa son matériel d'enregistrement audio et vidéo pour recueillir scrupuleusement les témoignages des alpinistes pakistanais, dont beaucoup sont de parfaits inconnus en dehors de leur pays. Après les avoir transcrits, il les a traduits de l'urdu, du shina et du balti en anglais. Sareena, grâce à sa connaissance approfondie de l'alpinisme au Népal, m'a mise en relation avec des alpinistes et leurs familles dont je n'aurais pu connaître l'existence sans son intercession. Elle mena ses interviews d'abord en népalais et en sherpali, à Katmandou, puis les transcrivit et les traduisit en anglais. Si j'ai moi aussi recueilli des témoignages dans des entrevues à distance, le présent livre n'aurait cependant pu voir le jour sans le travail inestimable de ces deux personnes, auxquelles j'adresse toute ma gratitude.

J'ai reçu de précieux conseils d'individus qui possèdent une profonde connaissance des subtilités culturelles des milieux montagnards pakistanais et népalais, et avec lesquels j'ai longuement discuté. Je remercie grandement Janice Sacherer, Pasang Yangjee Sherpa, Frances Klatzel, Nandini Purandare, Ian Wall, Billi Bierling, Lisa Chogyal, Julie Rak, Shae A. Frydenlund, Steve Swenson, Jonathan Westaway et Nokmedemla Lemtur, pour m'avoir confié ce qu'ils savaient.

J'ai dû mettre arbitrairement un point d'orgue au travail de recherche sur lequel repose cet ouvrage pour respecter les échéances de sa publication. Merci à mes chers collègues et amis qui m'ont prêté main-forte tout au long du projet. Bob A. Schelfhout Aubertijn, Lisa Chogyal, Ian Wall, Nazir Sabir, NamGyal Sherpa, Rodolphe Popier, Eberhard Jurgalski et Jonathan Westaway, qui m'ont suggéré des pistes à la fois intéressantes et, parfois, obscures. Je pense qu'il est important de préciser qu'il ne s'agissait pas ici d'écrire l'histoire exhaustive des alpinistes népalais et pakistanais. J'ai choisi de m'intéresser à certains personnages plutôt que d'essayer d'intégrer tous les détails de cette histoire riche, complexe et impressionnante dans un seul volume. Il en résulte que certaines ascensions importantes et certaines figures en sont absentes. J'espère que d'autres auteurs continueront à écrire sur ce thème.

Les entrevues sont les sources primaires principales de ce livre. Je suis profondément reconnaissante aux personnes qui suivent d'avoir bien voulu nous confier leurs histoires, leurs idées et leurs souvenirs, et d'avoir donné de leur temps : Mushtaq Ahmed, Fazal Ali, Muhammad Ali, Qudrat Ali, Rosi Ali, Yousuf Ali, Azam Baig, Mirza Ali Baig, Rashid Ullah Baig, Shaheen Baig, Adam Bielecki, Bill Buxton, Doug Chabot, Chhurim Dolma, Ali Durani, Alessandro Filippini, Damien Gildea, Prakash Gurung, Peter Hackett, Al Hancock, Muhammad Hanif, Muhammad Hassan, Cheryl Holman, Tom Hornbein, Little Hussain, Taqi Hushe, Katie Ives, Hassan Jan, Scott Johnston, Abdul Joshi, Little Karim, Meharbin Karim, Muhammad Kazim, Sirbaz Khan, Frances Klatzel, Ang Tshering Lama, Phunjo Lama, Phunjo Jhangmu Lama, Muhammad Ali Machulu, Vinayak Jay Malla, Rita Gombu Marwah, Simone Moro, Amanda Padoan, Suraj Pau¬dyal, Nandini Purandare, Nirmal Purja, Suchi Purja, Abiral Rai, Wilco van Rooijen, Haji Rosi, Louis Rousseau, Nazir Sabir, Jan Sacherer, Ali Musa Sad-para, Ali Raza Sadpara, Dilawar Hussain Sadpara, Hassan Sadpara, Imtiaz Hussain Sadpara, Muhammad Sharif Sadpara, Nisan Sadpara, Sadiq Sadpara, Sajid Sadpara, Sadiq Sadpara, Sadparvi, Ang Dorje Sherpa, Chewang Jangmu Sherpa, Dawa Futi Sherpa, Dawa Gyalje Sherpa, Dawa Sherpa, Dawa Sange Sherpa, Dawa Yangzum Sherpa, Fura Diki Sherpa, Gelje Sherpa, Lakpa Rita Sherpa, Maya Sherpa, Mingma G Sherpa, NamGyal Sherpa, Panuru Sherpa, Pasang Dawa Sherpa, Pasang Lhamu Sherpa Akita, Pasang Tshering Sherpa, Pasang Y. Sherpa, Pemba Sharwa Sherpa, Pertemba Sherpa,

PK Sherpa, Tenji Sherpa, Tenzeeng Sherpa, Wangda Sherpa, Wangchhu Sherpa, Yangjee Doma Sherpa, Luke Smithwick, Steve Swenson, Sanduk Tamang, Judy Tenzing, Ian Wall, Freddie Wilkinson et Peter Zuckerman.

Merci à tous ceux qui nous ont gentiment fourni des photos pour illustrer ce livre. Nous ne les avons pas toutes utilisées dans sa version finale, mais sachez qu'elles ont été essentielles à la bonne compréhension des récits complexes et admirables qui sont la substance de chacun des chapitres de l'ouvrage. Merci à Shaheen Baig, Chris Bonington, Sandro Gromen-Hayes, Jackson Groves, Al Hancock, Uta Ibra¬himi, Toshio Imanishi, Sirbaz Khan, Gao Li, Vinayak Malla, Simone Moro, Saqlain Muhammad, Peter Müllritter, Nirmal Purja, Abiral Rai Collection, Louis Rousseau, Jan Sacherer, Ali Sadpara Collection, Sajid Sadpara, Dawa Futi Sherpa, Mingma G Sherpa et Pasang Lhama Sherpa Akita, ainsi qu'aux archives du Club alpin allemand.

La relecture des premières versions d'un manuscrit est une tâche délicate. Je tiens à remercier ceux dont les remarques pertinentes et les conseils avisés m'ont guidée à l'étape où ce livre n'était encore qu'une collection de notes disparates : Kate Rogers, Bob A. Schelfhout Aubertijn, Billi Bierling, Steve Swenson, Jochen Hemmleb, Ian Wall et Philip Henderson.

J'ai la chance de travailler avec des éditeurs inspirés et inspirants, qui ont joué un rôle important pour structurer ce livre : Marni Jackson, Beth Jusino, Katie Ives et Mary Metz. J'ai collaboré si souvent avec Marni, Katie et Mary qu'elles sont à la fois des amies de longue date et des compagnes d'écriture ; c'était par contre la première fois que je travaillais avec Beth. Elles sont toutes les quatre remarquables. Merci à toute l'équipe de Mountaineers Books, en particulier à Kate Rogers qui m'a encouragée depuis le premier jour à m'atteler à ce projet que je croyais impossible à faire sortir de terre.

Merci enfin à tous les amis qui m'ont soutenue tout au long de cette aventure, dont une partie s'est déroulée alors que je me remettais d'une opération du genou, la jambe surélevée par des oreillers et l'articulation soulagée par des packs de glace. Merci surtout à mon mari, Alan, qui m'a nourrie, encouragée et qui a veillé à ce que je ne manque jamais de glace.

BIBLIOGRAPHIE ET SOURCES

Je dois beaucoup au travail qui a été fait par le passé par les écrivains, les journalistes, les historiens et les alpinistes qui ont décrit les parcours des Népalais et Pakistanais dans les grands massifs du monde. Leur travail a été crucial pour l'écriture de ce livre. J'ai eu la chance d'avoir accès à de nombreux ouvrages publiés, mais tous, dont les plus importants, n'apparaissent pas ci-après. Des centaines d'entretiens eurent lieu pendant l'écriture de ce livre, dont beaucoup en anglais ; la plupart, cependant, en urdu, népalais, sherpali, shina et balti, grâce à mes deux collaborateurs les plus précieux : Saqlain Muhammad au Pakistan et Sareena Rai au Népal. C'est eux qui ont mené les interviews pour mon compte. Ils les ont aussi enregistrées, retranscrites et traduites. Dans toute entrevue, il existe toujours un risque de passer à côté de subtilités, de sous-entendus ou de traits d'humour, mais grâce à l'application consciencieuse de Saqlain et de Sareena, et grâce aussi à la générosité incroyable des personnes interviewées, je suis sûre que les récits de première main, les idées et les souvenirs présentés dans cet ouvrage sont une présentation fidèle de ceux dont ils émanent, ces hommes et ces femmes que je souhaitais honorer par l'écriture de ce livre.

OUVRAGES

- Ata-Ullah, Mohammad, *Citizen of Two Worlds*, New York, Harper & Brothers, 1960.
- Band, George, *Everest: Fifty Years on Top of the World*, Londres, HarperCollins, 2003.
- Bauer, Paul, *Himalayan Campaign: The German Attack on Kangchenjunga, the Second Highest Mountain in the World*. Traduction de Sumner Austin. Oxford, UK, Basil Blackwell, 1937.
- Baumgartner, Ruedi, *Farewell to Yak and Yeti ?* Katmandou, Vajra Books, 2015.
- Bielecki, Adam, et Dominik Szczepański, *Spod Zamarzniętych Powiek*, Varsovie, Agora, 2017. (*Le gel ne me fermera pas les yeux*, Chamonix, éditions Guérin, 2019.)
- Blum, Arlene, *Annapurna: A Woman's Place*, San Francisco, Sierra Club Books, 1980.
- Bonatti, Walter, *The Mountains of My Life*, Londres, Penguin Classics, 1996.
- Bonington, Chris, *Ascent*, Londres, Simon & Schuster, 2017.
- Bonington, Chris, *Everest South West Face*, Londres, Penguin Books, 1975.
- Bonington, Chris, *Everest the Hard Way*, Londres, Arrow Books, 1977.
- Bowley, Graham, *No Way Down: Life and Death on K2*, Londres, Viking, 2010.

- Bruce, Charles Granville, *The Assault on Mount Everest, 1922*, New York, Longmans, Green, 1923.
- Cameron, Ian, *Mountains of the Gods*, New York, Facts On File Publication, 1984.
- Douglas, Ed, *Himalaya*, Londres, The Bodley Head, 2020.
- Douglas, Ed, *Tenzing: Hero of Everest*. Introduction de Jan Morris, Washington, DC, National Geographic, 2003.
- French, Patrick, *Younghusband: The Last Great Imperial Adventurer*, New York, HarperCollins, 1995.
- Galwan, Ghulam Rassul, *Servant of Sahibs*, Cambridge, UK, W. Heffer & Sons, 1924.
- Hemmleb, Jochen, *Gerfried Göschl: Spuren für die Ewigkeit* [Gerfried Göschl : Chemins vers l'éternité], Vienne, EGOTH—Verlag, 2014.
- Herzog, Maurice, *Annapurna*, Londres, Jonathan Cape, 1952.
- Holzel, Tom, et Audrey Salkeld, *The Mystery of Mallory & Irvine*, Londres, Pimlico, 1996.
- Horrell, Mark. *Sherpa Hospitality as a Cure for Frostbite*. N.p.: Mountain Footsteps Press, 2022.
- Houston, Charles S., et Robert H. Bates, *Five Miles High*, New York, Lyons Press, 1939.
- Houston, Charles S., *K2: The Savage Mountain*, New York, First Adventure Library Edition, 1994.
- Isserman, Maurice, et Stewart Weaver, *Fallen Giants*, New Haven, CT, Yale University Press, 2008.
- Jordan, Jennifer, *The Last Man on the Mountain*, New York, W. W. Norton, 2010.

- Kauffman, Andrew J., et William L. Putnam, *K2: The 1939 Tragedy*, Seattle, Mountaineers Books, 1992.
- Klatzel, Frances, *Daring to Dream: Sherpa Women Climbing K2*. Recueil des propos de Dawa Yangzum Sherpa, Maya Sherpa et Pasang Lhamu Sherpa Akita, Katmandou, Mera Publications Pvt. Ltd., 2020.
- Knowlton, Elizabeth, *The Naked Mountain*, New York, G. P. Putnam's Sons, 1934.
- Lhamo, Rinchen, *We Tibetans*, Londres, Seeley Service, 1926.
- McDonald, Bernadette, *Brotherhood of the Rope*, Seattle, Mountaineers Books, 2007.
- McDonald, Bernadette, *I'll Call You in Kathmandu*, Seattle, Mountaineers Books, 2005.
- McDonald, Bernadette, *Les quatorze 8000 en hiver*, Éditions du Mont-Blanc, 2021.
- Moro, Simone, *The Call of the Ice*. Traduction de Monica Meneghetti, Seattle, Mountaineers Books, 2014.
- Morris, Jan, *Les messagers de l'Everest*, Éditions du Mont-Blanc, 2019.
- Munro, Alice, *My Best Stories*, Toronto, Penguin Random House, 2009.
- Neale, Jonathan, *Tigers of the Snow*, New York, Thomas Dunne Books / St. Martin's Press, 2002.
- Norgay, Jamling Tenzing, avec Broughton Coburn, *Touching My Father's Soul*, San Francisco, HarperCollins, 2001.

- Norgay, Tenzing, propos recueillis par James Ramsey Ullman, *Man of Everest*, Londres, The Reprint Society, 1956.
- Ortner, Sherry, *Life and Death on Mt. Everest*, Princeton, NJ, Princeton University Press, 1999.
- Perrin, Jim, *Shipton & Tilman*, Londres, Hutchinson, 2013.
- Purja, Nimsdai, *Au delà du possible*. Éditions du Mont-Blanc, 2021.
- Rawling, Cecil Godfrey, *The Great Plateau*, Londres, E. Arnold, 1905.
- Roberts, David, *Limits of the Known*, New York, W. W. Norton, 2018.
- Roberts, David, *True Summit*, New York, Simon & Schuster, 2000.
- Rowell, Galen, *In the Throne Room of the Mountain Gods*, San Francisco, Sierra Club Books, 1986.
- Sale, Richard, *Broad Peak*, Hildersley, UK, Carreg, 2004.
- ______, *The Challenge of K2*, Barnsley, UK, Pen & Sword Discovery, 2011.
- Schoening, Pete, *K2 1953*, Kenmore, WA, Fondation Peter K. Schoening, 2004.
- Sherpa, Pasang Tshering, *Sherpa: The Ultimate Mountaineers*, Katmandou, Hello Himalayan Homes, 2016.
- Shipton, Eric, *Mount Everest Reconnaissance Expedition 1951*, Londres, Diadem Books, 1985.

- Shipton, Eric, *That Untravelled World*, Seattle, Mountaineers Books, 2015.
- Shipton, Eric, *Upon That Mountain*, Londres, Diadem Books, 1985.
- Smythe, Frank, *Kamet Conquered*, Londres, Victor Gollancz, 1932.
- Somervell, T. H., *After Everest*, Londres, Hodder & Stoughton, 1936.
- Steck, Ueli, avec Karin Steinbach, *My Life in Climbing*. Traduction de Billi Bierling, Seattle, Mountaineers Books, 2018.
- Steele, Peter, *Eric Shipton: Everest and Beyond*, Seattle, Mountaineers Books, 1998.
- Swenson, Steve, *Karakoram*, Seattle, Mountaineers Books, 2017.
- Tenzing, Tashi, *Tenzing Norgay and the Sherpas of Everest*, Camden, ME, Ragged Mountain Press, 2001.
- Tharkay, Ang, avec Basil P. Norton, *Sherpa: The Memoir of Ang Tharkay*. Postface de Dawa Sherpa, Seattle, Mountaineers Books, 2016.
- Tichy, Herbert, *Cho Oyu*, Londres, Methuen, 1957.
- Tilman, H. W., *The Ascent of Nanda Devi*, Londres, Diadem Books, 1983.
- Txikon, Alex, *La Montaña Desnuda: Primera Ascensión Invernal al Nanga Parbat* [La montagne nue, première ascension hivernale du Nanga Parbat], Bilbao, Sua Edizioak, 2021.

- Viesturs, Ed, avec David Roberts, *K2: Life and Death on the World's Most Dangerous Mountain*, New York, Broadway Books, 2009.
- Wilkinson, Freddie, *One Mountain Thousand Summits*, New York, New American Library, 2010.
- Zuckerman, Peter, et Amanda Padoan, *Buried in the Sky*, New York, W. W. Norton, 2012.

PÉRIODIQUES , THÈSES, CHAPITRES, ARTICLES DE PRESSE

- Berry, Natalie, "An Oral History of Winter K2", *Himalayan Journal* 76 (2021), 204–220.
- Bisht, Kapil, "The Mountain Lover", *Alpinist* 78 (été 2022), 54–71.
- Douglas, Ed, "Babu Chhiri Sherpa", *Guardian*, 3 mai 2001.
- Douglas, Ed, "The Mirror Cracked", *Alpinist* 51 (automne 2015), 87–91.
- Frydenlund, Shae A., "Situationally Sherpa: Race, Ethnicity, and the Labour Geography of the Everest Industry", *Journal of Cultural Geography* 36, n° 1 (2019), 1–22.
- Ives, Katie, "Between the Lines", *Alpinist* 51 (automne 2015), 11–12.
- MacDiarmid, Campbell, "Who Carries the Load", *Alpinist* 42 (printemps 2013), 93–96.
- Marshall, Roger, "The King of Everest", *Backpacker Magazine*, mai 1986, 26–33.

- Oh, Young Hoon, "Sherpa Intercultural Experiences in Himalayan Mountaineering: A Pragmatic Phenomenological Perspective", Thèses et mémoires de UC Riverside Electronic, 2016.
- Oppitz, Michael, "Myths and Facts: Reconsidering Some Data Concerning the Clan History of the Sherpa", *Kailash—Journal of Himalayan Studies* 2, n° 1 et 2 (1974), 121–131.
- Rak, Julie, "Mediation, Then and Now: Ang Tharkay's Sherpa and Memoires d'un Sherpa", *Primerjalna Književnost* 45, n° 3 (2022), 125–144.
- Rubenson, C. W., "Kabru in 1907", *Alpine Journal* 24 (février 1908–novembre 1909), 310–321.
- Sabir, Nazir, "Dawn on the West Ridge", *Alpinist* 38 (printemps 2012), 50–51.
- Sacherer, Janice, "The Recent Social and Economic Impact of Tourism on a Remote Sherpa Community", in *Asian Highland Societies in Anthropological Perspective*, éd. Christoph von Fürer-Haimendorf, New Delhi, Sterling ; Atlantic Highlands, NJ, Humanities Press, 1981.
- Sacherer, Janice, "Rolwaling: A Sacred Buddhist Valley in Nepal", in *Sacredscapes and Pilgrimage Systems*, éd. Rana P. B. Singh, 153–174. Planet Earth & Cultural Understanding Series, n° 7, New Dehli, Shubhi Publications, 2011.

- Sacherer, Janice, "The Sherpas of Rolwaling: A Hundred Years of Economic Change", in *Himalaya : Écologie-Ethnologie*, Paris, Éditions du Centre national de la recherche scientifique, 1977.
- Sacherer, Janice, "Sherpas of the Rolwaling Valley: Human Adaptation to a Harsh Mountain Environment", Édition spéciale Népal, *Objets et Mondes : La Revue du Musée de l'Homme* 14, n° 4 (1974), 317–324.
- Sacherer, Janice, "Tsho Rolpa, GLOFS, and the Sherpas of Rolwaling Valley: A Brief Anthropological Perspective", E-conférence intitulée Mountain Hazards, Mountain Tourism, 15 novembre 2006.
- Sherpa, Jemima Diki, "Two Thoughts", *Alpinist* 47 (été 2014), 90.
- Sherpa, Mingma Gyalje, "Full Value", *Alpinist* 53 (printemps 2016), 91–94.
- Sherpa, Nima Tenji, "Yak Boy to IFMGA Guide", *Alpinist* 74 (été 2021), 30–36.
- Sherpa, Pasang Yangjee, "Community and Resilience among Sherpas in the PostEarthquake Everest Region", *HIMALAYA* 37, n° 2 (décembre 2017), 103–112.
- Sherpa, Pasang Yangjee, "Mountain As Metaphor: A Future of Multiple Worldviews", *Alpinist* 75 (automne 2021), 49–50.
- Sherpa, Tashi, "Everest Interrupted", *Alpinist* 47 (été 2014), 89–94.
- Sherpa, Tashi, "From Rolwaling to Denali", *Alpinist* 61 (printemps 2018), 37–42.

- Tobin, H. W., "Himalayan Porters", *Himalayan Journal* 16 (1951), 121.
- Unsoeld, Willi, "Masherbrum—1960", *American Alpine Journal*, 1961.
- Ward, Michael,"The Great Angtharkay: A Tribute", *The Alpine Journal* 101 (1996), 182–186.
- Zimmerman, Graham, "Through the Field", *Alpinist* 53 (printemps 2016), 74–83.

FILMS

- Adhikari, Rojita, et Sreya Banerjee, "The Widows of Everest", *101 East*, Qatar, Al Jazeera. Diffusé le 15 juillet 2021.
- Carpenter, Sue, et Belmaya Nepali, *I Am Belmaya*, Londres, Dartmouth Films, 2021.
- Chapman, Bev, et Mele Mason, *Nawang Gombu: Heart of a Tiger*, Omaha, Mason Video, 2012.
- Crowell, Cira, et Kyle Ruddick, *Dream Mountain*, InLightWorks Productions, 2021.
- de Gerlache, Henri, *Les regards de Sagarmatha*, Levallois-Perret, France, AlloCiné, 2003.
- Else, Richard, James Lamb, et Meg Wicks, *Sherpas Spea*, Dunkeld, Écosse, The Little Sherpa Foundation, 2019.
- Jones, Torquil, *14 Peaks: Nothing Is Impossible*, Londres et New York, Noah Media Group et Little Monster Films, 2021.

- Lassche, Geertjan, et Jangmu Sherpa, “Schone Bergen” [Les montagnes propres]. 2DocKort. The Netherlands, 2Doc, Nederlandse Publieke Omroep, 2022.
- Lee, Iara, *K2 and the Invisible Footmen*, USA/Pakistan, Caipirinha Productions, 2015. Peedom, Jennifer, *Sherpa*, Londres et Sydney, Arrow International Media et Felix Media, 2015.
- Ryan, Nick, *The Summit*, Dublin, Image Now Films, 2012.
- Sharif, Jawad, *Beyond the Heights*, Wembley Park, UK, Karakorum Films, 2015.
- Svendsen, Nancy, *Pasang: In the Shadow of Everest*, Ross, CA, Follow Your Dream Foundation, 2022.

EN LIGNE

- Abbasi, Obaid Ur Rehman, “Adventure: The Incredible Tales of Little Karim”, www.dawn.com, 22 juin 2014.
- Adhikari, Deepak, “The Everest Brawl: A Sherpa’s Tale”, www.outsideonline.com, 13 août 2013.
- Adnan, Raheel, “Interview with Muhammad Ali Sadpara (Part-2): Winter Climbing and First Winter Ascent of Nanga Parbat”, https://explorersweb.com, 8 mars 2016.
- Altitudepakistan.blogspot.com. “Nisar Hussain”, 31 décembre 2012.
- Benavides, Angela, “Annapurna, the New 8,000m Business Model”, https://explorersweb .com, 25 avril 2021.

- Benavides, Angela, "Broad Peak: New Reports on the Rescue and Kim's Fatal Fall", https:// explorersweb.com, 21 juillet 2021.
- Benavides, Angela, "Everest: COVID Parties and Summit Pushes", https://explorersweb.com, 16 mai 2021.
- Benavides, Angela, "Exclusive Interview: Denis Urubko on Nims, O_2, and the Rules of Winter", https://explorersweb.com, 18 février 2022.
- Benavides, Angela, "Gesman Tamang: The Long, Hard Path from Cook to Elite Guide", https://explorersweb.com, 31 août 2022.
- Benavides, Angela, "Interview with Mingma G about Manaslu: 'No Excuses in the Future'", https://explorersweb.com, 14 octobre 2021.
- Benavides, Angela, "Mingma David Sherpa on Winter K2", https://explorersweb.com, 29 novembre 2021.
- Benavides, Angela, "Mingma G. Sherpa: The Pawn Who Chose to Be a King", https://alpinemag.com, 9 novembre 2021.
- Benavides, Angela, "Sajid Sadpara on His Return to K2 and What Happened Up There", https://explorersweb.com, 25 juin 2021.
- Bindloss, Joe, "The Nepali Mountaineer Reclaiming the Himalaya", www.lonelyplanet.com, 9 avril 2021.
- Butler, Stuart, "The Himalaya's Hidden 'Paradise Valleys'", www.bbc.com, 30 août 2022.
- Fernández, Isaac, "Sajid Ali's Experience on Winter K2", [en espagnol] www.desnivel.com, 25 février 2021.

- Filippini, Alessandro, “Tamara’s Emotions and Thoughts”, [en italien] https://alpinistiemontagne.gazzetta.it, 27 février 2021.
- Geiger, Stephanie, “Nirmal Purja, the ‘Superstar of the Eight-Thousanders’: How Cool Is the Nepalese Mountaineer Really ?” [en allemand] www.nzz.ch/reisen, 17 décembre 2021.
- Gil, Pedro, “Winter Expedition to K2. Day 2. Entretien avec Sergi Mingote: ‘I Am a Risk-Taker Mountaineer’” [en espagnol] www.mundo-geo.es/expediciones-extremas, 20 décembre 2020.
- Jillani, Shahzeb, “Amir Mehdi: Left Out to Freeze on K2 and Forgotten”, www.bbc.com, 7 août 2014.
- Kan, Hyeong-woo, “Russian Mountaineer Accuses Climbers of Passing by Missing Korean Mountaineer”, www.koreaherald.com, 25 juillet 2021.
- Kobalenko, Jerry, “K2: Sajid Speaks”, https://explorersweb.com, 7 février 2021.
- MacAskill, Andrew, “Nepal Climbers Face Ruin after Quake, Blockade Hits Everest Industry”, www.reuters.com, 20 décembre 2015.
- McKerrow, Bob, “Ang Tharkay—the Father of Modern Sherpa Climbers”, https://bobmckerrow.blogspot.com, 12 septembre 2010.
- Merchant, Abdulmalik, “Samina Baig and Mirza Ali in Conversation with Simerg”, https://simerg.com, 29 avril 2014.
- Mir, Shabbir, “The Extraordinary Life of Little Karim”, https://tribune.com.pk, 8 février 2020.

- Montejo, Leo, "What Really Happened on the Day That Ueli Steck Fell from Nuptse?" https://wicis-sports.blogspot.com, 21 juin 2017.
- Munim, Yasal, "Ali Sadpara's Trainer Was the First Pakistani to Summit K2", www.samaaenglish.tv, 18 février 2021.
- Neville, Tim, "Brawl on Everest: Ueli Steck's Story", www.outsideonline.com, 2 mai 2013.
- Pakistan-explorer.com. "Interview with Gerfried Goschl: Leader of the Gasherbrum-1 Winter Expedition", 31 janvier 2012.
- Pattison, Mark, "Lakpa Rita Sherpa", Episode 189 of Finding Your Summit (podcast). Audio, 36:04. www.markpattisonnfl.com, 5 février 2021.
- Potter, Steven, " 'I Wanted to Completely Change the Dynamic on 8,000-Meter Peaks': A Q&A with Nims Purja", www.climbing.com, 25 novembre 2021.
- Prasain, Sangam, " 'My Body Was Freezing. I Told My Teammates I Couldn't Move' ", https://kathmandu-post.com, 20 janvier 2021.
- Pueyo, Thomas, "Meeting Nirmal Purja, Universal Mountaineer", https://alpinemag.com, 8 février 2022.
- Rehman, Sonya. "Interview: Pakistan's Premier Mountaineer on His Passion for Heights and Homeland", https://asiasociety.org, 29 avril 2013.
- Roberts, Jimmy, "The Himalayan Odyssey", www.nepalitimes.com, 12 septembre 2020. (Extraits d'un article de blog publié initialement en 1997.)

- Sens, Josh, "Tent-Makers Remember 'King' Climber", www.sfgate.com, 11 mai 2001.
- Sherpa, Jemima Diki, "Three Springs", www.alpinist.com, 25 avril 2014.
- Sherpa, Lhakpa Norbu, "Was Tenzing a Tibetan, Nepali, or Indian ? It Does Not Matter", www.nepalitimes.com, 28 mai 2021.
- Sherpa, Mingma Gyalje, "When We Unite, Nothing Is Impossible: My Story on K2", *Outdoor Journal*, 18 février 2021. www.outdoorjournal.com/featured/when-we-unite-nothing-is-impossible-my-story-on-k2/.
- Szymczak, Robert, "Broad Peak 18.02.2011", https://karakorumclimb.wordpress.com, 20 février 2011.
- Tahir, Nabil, "Shehroze Kashif: In Pursuit of the Tallest Peaks", www.redbull.com/pk-en/, 9 juin 2021.
- Thapa, Deepak, "Upwardly Mobile Ang Rita", www.himalmag.com, 1er septembre 1996.
- The.ismaili, "Female Ismaili Mountaineer Conquers Everest as an Inspiration to the Women of Pakistan", 21 juin 2013.
- Welsted, Ian, "What Makes a Climbing Hero and the Legendary Little Karim", https://gripped.com, 3 mars 2021.

TABLE DES MATIÈRES

BERNADETTE MCDONALD

Bernadette McDonald est une autrice canadienne reconnue pour ses différents livres sur la culture de la montagne et l'alpinisme.

Son travail a été publié dans de nombreux pays et a reçu les récompenses les plus prestigieuses, notamment le grand prix du festival de Banff et le Boardman Tasker. Elle a également reçu l'Ordre d'excellence de l'Alberta et le prix de la fondation Roi Albert Ier pour sa contribution à la culture des montagnes.

Les vrais héros de l'Himalaya a remporté à ce jour le National Outdoor Book Award. Lorsqu'elle n'écrit pas, Bernadette pratique l'escalade, la randonnée, le ski, du kayak et cultive du raisin.

Avant de se dédier à l'écriture, elle a dirigé les festivals de montagne de Banff et a fondé le Banff Centre for Mountain Culture. Elle est aujourd'hui membre des comités des bourses de l'Explorers Club et du National Geographic.

BIBLIOGRAPHIE

- *Les quatorze 8000 en hiver. Gravir les plus hautes montagnes du monde par des froids extrêmes*, Éditions du Mont-Blanc, 2021.
- *Voytek Kurtyka. L'art de la liberté*, Éditions Paulsen, 2018.
- *L'étoffe des géants*, Nevicata, 2017.
- *Libres comme l'air*, Nevicata, 2014.

Dans la même collection

- *Voler l'Everest,* RUTH HANSON, 2012
- *Les Mystères de l'Everest,* MICHAEL WARD, 2013
- *Le Choix du vide,* STEPH DAVIS, 2013
- *Décroche-moi une étoile,* MIRIAM GARCIA PASCUAL, 2014
- *Trois Tasses de mensonges*, JON KRAKAUER, 2014
- *Everest, la première ascension,* HARRIET TUCKEY, 2014
- *High Crimes,* MICHAEL KODAS, 2015
- *Piégés sur le K2*, GRAHAM BOWLEY, 2017
- *Cerro Torre,* KELLY CORDES, 2017
- *Pourquoi nous aimons gravir les montagnes,* MARCO TROUSSIER, 2017
- *Je ne te ferai pas attendre*, NIVES MEROI, 2018
- *Les Transitions silencieuses*, JUANJO SAN SEBASTIAN, 2018
- *Jacques Balmat. Les ultimes traces d'un chercheur d'or,* DANIEL GRÉVOZ, 2018
- *Le Ciel pour linceul*, PETER ZUCKERMAN & AMANDA PADOAN, 2018
- *La Première Ascension de l'Ogre*, DOUG SCOTT, 2018
- *La Garet, nous voilà,* JACQUES RAMOUILLET, 2018
- *Puncak Jaya,* JEAN FABRE, 2018
- *Eiger extrême*, PETER & LENI GILMAN, 2019
- *L'Homme des tempêtes*, VINCENT LAPOUGE, 2019
- *Le Père des glaciers,* FRANÇOISE CADOUX, 2019
- *Ici Elvira, vous m'entendez ?* LINDA COTTINO, 2020
- *Nous étions immortels,* MAURIZIO ZANOLLA, 2020
- *Paul Preuss, le seigneur des abîmes,* DAVID SMART, 2020
- *Le Guide et le Procureur,* JACQUES DALLEST, ERIK DECAMP ET ALEXIS MALLON, 2020

- *L'Apprentissage du risque,* DANIEL GRÉVOZ, 2020
- *Toujours y croire,* DIERDRE WOLOWNICK, 2020
- *Everest, l'arête ouest,* THOMAS F. HORNBEIN, 2021
- *Cheminements,* MICHEL ZALIO, 2021
- *Le Pari fou de Jules Janssen,* DANIEL GRÉVOZ, 2021
- *La Bataille du Cervin,* PIETRO CRIVELLARO, 2021
- *Les Messagers de la Couronne,* JAN MORRIS, 2021
- *Les Quatorze 8000 en hiver,* BERNADETTE MCDONNALD, 2021
- *Voyage sans retour,* MICHELINE RAMBAUD, 2021
- *Sous l'œil de la déesse,* ORIANNE AYMARD, 2022
- *Au sommet de l'impossible,* NIRMAL PURJA, 2022
- *Les Rescapés du Gervasutti,* JEAN FABRE, 2022
- *Vivre à tire-d'aile,* YVES MATHELIN, 2022
- *Chamonix-Langtang,* PIERRE PILI, 2023
- *Emilio Comici. L'ange des Dolomites,* DAVID SMART, 2023
- *Le Monde d'en-haut,* RAYMOND RENAUD, 2023
- *Les Tribulations de Mick et Vic en Himalaya,* MICK FOWLER ET VICTOR SAUNDERS, 2023
- *Valery Babanov. Le Russe aux deux Piolets d'Or,* DENIS DUCROZ, 2023
- *Ma voie,* SERGE COUPÉ, 2024
- *Quand les montagnes reviennent,* CHRISTINE DE COLOMBEL, 2024
- *À hauts risques,* BRIAN HALL, 2024

numérique
Impression & brochage - France
Numéro d'impression : N24132250134 - Achevé d'imprimer : février 2025
IMPRIM'VERT®
PEFC
10-31-3532